KB111208

로스쿨 민사법 기록형

개정판 머 리 말

법학전문대학원에서 수학하는 법학도들이 공통적으로 어렵게 느끼는 민사기록형을 조금이라도 쉽게 접근할 수 있도록 하고자 사법연수원 교재인 「민사실무Ⅱ」와 「요건사실론」의 핵심내용을 압축하여 정리하고 다양한 유형의 청구취지를 연습할 수 있도록 초판을 서술하였다. 초판 발간 후 여러 분들께 관심과 격려를 받았다. 이 자리를 빌려 그 모든 분들께 감사의 말씀을 올린다.

그동안 소송촉진 등에 관한 특례법이 개정되었고, 의도하지 않은 오류가 발견되거나 오탈자가 있어 부득이 1년 만에 개정판을 출간하게 되었다. 내용도 일부 보완하였다. 이 책이 민사법 기록형을 학습하는 데에 조금이나마 보탬이 되었으면 하는 바람이다.

개정판이 나오기까지 많은 분들의 도움이 있었다. 변호사시험을 치르고 황금같은 휴식기를 가지는 와중에서도 이 책의 교정작업을 흔쾌히 도와준 박정근, 송태환 법학석사에게 고마운 마음을 전하며 향후 법조인으로서 대성하기를 기원한다. 여러 가지 어려운 상황에서도 초판 발행 때와 마찬가지로 온 정성을 다해 편집 작업을 해주신 이종운 선생님과 지속적인 관심과 애정을 가져주신 황인욱 발행인께 감사드린다.

2020년 3월

저자들 씀

머 리 말

이 책은 법학전문대학원의 민사법 기록형 수업을 위해 만들어진 교재이다. 「로스쿨 민사법 기록형」을 쓰게 된 것은 변호사시험에서 가장 어렵다고 여겨지는 민사기록 쟁점 중에서 출제가 가능한 부분을 압축적으로 대비할 수 있도록 정리된 교재가 있었으면 좋겠다는 바람에서였다. 기존 연수원 교재, 자료들처럼 두껍거나 난해하지 않으면서도 가급적 효과적으로 쉽게 변호사시험의 민사법 기록형 과목을 준비할 수 있도록 쓰려 했다. 이러한 저자들의 목표가 달성되었는지는 여러분들의 평가에 맡긴다.

민사법 기록형 시험에서는 무엇보다 사례형과는 무척 다른 기록형 특유의 문법을 잘 이해해야 한다. 사실관계에서 주어진 의뢰인의 요구사항에 따라 당사자, 청구취지를 법률적으로 구성해 내야 하고 요건사실에 맞추어 청구원인을 기재해야 한다.

특히 문제에서 청구취지를 정확히 써내는 것이 배점 및 전체적인 체계에서 가장 중요한 부분이라고 할 수 있다. 애초에 청구취지를 잘못 작성하게 되면 청구원인도 엉뚱한 방향으로 쓰게 되고 결국엔 답안 전체가 득점과 멀어지게 된다. 다양한 사례에서 정확한 청구취지를 추출해 내기 위해서는 많은 연습이 필요하다. 이것은 민사기록을 처음 접하는 누구에게나 어려운 일이다. 수험법학 자체가 휘발성이 강한 분야이지만 청구취지 기재례는 더욱 그렇다. 그렇기 때문에 이 책은 그 부분에 역점을 두어 기술되었다. 초반에는 청구취지 연습문제들이 다소 낯설고 어렵게 느껴질 수 있을 것이다. 그러나 반복하여 회독 수를 늘려가며 훈련하다 보면 어느덧 청구취지를 작성함에 있어 상당한 자신감을 갖게 되리라 확신한다.

저자들이 강조하고 싶은 것은 민사법 기록형 과목을 잘할 수 있는 최고의 방법은 소장을 직접 많이 작성해 보라는 것이다. 작성한 소장의 횟수에 비례하여 본인의 기록시험 성적은 올라간다는 점을 명심해야 한다. 이 책은 그 작업을 할 수 있게 하기 위한 기초가 되는 교재이다. 이 교재에 나오는 내용을 숙지한 후에는 가급적 많은 양의 민사기록 기출문제를 풀어보는 것이 좋다. 다시 한 번 강조하지만, 직접 써보아야 한다. 눈으로만 모범답안을 보는 것은 본인의 실력향상에 그다지 도움이 되지 않는다.

이 책이 나오기까지 많은 분들에게 도움을 받았다. 법학도서 시장의 어려움에도 불구하고 이 책의 출간을 흔쾌히 승낙해주시고 편집 작업의 지난함에도 불구하고 가독성 높은 책을 만들어주신 황인욱 발행인 및 관계자 여러분들께 감사드린다. 또한 사랑하는 가족들에게 이 자리를 빌어 무한한 감사의 마음을 전한다.

이 책이 로스쿨에서 변호사시험을 준비하는 여러 학생들에게도 보탬이 되기를 바란다. 나아가 민사실무를 공부하고자 하는 여러 독자들에게 참고서로서 기능할 수 있기를 희망한다.

2019년 2월

저자들 씀

차 례

제1장
법문서 작성의 기초

제2장
민사소장 작성의 기초

제3장
유형별 請求趣旨 작성론

제4장
유형별 請求原因 작성론

제1장
법문서 작성의 기초

제 *1* 절 법문서 작성의 원칙

1. 법문서의 종류

가. 소송문서

1) 민사소송[1]

- 보전처분절차: (유체동산, 부동산, 채권)가압류신청서, 가처분신청서, 가압류결정문, 가처분결정문 등
- 본안재판절차: **소장**, 답변서, 반소장, 준비서면, 청구취지 및 청구원인 변경신청서, 각 증거신청서(증인신청서, 검증, 감정신청서, 문서송부촉탁신청서, 문서제출명령신청서, 사실조회촉탁신청서), 판결문(판사), 항소장(상고장), 항소이유서(상고이유서) 등
- 강제집행절차: (유체동산, 부동산)강제집행신청서, 채권압류추심

---

1) 각종 민사소송문서의 예는 제2장 제1절 민사소송절차 [기재례] 참고.

(전부)명령신청서 등

2) 형사소송

- 수사절차: 고소장(피해자), <u>변호인의견서</u>, <u>구속적부심사청구서</u>, 불기소결정서(검사) 등
- 공판절차: 공소장(검사), **변론요지서**, <u>보석허가청구서</u>, 각 증거신청서, 판결문(판사), 항소장(상고장), 항소이유서(상고이유서) 등

3) 공법소송

- 행정소송: 집행정지신청서, **소장** 등
- 헌법소송: 가처분신청서, **헌법소원심판청구서**, **위헌법률심판제청신청서** 등

나. 소송외 문서
- **법률검토의견서**, 면담기록, 각종 계약서, 내용증명 등

2. 법문서 작성의 기본원칙

가. 간결한 문체로 작성하라
- 글의 뜻을 잘 전달하고, 글의 긴장감과 설득력을 강화함
- 가급적 짧게, 불필요한 낱말과 수식어 배제, 중복서술 지양

"主(누가) 時(언제) (場) 相(누구에게) 目(무엇을) (方) 行(하다)" (★)

나. 분명하고 정확하게 기술하라
- 분명한 서법은 주장을 명확히 전달함(소송문서＞법률검토의견서)
- 주장이 명확하지 않고 모호한 글은 설득력이 부족해짐(善解되는 글 → 좋은 글 ×)

> **• 법조인으로서 글을 쓴다는 것 !!**
> 1) 구체적 사실(fact)을 정확하고 섬세히 분석하여 적시
> 2) 법률, 판례, 이론에 대한 이해(legal mind)를 바탕으로 논리적(3단논법)으로 기술
> 3) 소장(판결문)의 방식: 청구권 또는 항변의 성립요건(대전제, 생략함이 일반적)2) → 구체적 요건사실 적시(소전제) → 권리의무등 법률효과(결론)
> 4) 질의에 대한 법률검토의견서/서술형 시험답안의 방식: 쟁점의 정리(문제의 소재) → 사실관계(소전제) → 법규 및 판례의 태도(대전제의 구체화) → 사안에의 적용(결론)
> 5) 목차의 적극 활용
> 6) "무미건조 글 > 정열적 문구, 과도한 형용사, 주관적 감정, 추상적 글"
> 7) 상대방에 대한 배려(진정한 professional)

제2절 관행적 작성방식 및 용례3)

1. 용어

가. 한글 원칙

법원조직법 제62조: 법정에서는 국어를 사용한다

단, 한글로 의미전달이 부족한 경우에는 괄호에 한자 또는 외국어 병기

---

2) 실무에선 특별한 사정이 없는 한 일반적 대전제(법률, 판례)는 원·피고의 소송대리인이나 판사가 모두 알고 있으므로, 사실관계의 확정(소전제 주장 및 입증)이 가장 중요한 문제가 된다.

3) 아래와 같은 관행적 기재방법은 실무상 판결문의 '주문' 및 소장의 '청구취지'에 있어서는 매우 엄격히 적용된다. 반면 판결문의 '이유' 또는 소장의 '청구원인'란 등 기재에 있어서는 위 관행방식이 상대적으로 완화된다.

나. 숫자

아라비아 숫자 사용

- 1,000,000원 ○, 금 100만 원 △, 일백만 원 ×

다. 각종 단위 부호

km, ㎡, ㎥, kg, % 그대로 표기

라. 중복시

약칭하거나 축약하여 기재

- 이 사건 계약, 이 사건 토지, 이 사건 부동산, 이 사건 제1부동산
- 같은 달, 같은 장소, 같은 법, 같은 조 제2항

〈기재례〉 중복과 약칭

1. 원고는 2016. 3. 4. 피고와 청주시 흥덕구 사창동 361-3 대 276㎡(이하 '이 사건 토지'라 합니다) 및 그 지상 철근콘크리트조 슬래브지붕 단층 주택 150㎡(이하 '이 사건 건물'이라 합니다)을 매수하는 매매계약(이하 '이 사건 계약'이라 합니다)을 체결하면서 매매대금을 1억 원, 계약금 1,000만 원은 계약 당일, 중도금 4,000만 원은 같은 달 31., 잔금 5,000 만 원은 같은 해 4. 30.에 각 지급하기로 하고 위 잔금 지급과 동시에 피고는 원고에게 위 토지 및 건물에 관한 소유권이전등기를 마쳐주기로 정하였습니다. 이에 위 계약에 따라 원고는 같은 날(계약 당일) 피고에게 계약금 1,000만 원을 지급하였습니다

2. 그런데 이 사건 계약 체결 이후인 2016. 3. 15. 원고가 피고의 입회하에 이 사건 토지의 면적을 실측하고 이 사건 건물의 하자 상태를 각 조사해 본 결과, …

2. 연월일시 및 장소

가. 일시
- 날짜: 온점(.)
- 시각: 쌍점(:) 24시간제에 의해 표시

> **<기재례> 2013년 3월 4일 오후 5시 30분**
>
> 2013. 3. 4. 17:30

나. 장소(소재, 주소, 지번 등)
- 광역자치단체인 특별시, 광역시, 도는 '서울', '부산', '경기', '충북' 등으로만 표시
- 기초자치단체인 시는 도를 생략하고, '청주시', '상주시' 등으로 표시 (vs 군).
- 단, 기초자치단체인 군과 구(區)[4)]는 앞에 도와 광역시 표시 → '충북 청원군'
- 읍, 면은 소속 시, 군을 기재 → '충북 청원군 북일면'
- 번지는 생략하고 가지번호는 하이픈(-)으로 → '156-3'

> **<주의> '도로명주소' 전면시행에 따른 변화(2014. 1. 1.부터)**
> - 소장 등에는 원칙적으로 도로명 주소로 기재
>   - 청주시 흥덕구 1순환로622번길 29-7(사창동)
> - 단, 부동산의 표시에는 기존 지번 주소 계속 사용[5)]
>   - 토지: 청주시 서원구 사창동 304-11 대 276㎡
>   - 건물: 청주시 서원구 사창동 304-11(사직대로 164번길 16) 지상 철근 콘크리트구조 기와지붕 1층 단독주택 51.14㎡

---

4) 구(區)에는 지방자치단체(법인격 ○, 행정청 ○)인 區(ex: 서울 서초구)가 있고, 단지 지방자치단체의 소속기관(법인격 ×, 행정청 ○)인 區(청주시 상당구)도 있다.

5) 현행 등기부등본에는 건물의 경우, 토지와 달리 기존주소와 도로명주소가 병행 기재되고 있다. 따라서 토지지번과 도로명주소가 있는 그 지상 '건물'을 표시하여야 하는 경우에는 지번주소 방식으로 토지를 표기하면서 괄호 안에 도로명과 건물번호를 표기하는 방식으로 지번주소(구주소)와 도로명주소(신주소)를 병기한다. 토지 및 건물의 표시법은 추후

> **<기재례> 당사자의 주소**
>
> 서울특별시 관악구 관악로 145(도로명 주소), 서울특별시 관악구 봉천동 1570-1(구 주소)
>
> 원고 홍길동
>   서울 관악구 관악로 145

> **<기재례> 부동산의 표시(지목은 대지, 면적은 51,520㎡)**
>
> 경기도 수원시 권선구 경수대로 270(도로명 주소), 경기도 수원시 권선구 권선동 1189(지번, 구 주소)
>
> 수원시 권선구 권선동 1189 대 51,520㎡

3. 사건명의 표시

가. 소장에서 사건의 표시
- 청구의 내용을 요약해 알려주는 역할
- 수개의 청구가 병합되어 있을 때에는 주된 청구 또는 대표적 청구 하나만 기재 후 '등'자를 붙임
- 마지막에는 '청구의 소'를 기재

> **<기재례> 소장에서의 사건표시**
>
> <민사 소장>의 사건명
> 1) 대여금, 물품대금, 공사대금, 손해배상(기),[6] 계약금반환, 부당이득금반환, 임대료, 노임, 위자료, 보험금, 수표금, 약속어음금, 약정금, 정산금, 양수금, 추심금, 전부금
> 2) 동산인도, 건물인도, 토지인도, 소유권이전등기, 근저당권설정등기, 소유권이전등기말소, 근저당권설정등기말소
> 3) 소유권확인, 채무부존재확인, 해고무효확인

'특정물 인도등 청구' 청구취지론에서 상술한다.

4) 사해행위취소, 제3자이의, 배당이의, 이혼, 공유물분할
5) 주주총회결의 취소, 주주총회결의 부존재확인, 이사회결의 무효확인, 주권인도

<형사 공소장>의 사건명
특수절도, 폭력행위등처벌에관한법률위반(흉기등상해), 도로교통법위반(음주운전), 특정범죄가중처벌등에관한법률위반(도주차량), 특정경제범죄가중처벌등에관한법률위반(사기)

<행정 소장>의 사건명
영업정지처분취소, 건축허가반려처분취소, 과징금처분취소, 파면처분취소

나. 판결문에서 사건의 표시

- 사건의 종류별로 사건번호를 붙임
- 한 번 부여된 사건은 실제 내용과 부합하지 않더라도 불변함

<기재례> 소장 이후의 서면 또는 판결문에서 사건표시

<민사재판>
 2013가합256 손해배상(기) 등
 2013가단1562 건물인도 등
 2014나12(항소심), 2014다356(상고심)

<형사재판>
 2013고단348 특수절도 등
 2013고합250 특정경제범죄가중처벌등에관한법률위반(사기)
 2014노25(항소심), 2014도124(상고심)

<행정재판>
 2013구합123 영업정지처분취소
 2014누385(항소심), 2015두12(상고심)

---

6) 자동차운행으로 인한 손해배상청구는 '손해배상(자)', 근로자의 업무상 재해로 인한 손해배상청구는 '손해배상(산)', 의료과오로 인한 손해배상청구는 '손해배상(의)', 지적재산권침해의 손해배상청구는 '손해배상(지)', 그 밖의 손해배상청구는 '손해배상(기)'로 구분해 사건명을 표시함[대법원 재판예규].

4. 항목의 구분

```
1. …
   가. …
      1) …
         가) …
            (1) …
               (가) …
                  ① …
                     ㉮ …
2. …
3. …
```

<기재례> 서면의 특정 항을 지시할 경우

피고의 2016. 4. 2.자 준비서면 중 1.의 가.의 1)항을 보면…

<참고> 내지(from to), 및(and), 또는(or)
1.항 내지 3.항 → 1, 2, 3
1.항 및 3.항 → 1, 3
1.항 또는 3.항 → 1 아니면 3

5. 관행적 표현의 순화

가건물(→임시건물), 가계약(→임시계약), 구거(→도랑), 기망(→속임), 경락(→매각), 가사(假使→가령, 설령), 기왕증(→과거 질병, 과거 증세), 기화(→빌미, 핑계), 나대지(→빈집터), 금원(→돈), 모용(冒用)[7]→거짓사용, 함

---

7) 참고로 '冒用'이 법률상 사용되거나 실무상 불가피하게 표현되는 분야가 있다.
  •자격모용에 의한 사문서 작성죄(형법 제232조)

부로 사용), 성부(→성립여부), 시건(→잠금), 완제(→변제, 전부변제), 외포 (→몹시 두려워함), 불상의(→알 수 없는), 소훼한(→불에 태운, 태워 없앤), 안분(→일정한 비율에 따라 나눔), 각자(→공동하여) 등등

•민사 또는 형사소송에서 성명모용의 문제
 1) 당사자의 확정 및 효력.
 2) 법원의 조치.
 3) 피모용자의 구제 등.

제1장 연습문제

▨ **<제1문의 1>**

다음은 청주지방법원에 2020. 3. 7. 접수된 소장이다. 내용 중 법문서 작성에 관한 일반 관행에 맞지 않은 부분을 적절히 수정하라.

> **※ 참고사항**
> - '서울특별시 서초구 서초동 1701의 1번지'의 도로명주소는 '서울특별시 서초구 서초중앙로 157'
> - '인천광역시 남동구 구월동 1138번지'의 도로명 주소는 '인천광역시 남동구 정각로 29'
> - '충청북도 청원군 오창읍 구룡리 471의 1번지'의 도로명 주소는 '충청북도 청원군 오창읍 구룡6길 72-7'

소 장

원고 변학도 (680125-1000000)
　　　서울특별시 서초구 서초동 1701의 1번지
　　　소송대리인 변호사 홍길동
　　　인천광역시 남동구 구월동 1138번지 법조빌딩 101호
　　　전화: 032-220-1111, 팩스: 031-220-1112

피고 1. 성춘향 (960228-2000000)
　　　충청북도 청원군 오창읍 구룡리 471의 1번지

　　2. 강월매 (591123-2111111)
　　　위와 같음

대여금 청구의 소

청구취지

1. 피고 성춘향은 원고에게 금 1천만 원 및 이에 대한 2006년 6월 10일부터 다 갚는 날까지 연 2할4푼의 비율에 의한 금원을 지급하라.
2. 피고 강월매는 원고에게 금 2천만 원 및 이에 대한 2014년 5월 5일부터 이 사건 소장부본 송달 일까지는 연 5푼, 그 다음날부터 다 갚는 날까지는 연 1할2푼의 각 비율에 의한 금원을 지급하라.
3. 소송비용은 피고들이 부담한다.
4. 제1항, 제2항은 가집행할 수 있다.
라는 판결을 구합니다.

청구원인

1. 피고 성춘향에 대한 청구
　가. 대여금 청구
　　1) 원고는 2006년 6월 10일 피고 성춘향에게 일천만 원을 이자 연 2할4푼, 변제기 2008년 6월 9일로 정하여 대여하였습니다. [갑 제1호증 차용증 참고][8]
　　2) 그러나 피고 성춘향은 변제기에 위 차용금을 전혀 변제하지 못했고, 이에 대해 원고가 계속 변제를 독촉하게 되었습니다. 그러자 피고 성춘향은 2009년 3월 2일 위 차용금의 담보로 원고에게 피고 성춘향 소유의 충북 청원군 내수읍 구룡리 417-2 대 352.60㎡(이하 '이 사건 제1부동산'이라 합니다)에 채권최고액 이천오백만 원으로 하는 근저당권을 설정해 주었습니다. [갑 제2호증 부동산등기부등본 참고]

---

　8) 실무는 주장의 설득력을 높이기 위하여 위와 같이 서증(갑호증, 을호증)을 서면에 적절히 적시하나, 변호사시험에서는 기재하지 않아도 무방하다.

]3) 그 후로 현재까지 피고 성춘향은 원고로부터 차용한 원금 일천만 원은 물론 그 이자조차 전혀 변제하지 않고 있는 상황입니다.

4) 따라서 특별한 사정이 없는 한 피고 성춘향은 원고에게 대여 원금 일천만 원 및 이에 대한 2006년 6월 10일부터 다 갚는 날까지 연 2할4푼의 비율로 계산한 이자 및 지연손해금을 지급할 의무가 있습니다.

나. 피고 성춘향의 예상되는 항변 또는 주장에 대한 반박

1) 원고가 2020년 1월 3일 피고 성춘향에게 내용증명을 보내 위 대여원리금을 변제하라 독촉하자, 그 동안 묵묵부답이던 위 피고는 2020년 1월 28일 내용증명 회신에서 갑자기 자신의 채무는 이미 소멸시효가 완성되었다는 주장을 해 왔습니다. [갑 제3호증의 1,2 각 내용증명 참고]

2) 하지만 피고 성춘향은 2009년 3월 2일 원고에게 차용금채무에 대한 담보조로 피고 성춘향 소유의 충북 청원군 내수읍 구룡리 417-2 대 352.60㎡에 근저당권을 설정해 주었고, 위 근저당권은 현재도 유효하게 설정되어 있는 상태인바, 위 채무의 소멸시효가 완성되었다는 피고의 주장은 전혀 이치에 맞지 않습니다.

3) 더불어 원고는 2010년 초순경부터 2020년 최근에 이르기까지 매달 피고에게 변제를 독촉하는 내용증명을 수시로 보내왔는바, 그 자체로도 소멸시효는 중단된 것이라 보아야 합니다. 따라서 피고 성춘향의 주장은 이유 없습니다.

2. 피고 강월매에 대한 청구

가. 불법행위로 인한 손해배상 청구

1) 손해배상책임 발생 – 불법행위의 성립

㉮ 피고 강월매는 자신의 딸인 성춘향이 나이든 원고와 춤을 추며 놀러 다닌다는 사실에 격분하여 2014년 5월 5일 오후 8시 30분경 청주시 흥덕구 수곡동 579-303 소재 나이트클럽에 찾아와 위험한 물건인 식칼(칼날길이 17센티미터 가량)로 원고의 허벅지 위를 그어 원고에게 약 8주의 치료를 요하는 우하지 자상을 가한 사실이 있습니다.

㉯ 이에 대하여 피고 강월매는 위 사건으로 구속되고 폭력행위등 처벌에 관한 법률위반(집단·흉기등상해)으로 기소되어 형사재판을 받았고, 다만 재판 중 원고의 고소취하서가 제출되어 법원으로부터 징역 3년에 집행유예 5년을 선고받아 그 무렵 위 판결은 확정되었습니다

(청주지방법원 2014년 8월 12일 선고 2014고단2530 폭력행위등 처벌에 관한 법률위반(집단·흉기등상해) 판결). [갑 제4호증 판결문 참고]

㉰ 원고의 고소취하서가 작성되기 전 피고 강월매는 위 불법행위로 인한 원고의 손해 일체를 배상하겠다고 약속하였고, 2014년 7월 15일 자신의 약속을 믿어달라며 그 일부 변제조로 약속어음(액면금 오백만 원)을 발행해 원고에게 교부해 주기도 했습니다. 그 약속을 믿은 원고는 고소취하서를 작성해 주어 형사재판에서 피고 강월매가 선처를 받았던 것인데, 구속을 면한 피고 강월매는 그 후로 원고에게 단 한 푼의 손해배상금도 갚지 않고 있는 상황입니다. [갑 제5호증 약속어음 참고]

2) 손해배상책임의 범위

피고 강월매가 저지른 위 사건으로 원고는 큰 상처를 입고 병원에 장기간 입원하며 수차례에 걸쳐 수술을 받았는바, 그 병원비만 이천만 원이 됩니다. 다만 원고는 피고 강월매가 어린 딸을 위하는 마음으로 저지른 우발적 행위인 점을 참작해서 위 병원비만 구하고 위자료를 별도로 청구하지는 않겠습니다. [갑 제6호증 영수증 참고]

3) 소결

따라서 특별한 사정이 없는 한 피고 강월매는 원고에게 불법행위로 인한 손해배상으로써 이천만 원 및 이에 대한 불법행위 성립일인 2014년 5월 5일부터 이 사건 소장부본 송달 일까지는 연 5푼, 그 다음날부터 다 갚는 날까지는 소송촉진등에 관한 특례법이 정한 연 1할2푼의 각 비율로 계산한 지연손해금을 지급할 의무가 있습니다.

나. 피고 강월매의 예상되는 항변 또는 주장에 대한 반박

1) 원고가 피고 강월매에게도 2020년 1월 6일 내용증명을 보내 손해배상금을 변제하라고 독촉하자, 위 피고 역시 2020년 1월 28일 내용증명 회신에서 자신의 채무는 이미 소멸시효가 완성되었다는 주장을 했습니다. [갑 제7호증의 1,2 각 내용증명 참고]

2) 그러나 원고는 이미 피고 강월매에 대한 손해배상채권에 관하여 2014년 7월 15일 위 피고로부터 일부 변제조로 수령한 약속어음(액면금 오백만 원)을 이용해 피고 강월매 소유의 충북 청원군 오창읍 구룡리 417-2 지상 철근콘크리트구조 철근콘크리트지붕 1층 단독주택 170.23㎡(이하

'이 사건 제2부동산'이라 합니다)에 관해 귀원으로부터 2016년 2월 18일 가압류결정(청주지방법원 2016카단236 부동산가압류, 청구채권 어음금, 청구금액 오백만 원)을 받은 사실이 있습니다. 따라서 그 무렵 소멸시효는 중단된 것이고 또한 가압류에 의한 시효중단의 효력은 집행보전의 효력이 존속하는 동안 계속되는 것이므로,[9] 현재까지 피고 강월매 소유의 충북 청원군 오창읍 구룡리 417-2 지상 철근콘크리트구조 철근콘크리트지붕 1층 단독주택 170.23㎡에 원고의 가압류가 유지되고 있는 이상 소멸시효는 완성될 수 없습니다. [갑 제8호증의 1 가압류결정문, 갑 제8호증의 2 부동산등기부등본 각 참고] 따라서 피고 강월매의 주장은 이유 없습니다.

3. 결론

이상과 같은 이유로 원고는 청구취지와 같은 재판을 구하기 위해 이 사건 소에 이르렀는바, 원고의 청구를 모두 인용하여 주시기 바랍니다.

입증방법[10]

1. 갑 제1호증	차용증
1. 갑 제2호증	부동산등기부등본(제1부동산)
1. 갑 제3호증의 1,2	각 내용증명
1. 갑 제4호증	판결문
1. 갑 제5호증	약속어음
1. 갑 제6호증	영수증
1. 갑 제7호증의 1,2	각 내용증명
1. 갑 제8호증의 1	가압류결정문
1. 갑 제8호증의 2	부동산등기부등본(제2부동산)

---

9) 대법원 2004. 4. 25. 선고 2000도11102 가압류결정취소 판결 등 참고.

10) 실무의 소장에는 반드시 기재할 부분이나, 통상 변호사시험에서는 작성요령에 생략해도 된다고 전제해 주고 있다.

첨부서류11)

1. 위 입증방법   각 3통12)
2. 영수필확인서 및 영수필통지서   각 1통
3. 송달료납부서   1통
4. 소송위임장   1통
5. 소장부본   2통13)

2020. 3. 7.

위 원고의 소송대리인

변호사 홍길동

인천지방법원 귀중14)

<제1문의1 답안> ||||||||||||||||||||||||||||||

소장 내용의 자구 수정

소   장

원고 변학도 (주민등록번호 삭제)
      서울 서초구 서초중앙로 157
      소송대리인 변호사 홍길동

---

11) 실무의 소장에는 반드시 기재할 부분이나, 통상 변호사시험에서는 작성요령에 생략해도 된다고 전제해 주고 있다.

12) 법원 제출용 + 피고 송달용(피고의 숫자).

13) 피고 송달용(피고의 숫자).

14) 실무상 관할법원은 매우 중요한 부분이며, 변호사시험에서도 배점이 있으니 유의하라.

인천 남동구 정각로 29 법조빌딩 101호
전화: 032-220-1111, 팩스: 031-220-1112

피고 1. 성춘향 (주민등록번호 삭제)
　　　충북 청원군 오창읍 구룡6길 72-7
　　2. 강월매 (주민등록번호 삭제)
　　　위와 같음

대여금 등 청구의 소

청구취지

1. 원고에게,
　가. 피고 성춘향은 10,000,000원 및 이에 대한 2006. 6. 10.부터 다 갚는 날
　　까지 연 24%의 비율로 계산한 돈을,
　나. 피고 강월매는 20,000,000원 및 이에 대한 2014. 5. 5.부터 이 사건 소장
　　부본 송달 일까지는 연 5%, 그 다음날부터 다 갚는 날까지는 연 12%의
　　각 비율로 계산한 돈을
　각 지급하라.
2. 소송비용은 피고들이 부담한다.
3. 제1항은 가집행할 수 있다.
라는 판결을 구합니다.

청구원인

1. 피고 성춘향에 대한 청구
　가. 대여금청구
　　1) 원고는 2006. 6. 10. 피고 성춘향에게 1,000만 원(또는 10,000,000
　　　원)을 이자 연 24%, 변제기 2008. 6. 9.로 정하여 대여하였습니다.
　　　[갑 제1호증 차용증 참고]
　　2) 그러나 피고 성춘향은 변제기에 위 차용금을 전혀 변제하지 못했고,
　　　이에 대해 원고가 계속 변제를 독촉하게 되었습니다. 그러자 피고 성

춘향은 <u>2009. 3. 2.</u> 위 차용금의 담보조로 원고에게 피고 성춘향 소유의 충북 청원군 내수읍 구룡리 417-2 대 352.60㎡(이하 '이 사건 제1부동산'이라 합니다)에 채권최고액 <u>2,500만 원</u>으로 하는 근저당권을 설정해 주었습니다. [갑 제2호증 부동산등기부등본 참고]

3) 그 후로 현재까지 피고 성춘향은 원고로부터 차용한 원금 <u>1,000만 원</u>은 물론 그 이자조차 전혀 변제하지 않고 있는 상황입니다.

4) 따라서 특별한 사정이 없는 한 피고 성춘향은 원고에게 대여 원금 <u>1,000만 원</u> 및 이에 대한 <u>2006. 6. 10.</u>부터 다 갚는 날까지 <u>연 24%</u>의 비율로 계산한 이자 및 지연손해금을 지급할 의무가 있습니다.

나. 피고 성춘향의 예상되는 항변 또는 주장에 대한 반박

1) 원고가 <u>2020. 1. 3.</u> 피고 성춘향에게 내용증명을 보내 위 대여원리금을 변제하라 독촉하자, 그 동안 묵묵부답이던 위 피고는 같은 달 28. 내용증명 회신에서 갑자기 자신의 채무는 이미 소멸시효가 완성되었다는 주장을 해 왔습니다. [갑 제3호증의 1,2 각 내용증명 참고]

2) 하지만 피고 성춘향은 <u>2009. 3. 2.</u> 원고에게 차용금채무에 대한 담보조로 <u>이 사건 제1부동산에</u> 근저당권을 설정해 주었고, 위 근저당권은 현재도 유효하게 설정되어 있는 상태인바, 위 채무의 소멸시효가 완성되었다는 피고의 주장은 전혀 이치에 맞지 않습니다.

3) 더불어 원고는 <u>2010.</u> 초순경부터 <u>2020.</u> 최근에 이르기까지 매달 피고에게 변제를 독촉하는 내용증명을 수시로 보내왔는바, 그 자체로도 소멸시효는 중단된 것이라 보아야 합니다. 따라서 피고 성춘향의 주장은 이유 없습니다.

2. 피고 강월매에 대한 청구

가. 불법행위로 인한 손해배상청구

1) 손해배상책임 발생 - 불법행위의 성립

<u>가)</u> 피고 강월매는 자신의 딸인 성춘향이 나이든 원고와 춤을 추며 놀러 다닌다는 사실에 격분하여 <u>2014. 5. 5. 20:30경</u> 청주시 흥덕구 수곡동 579-303 소재 나이트클럽에 찾아와 위험한 물건인 식<u>칼(칼날길이 17㎝ 가량)</u>로 원고의 허벅지 위를 그어 원고에게 약 8주의 치료를 요하는 우하지 자상을 가한 사실이 있습니다.

　　　나) 이에 대하여 피고 강월매는 위 사건으로 구속되고 폭력행위등 처벌에 관한 법률위반(집단·흉기등상해)으로 기소되어 형사재판을 받았고, 다만 재판 중 원고의 고소취하서가 제출되어 법원으로부터 징역 3년에 집행유예 5년을 선고받아 그 무렵 위 판결은 확정되었습니다(청주지방법원 2014. 8. 12. 선고 2014고단2530 폭력행위등처벌에관한법률위반(집단·흉기등상해) 판결). [갑 제4호증 판결문 참고]

　　　다) 원고의 고소취하서가 작성되기 전 피고 강월매는 위 불법행위로 인한 원고의 손해 일체를 배상하겠다고 약속하였고, 2014. 7. 15. 자신의 약속을 믿어달라며 그 일부 변제조로 약속어음(액면금 500만 원)을 발행해 원고에게 교부해 주기도 했습니다. 그 약속을 믿은 원고는 고소취하서를 작성해 주어 형사재판에서 피고 강월매가 선처를 받았던 것인데, 구속을 면한 피고 강월매는 그 후로 원고에게 단 한 푼의 손해배상금도 갚지 않고 있는 상황입니다. [갑 제5호증 약속어음 참고]

　　2) 손해배상책임의 범위

　　　피고 강월매가 저지른 위 사건으로 원고는 큰 상처를 입고 병원에 장기간 입원하며 수차례에 걸쳐 수술을 받았는바, 그 병원비만 2,000만 원이 됩니다. 다만 원고는 피고 강월매가 어린 딸을 위하는 마음으로 저지른 우발적 행위인 점을 참작해서 위 병원비만 구하고 위자료를 별도로 청구하지는 않겠습니다. [갑 제6호증 영수증 참고]

　　3) 소결

　　　따라서 특별한 사정이 없는 한 피고 강월매는 원고에게 불법행위로 인한 손해배상으로써 2,000만 원 및 이에 대한 불법행위 성립일인 2014. 5. 5.부터 이 사건 소장부본 송달 일까지는 연 5%, 그 다음날부터 다 갚는 날까지는 소송촉진등에 관한 특례법이 정한 연 12%의 각 비율로 계산한 지연손해금을 지급할 의무가 있습니다.

　나. 피고 강월매의 예상되는 항변 또는 주장에 대한 반박

　　1) 원고가 피고 강월매에게도 2020. 1. 6. 내용증명을 보내 손해배상금을 변제하라고 독촉하자, 위 피고 역시 같은 달 28. 내용증명 회신에서 자신의 채무는 이미 소멸시효가 완성되었다는 주장을 했습니다. [갑 제7호증의 1,2 각 내용증명 참고]

2) 그러나 원고는 이미 피고 강월매에 대한 손해배상채권에 관하여 <u>2014. 7. 15.</u> 위 피고로부터 일부 변제조로 수령한 약속어음(액면금 <u>500만 원</u>)을 이용해 피고 강월매 소유의 충북 청원군 오창읍 구룡리 417-2 지상 철근콘크리트구조 철근콘크리트지붕 1층 단독주택 170.23㎡(이하 '이 사건 제2부동산'이라 합니다)에 관해 귀원으로부터 <u>2016. 2. 18.</u> 가압류결정(청주지방법원 2016카단236 부동산가압류, 청구채권 어음금, 청구금액 <u>500만 원</u>)을 받은 사실이 있습니다. 따라서 그 무렵 소멸시효는 중단된 것이고 또한 가압류에 의한 시효 중단의 효력은 집행보전의 효력이 존속하는 동안 계속되는 것이므로,[15] 현재까지 <u>이 사건 제2부동산</u>에 원고의 가압류가 유지되고 있는 이상 소멸시효는 완성될 수 없습니다. [갑 제8호증 가압류결정문, 갑 제8호증 부동산등기부등본 각 참고] 따라서 피고 강월매의 주장은 이유 없습니다.

3. 결론

이상과 같은 이유로 원고는 청구취지와 같은 재판을 구하기 위해 이 사건 소에 이르렀는바, 원고의 청구를 모두 인용하여 주시기 바랍니다.

입증방법

1. 갑 제1호증	차용증
1. 갑 제2호증	부동산등기부등본(제1부동산)
1. 갑 제3호증의 1,2	각 내용증명
1. 갑 제4호증	판결문
1. 갑 제5호증	약속어음
1. 갑 제6호증	영수증
1. 갑 제7호증의 1,2	각 내용증명
1. 갑 제8호증의 1	가압류결정문
1. 갑 제8호증의 2	부동산등기부등본(제2부동산)

첨부서류

1. 위 입증방법	각 3통
2. 영수필확인서 및 영수필통지서	각 1통
3. 송달료납부서	1통
4. 소송위임장	1통
5. 소장부본	2통

2020. 3. 7.
위 원고의 소송대리인
변호사 홍길동

<u>서울중앙지방법원(또는 청주지방법원) 귀중</u>

---

15) 대법원 2004. 4. 25. 선고 2000다11102 가압류결정취소 판결 등 참고.

▨ <제1문의 2>

> <소송의 경과>
> 위와 같은 원고의 소장이 제출된 이후 피고들은 답변서에서 자신들이 보낸 내용
> 증명에서의 주장과 동일한 항변을 하면서 청구기각을 구하였다.
> 변론기일에서 원,피고는 위 주장 및 제출된 서증 외에는 별다른 입증이나 주장을
> 추가하지 않았고 변론이 종결되었다.

위 소장 청구에 대한 결론(각하, 청구전부인용, 청구일부인용(일부인용 되는 경우는 그 구체적인 금액 또는 내용을 기재할 것), 청구기각)을 그 논거와 함께 서술하라.

<제1문의2 답안> ‖‖‖‖‖‖‖‖‖‖‖‖‖‖‖‖‖‖‖‖‖‖‖‖‖

소멸시효의 항변

> <참고> 금전청구에서 4대 항변
> 1. 변제, 2. 소멸시효, 3. 상계, 4. 동시이행
>
> <참고> 복수의 항변이 있는 경우 일반적인 판단순서
> ①본안전 항변(소송요건 등), ②무효, ③취소, ④해제(해지), ⑤변제등(면제, 공탁,
> 변제 등), ⑥소멸시효, ⑦상계, ⑧동시이행

> <법원 판결문의 주문(피고들에 대한 전체결론)>
> 1. 피고 강월매는 원고에게 5,000,000원 및 이에 대한 2017. 3. 7.부터 2020. 11.
>   30.까지는 연 5%, 그 다음날부터 다 갚는 날까지는 연 12%의 각 비율에 의한
>   돈을 지급하라.
> 2. 원고의 피고 성춘향에 대한 청구 및 피고 강월매에 대한 나머지 청구를 각 기각
>   한다.
> 3. 소송비용 중 원고와 피고 성춘향 사이에 생긴 부분은 원고가 부담하고, 원고와

피고 강월매 사이에 생긴 부분 중 3/4은 원고가, 나머지는 피고가 각 부담한다.
4. 제1항은 가집행할 수 있다.

※ 이 사건 소송의 판결 선고일은 2020. 11. 30.로 가정한 것이다.

1. 피고 성춘향에 대한 청구
　가. 결론: 청구기각
　나. 논거
　　1) 대여금채권의 소멸시효 10년(기산점 변제기 2008. 6. 9.)
　　2) 시효중단
　　　- 2009. 3. 2. 근저당설정(채무승인), 시효 재시작
　　　- 근저당설정 유지(중단효 ×) vs 가압류 유지(중단효 ○, 2000다11102)
　　　- 최고의 중단효는 6개월의 시효연장효에 불과(민법 제174조) = 시효기간 만료 전
　　　　최고 要 + 최고시(도달시)로부터 6월 이내에 재판상 청구 등 시효중단조치 要
　　3) 결론
　　　- 2019. 3. 2. 전 시효중단
　　　- 위 기한 내 최고했더라도, 그 최고로부터 6월 내에 재판상 청구 등 시효중단
　　　　조치를 해야 함
　　　- 소제기 시점은 2020. 3. 7. 이므로, 시효완성 전 최고시로부터 6월이 도과된
　　　　후 소제기가 된 것이 명확함, 소멸시효 완성

※ 참고판례
- 수개의 최고가 있을 경우 재판상 청구 등을 한 시점을 기준으로 역 소급하여 6월
　내에 한 최고시에 발생(83다카437)
- 최고의 기산점(6월 연장효)이 완화되는 예외: 이행 최고를 받은 채무자가 그 이
　행의무의 존부 등에 대하여 조사를 해 볼 필요가 있다는 이유로 채권자에 대하여
　그 이행의 유예를 구한 경우에는 채권자가 그 회답을 받을 때까지 최고의 효력이
　계속됨(2005다25632)
- 소송고지와 시효중단: 소송고지(민소법 86조)는 피고지자에 대해 민법 174조 시
　효중단으로서의 최고의 효력이 있고, 나아가 고지자로서는 소송고지를 통하여
　당해 소송의 결과에 따라 피고지자에게 권리를 행사하겠다는 취지의 의사를 표
　명한 것으로 볼 것이므로, 당해 소송이 계속중인 동안은 최고에 의하여 권리를
　행사하고 있는 상태가 지속된 것으로 보아 민법 174조에 규정된 6월의 기간은
　'당해 소송이 종료한 때'로부터 기산됨에 유의(2009다14340)

2. 피고 강월매에 대한 청구

  가. 결론

    청구일부인용(불법행위로 인한 손해배상으로써 500만 원 및 이에 대한 2017. 3. 7.부터 이 사건 판결 선고일까지는 민사법정이율인 연 5%의, 그 다음날부터 다 갚는 날까지는 소촉법상 법정이율인 연 12%의 각 비율에 의한 돈을 지급해야 함)

  나. 논거

    1) 불법행위로 인한 손해배상채권 소멸시효 손해 및 가해자를 안 날로부터 3년 or 불법행위를 한 날로부터 10년(기산점 <u>2014. 5. 5.</u>) → 본 사안은 위 3년이 적용되는 사안임!

    2) 시효중단

      – <u>2014. 7. 15.</u> 변제약속(채무승인), 지급조 약속어음 지급

      – <u>2016. 2. 18.</u> 약속어음금채권(500만 원) 가압류가 원인채권에 시효중단?

      쟁점① 어음채권에 대한 시효중단효가 원인채권에 미치는지

      쟁점② 가압류와 시효중단 <u>지속효</u>

      쟁점③ 일부청구와 시효중단 범위, 가압류의 효력이 미치는 객관적 범위

      쟁점④ 원금채권과 이자(지연이자)채권 사이 소멸시효 관계

    3) 결론

      – 쟁점① → 2016. 2. 18. 약속어음금채권으로 한 가압류는 원인채권인 손해배상채권의 소멸시효의 진행도 중단시킴(99다16378 판결, 그 逆은 중단×)

      – 쟁점② → 또한 그 시효중단효는 가압류 유지되는 한 계속됨(2000다11102 판결), 시효 3년 진행 안함

      – 쟁점③ → 단, 그 시효중단의 범위는 명시적 청구 범위인 500만 원에 한정되고 또한 <u>가압류 효력이 미치는 객관적 범위는 가압류결정에 표시된 청구금액에 한정되므로 가압류의 청구금액으로 채권의 원금만 기재되어 있다면 가압류채권자가 가압류채무자에 대하여 원본채권 외에 그에 부대하는 지연손해금채권(원본채권과 별개의 소송물이나 종속되어 동일한 시효기간을 적용됨, 소멸시효 3년)을 가지고 있다 하더라도 가압류의 청구금액을 넘어서는 부분에 대해서는 가압류채권자는 소멸시효 중단의 효력을 주장할 수 없다고 할 것임</u>

      – 쟁점④ → 따라서 이 사건 원본채권 500만 원은 시효중단, 하지만 위 원본채권에 대한 지연손해금채권 중 이 사건 소제기일인 2020. 3. 7.로부터 역산하여 3

년이 경과한 부분인 2014. 5. 5.부터 2017. 3. 6.까지의 지연손해금채권에 대해서는 위 가압류로 그 소멸시효가 중단되었다고 볼 수 없음(이 부분은 시효소멸)

– 결국, 피고는 원고에게 불법행위로 인한 손해배상 원본채권 500만 원 및 이에 대한 2017. 3. 7.부터 이 사건 판결 선고일까지는 민사법정이율인 연 5%의, 그 다음날부터 다 갚는 날까지는 소촉법상 법정이율인 연 12%의 각 비율에 의한 돈을 지급해야 함

〈참고〉 시효중단의 영향력(★)

1) 어음채권에 대한 시효중단 조치 → 원인채권 시효중단 ○ (그 逆은 ×)
2) 원금채권에 대한 시효중단 조치 → 이자채권 시효중단 ×
3) 주채무자에 대한 시효중단 조치 → 보증채무자 시효중단(민법 440조) ○ (그 逆은 ×)

〈참고〉 원금채권과 이자채권의 관계(★)

1) 위 ①원금채권과 ②이자채권, 이자채권 중 ㉮약정이자채권, ㉯지연이자채권은 3가지 모두 독립적 권리이며 각각 소송물이 다르다(기판력등 별개, 독립성).
2) 따라서 원칙적으로 원금채권과 이자채권은 소멸시효나 그 중단사유를 별개로 독립하여 파악한다. 즉, 소멸시효기간을 각각 기산하고, 하나의 채권에 중단사유가 있어도 다른 채권에 영향을 미치지 않는다. 또한 원금채권에 대한 압류의 효력은 이자채권에 미치지도 않는다(독립성).
3) 다만, ②이자채권(㉮약정이자채권, ㉯지연이자채권)은 부종성(종물성)에 따라 원금채권이 이전되면 함께 이전됨이 원칙이고, 소멸시효기간도 원금채권의 시효기간이 적용되며(예컨대 원금채권에 적용되는 시효가 5년이면 그 이자채권에 대한 시효도 5년이 적용), 원금채권이 소멸시효의 도과등으로 소멸하면 이자채권도 함께 소멸한다(부종성).

〈비교〉 주채무와 (연대)보증채무 관계(★)

– 위 1)번(독립성), 3)번(부종성)과 유사한 구조의 논의가 있을 수 있다.
– 하지만 위 2)번(독립성) 중 일부는 민법 제440조 특별한 채권자보호규정에 의해 일부 차이가 있음에 유의하라(주채무 시효중단 → 보증채무 영향 ○, 단 그 逆은 ×).
– 그렇다고 하더라도 위 민법 제440조 규정은 부종성의 당연한 결과규정이 아니기 때문에(기본적으로는 독립성을 가짐), 설령 주채무(당초

상사시효 5년)에 관한 판결이 확정되어 그 시효중단으로 민법 제165조에 따라 주채무의 소멸시효가 10년 연장되었다고 하더라도(위 440조에 의해 보증채무도 중단), 보증채무의 소멸시효기간은 여전히 종전의 소멸시효기간(5년)을 따라야 한다(86다카1569).
- 보증인은 주채무자의 항변(변제, 소멸시효완성 등)으로 채권자에게 대항할 수 있고(민법 제433조 제1항), 주채무자의 항변포기(시효이익 포기 등)는 보증인에 대하여 효력이 없다(동조 제2항)
- 보증인(연대보증인)은 주채무자의 채권에 의한 상계로 채권자에게 대항할 수 있다(민법 제434조).

※ **참고판례 대법원 1992. 9. 25. 선고 91다37553 판결 (★)**

❑ 판시사항
　[1] 채권자가 연대보증인에 대하여 한 채무면제의 효력이 주채무자에 대하여 미치는지 여부(소극)
　[2] 채권자가 수인의 연대보증인 중 1인에 대하여 한 채무면제의 효력이 다른 연대보증인에 대하여 미치는지 여부(소극)
　[3] 민법 제419조 가 임의규정인지 여부(적극)
　[4] 수탁보증인의 사전구상권과 사후구상권의 소멸시효 기산점

❑ 판결요지
　[1] 연대보증인이라고 할지라도 주채무자에 대하여는 보증인에 불과하므로, 연대채무에 관한 면제의 절대적 효력을 규정한 민법 제419조의 규정은 주채무자와 보증인 사이에는 적용되지 아니하는 것이니, 채권자가 연대보증인에 대하여 그 채무의 일부 또는 전부를 면제하였다 하더라도 그 면제의 효력은 주채무자에 대하여 미치지 아니한다.
　[2] 수인의 연대보증인이 있는 경우, 연대보증인들 사이에 연대관계의 특약이 있는 경우가 아니면 채권자가 연대보증인의 1인에 대하여 채무의 전부 또는 일부를 면제하더라도 다른 연대보증인에 대하여는 그 효력이 미치지 아니한다 할 것이다.
　[3] 민법 제419조 의 규정은 임의규정이라고 할 것이므로 채권자가 의사표시등으로 위 규정의 적용을 배제하여 어느 한 연대채무자에 대하여서만 채무면제를 할 수 있다.
　[4] 수탁보증인의 사전구상권과 사후구상권은 그 종국적 목적과 사회적 효용을 같이하는 공통성을 가지고 있으나, 사후구상권은 보증인이 채무자에 갈음하여 변제 등 자신의 출연으로 채무를 소멸시켰다고

하는 사실에 의하여 발생하는 것이고 이에 대하여 사전구상권은 그 외의 민법 제442조 제1항 소정의 사유나 약정으로 정한 일정한 사실에 의하여 발생하는 등 그 발생원인을 달리하고 그 법적 성질도 달리하는 별개의 독립된 권리라고 할 것이므로, 그 소멸시효는 각각 별도로 진행되는 것이고, 따라서 사후구상권의 소멸시효는 사전구상권이 발생되었는지 여부와는 관계없이 사후구상권 그 자체가 발생되어 이를 행사할 수 있는 때로부터 진행된다.

<참고> 어음채권과 원인채권의 관계(★★)

1) 문제점
   - 원인채무의 지급과 관련하여 어음이 수수(발행·배서 등)되는 경우 어음의 수수가 원인채무에 어떠한 영향을 미치는지 문제된다.
2) 유형에 따른 검토
   가) 원인채무 **'지급에 갈음하여'** 어음이 수수된 경우
      - 원인채무는 '소멸'하고, 원인채무를 위해 설정된 담보도 특약이 없는 한 그 효력을 잃는다.
      - 지급에 갈음한다는 것의 법적성질은 대물변제로 본다(다수설).
   나) 원인채무 **'지급을 위하여'** 어음이 수수된 경우(실무는 대부분 이 경우에 해당!)
      - 원인채무는 소멸하지 않고 어음채무와 '병존'한다.
      - 특약이 없는 한, 어음상 권리를 '먼저' 행사해야 하고, 다만 어음 인수·지급거절시 원인채권을 행사할 수 있다.
      - 단 원인채권을 먼저 행사한 경우, 채권자와 채무자의 이익을 조화한다는 측면에서 원인채권 행사와 어음반환은 동시이행관계로 본다(判).
   다) 원인채무 **'지급을 담보하기 위하여'** 어음이 수수된 경우
      - 원인채무는 소멸하지 않고 어음채무와 '병존'한다.
      - 채권자는 임의로 양 채권 중 어느 하나를 '선택'하여 행사할 수 있다.
      - 어음채권을 먼저 행사한 경우, 어음채무를 이행받으면 원인채권도 소멸하게 되고 어음채무를 이행받지 못하면 원인채권 또는 소구권을 행사할 수 있다.
      - 원인채권을 먼저 행사한 경우, 지급을 위하여 어음이 교부된 경우와 마찬가지로 원인채권 행사와 어음반환은 동시이행관계에 있다(判).

▨ **<제2문>**

<변형된 사실관계>

이 사건 소장의 원고는 변학도로 기재되어 있으나, 사실은 이몽룡이 변학도의 의도를 미리 간파한 후 무단히 변학도의 이름과 주민등록번호를 함부로 사용해 변학도인 양 행세한 것이고 선임한 변호사 홍길동까지 속여 위 변학도의 명의로 소송을 수행한 것이었다. 원고 변학도로 행세한 이몽룡은 이후 재판과정에서 원고의 소송대리인에게 갑자기 피고들이 불쌍해졌다면서 적당히 자신이 패소해도 좋다는 요구를 하고 있다.

1. 소송의 당사자(원고)는 누구인가?
2. 소송계속 중 법원이 이러한 사실을 알게 되었을 경우 법원은 어떠한 조치를 취하여야 하는가?
3. 만일 법원이 이러한 사실을 알지 못하고 원고의 청구를 기각하는 판결을 선고한 경우 변학도가 취할 수 있는 소송상 구제수단은 무엇인가?

<제2문 답안> ||||||||||||||||||||||||||||||||

성명모용소송

1. 문제의 제기(사안의 쟁점)
   성명모용소송에서의 당사자 확정의 문제
2. 당사자의 확정 – 제3문의 1의 답
   실질적 표시설(판례, 통설), 원고는 변학도
3. 법원이 취해야 할 조치 – 제3문의 2의 답
   무권대리인(모용자 이몽룡)에 의한 소송이므로, 당사자인 변학도가 소송을 추인하지 않는 한 판결로써 소 각하
4. 피모용자의 구제방법 – 제3문의 3의 답
   성명모용사실을 간과한 판결은 무효는 아니나 위법함. 무권대리인이 대리권을 행사한 경우처럼 판결 확정 전이면 상소(민소법 제424조 4호), 확정 후라면 재심의 소(같은 법 제451조 3호)를 통해 판결의 효력을 배제

※ 형사소송에서의 성명모용문제도 체크하여 비교할 것! → 피고인(당사자)의 특정

제 **1** 절 민사소송절차

> **<보전처분절차>**
> - (동산, 부동산, 채권 등)가압류신청, (부동산처분금지, 점유이전금지 등)가처분신청 등
> - 가압류결정, 가처분결정 등
> - 법문서의 例: <u>가압류신청서, 가처분신청서, / 가압류결정문, 가처분결정문</u>

<본안재판절차>

1단계: 원고의 **소장** 작성 및 제출

    - 소장제출주의: 지참제출, 우편제출, 전자제출(2011. 5. 2.부터 전자소송)

    - 피고의 수만큼 소장부본 제출

    ※ 원고 입장에서 필요한 경우, 본 재판절차 진행 중 **청구취지 및 청구원인 변경신청서**를 제출 可

2단계: 법원의 소장심사

    - 소장의 형식적 기재사항 심사, 흠결시 상당한 기간 정해 보정명령

    - 보정이 없으면 소장각하

3단계: 피고에게 소장 부분 송달

　- 통상 부본송달일로부터 30일 이내에 답변서 제출의무 고지

　- 30일 이내 답변서 제출 없으면, 무변론선고기일 지정

4단계: 피고의 **답변서** 제출, 원고에게 답변서 부본 송달

　※ 피고 입장에서 필요한 경우, 본 재판절차 진행 중 원고를 상대로 **반소장** 제출 可

5단계: 변론준비기일

　- 쟁점정리 및 입증계획 논의

　- 종전에는 변론에 앞서 원칙적으로 거쳐야 할 절차였으나, 2008. 12. 26. 민사소송법(법률 제9171호) 개정으로 예외적인 절차로 변경됨

6단계: 변론기일

　- 소정 외에서 원,피고 **준비서면** 제출 공방

　- 주장에 관한 변론(준비서면 진술, 구술변론)

　- 입증을 위한 각종 증거조사 진행(서증, 증인신문, 당사자신문, 검증, 감정, 사실조회, 문서송부촉탁, 문서제출명령 등)

7단계: 변론종결

8단계: 판결선고

　- **판결문(제1심)**

9단계: 항소심절차, 상고심절차

　- 항소장(상고장), 항소이유서(상고이유서)

　- 항소이유(상고이유)에 대한 답변서, 준비서면 등 공방

　- 판결문(항소심, 상고심)

<강제집행절차>

- 판결의 확정(기판력, 집행력), 집행문 부여
- (동산, 부동산)강제경매신청서, 채권압류·추심(전부)명령신청서 등
- 강제경매결정문, 채권압류·추심(전부)명령
- 법문서의 例: 강제경매신청서, 채권압류·추심(전부)명령신청서, / 강제경매결정문, 채권압류·추심(전부)명령

<기재례> 민사소송문서 (보전처분절차)

서울중앙지방법원

제23민사부
결 정

사 건   2020카합2389 유체동산(부동산)가압류
채권자   오혜성
         서울 관악구 봉천로 345, 101동 303호(봉천동, 장미아파트)
채무자   마동탁
         서울 서초구 서초대로 1201, 102동 201호(서초동, 서초연립)

주 문
채무자 소유의 유체동산(별지 목록 기재 부동산)을 가압류한다.
채무자는 다음 청구금액을 공탁하고 집행정지 또는 집행취소를 신청할 수 있다.

청구채권의 내용   2019. 9. 11.자 대여금
청구금액   300,000,000원

이 유
이 사건 유체동산(부동산) 가압류 신청은 이유 있으므로 담보로 240,000,000원
(30,000,000원)[1]을 공탁하게 하고(또는 담보로 별지 첨부의 지급보증위탁계약을
맺은 문서를 제출받고) 주문과 같이 결정한다.

2020. 3. 15.
재판장 판사 송강호 (인)
판사 이선균 (인)
판사 조여정 (인)

---

1) 실무상, 가압류 담보액은 유체동산 가압류의 경우는 청구채권액의 4/5(청구금액의
2/5는 현금공탁+ 2/5는 공탁보증보험증권), 부동산 가압류의 경우는 청구채권액의 1/10(현
금공탁+공탁보증보험증권)로 정해지고 있다.

청주지방법원

결 정

사 건	2020카단2389 채권가압류
채 권 자	오혜성
	서울 관악구 봉천로 345, 101동 303호(봉천동, 장미아파트)
채 무 자	마동탁
	서울 서초구 서초대로 1201, 102동 201호(서초동, 서초연립)
제3채무자	엄지
	충북 보은군 보은읍 군청길 38

주 문

채무자의 제3채무자에 대한 별지 기재의 채권을 가압류한다.

제3채무자는 채무자에게 위 채권에 관한 지급을 하여서는 아니 된다.

채무자는 다음 청구금액을 공탁하고 집행정지 또는 집행취소를 신청할 수 있다.

청구채권의 내용 2019. 9. 11.자 대여금 중 일부

청구금액   100,000,000원

이 유

이 사건 채권가압류 신청은 이유 있으므로 담보로 20,000,000[2]을 공탁하게 하고 (또는 담보로 별지 첨부의 지급보증위탁계약을 맺은 문서를 제출받고) 주문과 같이 결정한다.

2020. 3. 18.

판사 최민식 (인)

[별지] 가압류할 채권의 표시

금 100,000,000원

채무자가 제3채무자에 대해 가지는 청주시 서원구 산남로 64 엔젤빌딩 신축공사를 도급받아 공사한 공사대금채권 중 위 청구금액에 이를 때까지의 금액

---

2) 실무상, 가압류 담보액은 채권 가압류의 경우 청구채권액의 2/5(현금공탁+공탁보증보험증권)로 정해지고 있다.

청주지방법원

결 정

사 건   2020카단12 부동산처분금지가처분
채 권 자   오혜성
         서울 관악구 봉천로 345, 101동 303호(봉천동, 장미아파트)
채 무 자   마동탁
         서울 서초구 서초대로 1201, 102동 201호(서초동, 서초연립)

주 문

채무자는 별지 목록 기재 부동산에 관하여 양도, 저당권·전세권·임차권의 설정 그 밖의 일체의 처분행위를 하여서는 아니 된다.

피보전권리의 내용 2019. 4. 19. 매매를 원인으로 한 소유권이전등기청구권

이 유

이 사건 가처분 신청은 이유 있으므로 담보로 5,000,000원[3]을 공탁하게 하고 주문과 같이 결정한다.

        2020. 3. 15.
        판사 최민식 (인)

[별지] 부동산의 표시
1. 청주시 상당구 명암동 40 임야 10,000㎡

---

3) 실무상, 가처분 담보액은 부동산 처분금지가처분의 경우 부동산목적물가액의 1/10 (현금공탁+공탁보증보험증권)로 정해지고 있다.

소 장

원고 오혜성
    서울 관악구 봉천로 345, 101동 303호(봉천동, 장미아파트)
    소송대리인 변호사 설까치
    서울 서초구 법원로 678, 403호(서초동, 서초빌딩)
피고 마동탁
    서울 서초구 서초대로 1201, 102동 201호(서초동, 서초연립)

대여금 등 청구의 소

청구취지

1. 피고는 원고에게,
  가. 300,000,000원 및 이에 대한 이 사건 소장부본 송달일 다음날부터 다 갚는
    날까지 연 12%의 비율로 계산한 돈을 지급하고,
  나. 청주시 상당구 명암동 40 임야 10,000㎡에 관하여 2019. 4. 19 매매를 원인
    으로 한 소유권이전등기절차를 이행하라.
2. 소송비용은 피고가 부담한다.
3. 제1의 가.항은 가집행할 수 있다.
라는 판결을 구합니다.

청구원인

1. 대여금 청구
2. 매매를 원인으로 한 소유권이전등기 청구
3. …

입증방법

첨부서류

2020. 4. 1.
원고의 소송대리인
변호사 설까치 (인)

서울중앙지방법원 귀중

답 변 서

사건   2020가합1234 대여금 등
원고   오혜성
피고   마동탁
　　　서울 서초구 서초대로 1201, 102동 201호(서초동, 서초연립)
　　　소송대리인 법무법인 외인구단
　　　담당변호사 이현세
　　　서울 서초구 법원로 123, 601호(서초동, 두꺼비빌딩)

위 사건에 관하여 피고의 소송대리인은 아래와 같이 답변합니다.

청구취지에 대한 답변

1. 원고의 청구를 모두 기각한다.
2. 소송비용은 원고가 부담한다.
라는 판결을 구합니다.

청구원인에 대한 답변취지

1. …

입증방법

첨부서류

2020. 4. 20.
피고의 소송대리인 법무법인 외인구단
담당변호사 이현세 (인)

서울중앙지방법원 제11민사부   귀중

반 소 장

사   건   2020가합1234 대여금 등
피고(반소원고)   마동탁
　　　　　　　　서울 서초구 서초대로 1201, 102동 201호(서초동, 서초연립)
　　　　　　　　소송대리인 법무법인 외인구단
　　　　　　　　담당변호사 이현세
　　　　　　　　서울 서초구 법원로 123, 601호(서초동, 두꺼비빌딩)
원고(반소피고)   오혜성
　　　　　　　　서울 관악구 봉천로 345, 101동 303호(봉천동, 장미아파트)

위 사건에 관하여 피고(반소원고)의 소송대리인은 아래와 같이 반소를 제기합니다.

손해배상(기) 청구의 소

반소 청구취지

1. 원고(반소피고)는 피고(반소원고)에게 100,000,000원 및 이에 대한 이 사건 반
   소장 부본 송달일 다음날부터 다 갚는 날까지 연 12%의 비율로 계산한 돈을 지
   급하라.
2. 소송비용은 원고(반소피고)가 부담한다.
3. 제1항은 가집행할 수 있다.
라는 판결을 구합니다.

반소 청구원인

1. …

입증방법

첨부서류

2020. 4. 25.
피고(반소원고)의 소송대리인 법무법인 외인구단
담당변호사 이현세 (인)

서울중앙지방법원 제11민사부   귀중

준비서면

사　　　건　　　2020가합1234(본소) 대여금 등
　　　　　　　　 2020가합1456(반소) 손해배상(기)
원고(반소피고)　　오혜성
피고(반소원고)　　마동탁

위 사건에 관하여 원고의 소송대리인은 아래와 같이 변론을 준비합니다.

아　래

1. …

　　　　　　　　　　　　　　 2020. 5. 20.
　　　　　　　　　　　　　　 원고의 소송대리인
　　　　　　　　　　　　　　 변호사 설까치 (인)

서울중앙지방법원 제11민사부　귀중

청구취지 및 청구원인 변경신청서

사 건	2020가합1234(본소) 대여금 등	
	2020가합1456(반소) 손해배상(기)	
원고(반소피고)	오혜성	
피고(반소원고)	마동탁	

위 사건에 관하여 원고의 소송대리인은 청구취지 및 청구원인을 변경합니다.

변경한 청구취지

1. 피고는 원고에게,

  가. 200,000,000원 및 이에 대한 이 사건 소장부본 송달일 다음날부터 다 갚는 날까지 연 12%의 비율로 계산한 돈을 지급하고,

  나. 청주시 상당구 명암동 40 임야 10,000㎡에 관하여 2019. 4. 19 매매를 원인으로 한 소유권이전등기절차를 이행하라.

2. 소송비용은 피고가 부담한다.

3. 제1의 가.항은 가집행할 수 있다.

라는 판결을 구합니다.

변경한 청구원인

1. 대여금 청구 일부 감축

  원고는 피고에 대한 이 사건 병합청구 중 대여금 청구의 경우, 피고가 반소장을 통해 주장한 손해배상청구 금액 1억 원을 전부 인정하고자 하므로, 이를 공제한 나머지 대여금 2억 원으로 위 대여금 청구취지를 감축하였습니다.

2. 나머지 청구 유지

  원고는 위 제1항을 제외한 나머지 청구 및 주장은 그대로 유지합니다.

2020. 6. 30.

원고 소송대리인

변호사 설까치 (인)

서울중앙지방법원 제11민사부 귀중

서울중앙지방법원

제11민사부
판 결

사	건	2020가합1234(본소) 대여금 등
		2020가합1456(반소) 손해배상(기)
원고(반소피고)		오혜성

서울 관악구 봉천로 345, 101동 303호(봉천동, 장미아파트)
소송대리인 변호사 설까치

피고(반소원고)　마동탁
서울 서초구 서초대로 1201, 102동 201호(서초동, 서초연립)
소송대리인 법무법인 외인구단
담당변호사 이현세

변론종결 2016. 10. 12.
판결선고 2016. 10. 26.

주 문

1. 피고(반소원고)는 원고(반소피고)에게,
   가. 100,000,000원 및 이에 대한 2020. 4. 3.(소장부본 송달일)부터 2020. 8. 26.(판결선고일)까지는 연 5%의, 그 다음날부터 다 갚는 날까지는 연 12%의 각 비율로 계산한 돈을 지급하고,
   나. 청주시 상당구 명암동 40 임야 10,000㎡에 관하여 2019. 4. 19. 매매를 원인으로 한 소유권이전등기절차를 이행하라.
2. 원고(반소피고)의 나머지 본소청구 및 피고(반소원고)의 반소청구를 기각한다.
3. 소송비용 본소, 반소를 합하여 1/3은 원고가, 2/3는 피고가 각 부담한다.
4. 제1의 가.항은 가집행할 수 있다.

청구취지
이 유

1. 대여금 청구에 대한 판단
2. 소유권이전등기 청구에 대한 판단

재판장 판사 이성범 (인)
판사 박수진 (인)
판사 최해성 (인)

<기재례> 민사소송문서 (강제집행절차)

청주지방법원

결 정

사 건 　2020타경3456　부동산강제경매
채 권 자 　오혜성
　　　　　서울 관악구 봉천로 345, 101동 303호(봉천동, 장미아파트)
채 무 자 　마동탁
　　　　　서울 서초구 서초대로 1201, 102동 201호(서초동, 서초연립)
소 유 자 　채무자와 같음

주 문

별지 기재 부동산에 대하여 경매절차를 개시하고 채권자를 위하여 이를 압류한다.

청구금액

금 100,000,000원 및 이에 대한 2020. 4. 3.부터 2020. 8. 26.까지는 연 5%의, 그 다음날부터 다 갚는 날까지는 연 12%의 각 비율로 계산한 지연손해금

이 유

채권자가 위 청구금액을 변제받기 위하여 서울중앙지방법원 2020가합1234 대여금 등 사건의 집행력 있는 판결정본에 기초하여 한 이 사건 신청은 이유 있으므로 주문과 같이 결정한다.

2020. 12. 1.

사법보좌관 김주원 (인)

[별지] 부동산의 표시
1. 청주시 서원구 산남동 64-2 대 219.1㎡

서울중앙지방법원

결 정

사 건   2020타채3333 채권압류 및 전부명령
채 권 자   오혜성
　　　　　　서울 관악구 봉천로 345, 101동 303호(봉천동, 장미아파트)
채 무 자   마동탁
　　　　　　서울 서초구 서초대로 1201, 102동 201호(서초동, 서초연립)
제3채무자   엄지
　　　　　　충북 보은군 보은읍 군청길 38

주 문

1. 채무자의 제3채무자에 대한 별지 기재 채권을 압류한다.
2. 제3채무자는 채무자에게 위 채권에 관한 지급을 하여서는 아니 된다.
3. 채무자는 위 채권의 처분과 영수를 하여서는 아니 된다.
4. 위 압류된 채권은 지급에 갈음하여 채권자에게 전부한다.

청구금액

금 100,000,000원 및 이에 대한 2020. 4. 3.부터 2020. 8. 26.까지는 연 5%의, 그 다음날부터 다 갚는 날까지는 연 12%의 각 비율로 계산한 지연손해금

이 유

채권자가 위 청구금액을 변제받기 위하여 서울중앙지방법원 2020가합1234 대여금 등 사건의 집행력 있는 판결정본에 기초하여 한 이 사건 신청은 이유 있으므로 주문과 같이 결정한다.

2020. 12. 1.

사법보좌관 이채영 (인)

[별지] 압류할 채권의 표시
금 105,654,321원
채무자가 제3채무자에 대해 가지는 청주시 서원구 산남로 64 엔젤빌딩 신축공사를 도급받아 공사한 공사대금채권 중 위 청구금액에 이를 때까지의 금액

서울중앙지방법원

결 정

사 건   2020타채3333 채권압류 및 추심명령
채 권 자   오혜성
          서울 관악구 봉천로 345, 101동 303호(봉천동, 장미아파트)
채 무 자   마동탁
          서울 서초구 서초대로 1201, 102동 201호(서초동, 서초연립)
제3채무자   엄지
          충북 보은군 보은읍 군청길 38

주 문

1. 채무자의 제3채무자에 대한 별지 기재의 채권을 압류한다.
2. 제3채무자는 채무자에게 위 채권에 관한 지급을 하여서는 아니 된다.
3. 채무자는 위 채권의 처분과 영수를 하여서는 아니 된다.
4. 위 압류된 채권은 채권자가 추심할 수 있다.

청구금액

금 100,000,000원 및 이에 대한 2020. 4. 3.부터 2020. 8. 26.까지는 연 5%의, 그 다음날부터 다 갚는 날까지는 연 12%의 각 비율로 계산한 지연손해금

이 유

채권자가 위 청구금액을 변제받기 위하여 서울중앙지방법원 2020가합1234 대여금 등 사건의 집행력 있는 판결정본에 기초하여 한 이 사건 신청은 이유 있으므로 주문과 같이 결정한다.

2020. 12. 1.

사법보좌관 이채영 (인)

[별지] 압류할 채권의 표시
금 105,654,321원
채무자가 제3채무자에 대해 가지는 청주시 서원구 산남로 64 엔젤빌딩 신축공사를 도급받아 공사한 공사대금채권 중 위 청구금액에 이를 때까지의 금액

제2절 소장의 기재사항[4]

1. 표제

'소장'이라 기재

2. 당사자 표시

★ 의의

- 當事者의 確定, 當事者能力, 當事者適格, 訴訟能力, 訴訟上의 代理人 등의 민사소송절차론과 관련
- 판결의 효력이 미치는 인적범위, 강제집행 대상자의 특정 관련

가. 당사자 본인

1) 성명

- 한글로 성명 기재하고, 주민등록번호는 불기재 원칙(예외 有)[5]
- 예외적으로 주민등록번호를 기재해야 하는 경우이나 잘 모르면, 괄호에 한자성명 또는 생년월일 중 하나를 기재하거나 모두 병기
- 외국인의 경우 한글로 성명기재 후 괄호에 영문 등 외국어 병기
- 복수의 경우 성명(법인명) 앞 번호를 기재, 별지 목록을 활용하기

---

4) 민사소송법의 규정에 의하면, 소장의 '필요적 기재사항'은 당사자, 법정대리인, 청구취지, 청구원인(민소법 제249조 1항)이며, 이는 소장심사의 대상이고 보정하지 않으면 법원은 소장을 각하한다(같은 법 제254조). 반면 소장의 '임의적 기재사항'은 표제, 사건의 표시, 첨부서류 등 나머지 부분을 말하고, 이는 소장심사의 대상이 아니다.

5) 개인정보수집 등을 금지한 개인정보 보호법의 취지에 따라 개인정보 보호 수준을 높이기 위해 판결서에 기재하는 개인정보를 최소화 할 필요가 있다. 재판서 양식에 관한 예규(2018. 3. 26. 시행)에 따르면, ①민사(행정)재판서 중 판결문에는 당사자등의 주민등록번호를 기재하지 않고 성명과 주소만을 기재한다. ②다만, 등록의 의사표시를 명하는 청구사건, 가사 사건의 각 판결문은 종전처럼 당사자의 성명과 주소뿐만 아니라 주민등록번호도 기재해야 한다. 소장도 위 기준에 따르면 된다.

도 함
- 법인의 경우는 상호 내지 명칭 기재
- 전화번호, 팩스번호, 우편번호, 이메일주소 기재할 수도 있음

2) 주소

- 당사자의 특정 및 관할의 표준 및 소송서류 송달의 장소로 기능
- 가사소송의 경우, 주소 이외에 등록기준지를 기재(∵가족관계등록부 영향)
- 실제 거주지와 공부상(주민등록등본, 법인등기부등본 등)의 주소가 다를 경우, 공부상 주소도 병기
- 피고가 소재불명의 경우, 소장제출과 함께 공시송달신청
- 법인의 경우 본점 또는 주 사무소의 소재지 기재

<기재례>① 자연인의 경우

원고　변학도
　　　　서울 서초구 서초중앙로 157

피고　1. 성춘향 (成春香, 94. 10.생)
　　　　　충북 청원군 오창읍 구룡6길 72-7
　　　2. 강월매
　　　　　현재 소재불명
　　　　　최후주소 충북 청원군 오창읍 구룡6길 72-7

<기재례>② 법인의 경우

원고　주식회사 갑돌산업 (법인등록번호도 기재 可)
　　　　부산 연제구 금련로 18번길 26(연산동)
　　　　대표이사 김갑돌

나. 법정대리인
- 미성년자: 친권자

- 제한능력자: 성년후견인, 한정후견인
- 친권자와의 이행상반행위: 특별대리인(민법 제921조, 민소법 제62조)
- 부재자: 재산관리인
- 법정대리인의 주소 기재 ○ vs 당사자 본인의 주소와 같거나 변호사가 소송대리인으로 선임되어 있는 경우에는 기재 ×

<기재례>③ 미성년자, 제한능력자와 법정대리인

원고   김순진
　　　 충남 홍성군 홍성읍 아문길 27
　　　 미성년자(피성년후견인)이므로 법정대리인 친권자(성년후견인) 부
　　　 김아빠, 모 이엄마
　　　 대전 서구 둔산로 100

다. 법인 등의 대표자

- 법인은 물론 비법인사단 또는 비법인재단도 대표자 기재
- 대표자의 지위에 있는 사람의 명칭에 '대표'라는 표시가 없는 경우는 '대표자'라고 기재 후 지위명칭을 기재함
- 대표자의 자격과 성명만 표시하고 주소는 기재하지 않음
- 당사자가 국가, 지방자치단체일 때에는 대표자의 자격과 성명만 표시하고 주소는 기재하지 않음(실무에서는 기재하기도 함)

<기재례>④ 영리법인(주식회사)

원고   주식회사 김갑돌
　　　 부산 연제구 금련로 18번길 26(연산동)
　　　 대표이사 김갑돌

<기재례>⑤ 비법인사단(종중)

원고   단양우씨 문헌공파 종중
　　　 청주시 상당구 직지대로 871
　　　 대표자 도유사 우창제

<기재례>⑥ 비영리법인

피고   의료법인 인영재단
       청주시 흥덕구 사직대로 227
       <u>대표자 이사장 김주원</u>

<기재례>⑦ 국가, 지방자치단체

피고   대한민국
       <u>법률상 대표자 법무부장관 김갑동</u>

피고   서울특별시
       <u>대표자 시장 홍길동</u>

피고   충청북도
       <u>대표자 도지사 김철수</u>

피고   충청북도
       <u>대표자 교육감 이영희</u>

라. 소송대리인

1) 소송위임에 의한 소송대리인

- 소장의 필수적 기재사항은 아니지만, 실무상 편의를 위해 성명, 주소, 연락처 등 기재
- 법무법인의 경우 담당변호사를 기재

2) 법령에 의한 소송대리인

- 상법의 지배인,6) 국가를 당사자로 한 소송에 관한 법률의 소송수행자7) 등
- 소송대리인의 지위나 자격과 함께 성명을 기재
- 주소 기재 ×

---

6) 지배인은 영업주에 갈음하여 그 영업에 관한 재판상 또는 재판외의 모든 행위를 할 수 있다(상법 제11조 제1항).

7) 소송수행자는 그 소송에 관하여 대리인 선임을 제외한 모든 재판상의 행위를 할 수 있다(국가를 당사자로 한 소송에 관한 법률 제7조).

> **<기재례>⑧ 소송위임에 의한 소송대리인**
>
> 원고 변학도
>   서울 서초구 서초중앙로 157
>   소송대리인 변호사 정윤주
>   청주시 서원구 산남로 64 엔젤변호사빌딩 605호
>   전화: 043-291-5555, 팩스: 043-291-5554, 전자메일: jsulaw@naver.com
>
> 법무법인 이라면,
>   소송대리인 법무법인 대서양
>   담당변호사 황수민, 임상윤
>   서울 서초구 서초중앙로 154, 301호(서초빌딩)

> **<기재례>⑨ 법령에 의한 소송대리인**
>
> 원고 갑돌산업 주식회사
>   부산 연제구 금련로 18번길 26(연산동)
>   대표이사 김갑돌
>   지배인 나헌신
>
> 피고 서울특별시
>   대표자 시장 박원순
>   소송수행자 나공무

3. 사건명 표시

본 교재 제1장 제2절 3. 가. 참고

4. 청구취지[8]

★ 의의
- 訴訟物, 訴의 客觀的 倂合 등의 민사소송절차론과 관련

---

8) 제3절 유형별 청구취지 작성론에서 상세하게 설명한다.

- 소송의 목적인 권리 또는 법률관계에서 어떤 재판을 구하는지 표시, 소의 결론, 판결의 주문에 대응

가. 청구의 목적, 소의 결론

- 무색, 투명, 가치중립, 간단명료 (예외: 위자료, 재산분할, 작위, 부작위, 확인청구)

나. 소송비용의 부담

- 판결문에서는 승소비율로 정함, 법원재량사항

다. 가집행

- 미확정 종국판결에 대하여 집행력을 부여하는 형성적 재판

〈참고〉 가집행의 선고

1. 가집행선고를 할 수 있는 경우(민소법 제213조 제1항 본문 + 실무)
   - 재산권의 청구에 관한 판결
   - 실무상 원칙적으로는 협의의 집행력을 가지는 이행판결의 경우에 限定
   - 장래이행판결, 선이행판결, 동시이행판결(상환이행판결), 대상청구에 대한 판결에도 원칙적으로는 가집행 可(동시이행 관계에 있는 반대급부의 이행은 집행개시의 요건이고(민집법 제41조 제1항), 선이행 관계에 있는 반대급부의 이행은 조건에 해당하므로 집행문부여의 요건이 됨) → 단, 이행을 구하는 마지막 부분이 성질상 허용되지 않는 경우라면 不可
   - 형성판결임에도 예외적으로 가집행을 붙일 수 있는 경우 有: 청구이의의 소 또는 제3자이의의 소에서 잠정처분의 인가, 변경, 취소결정 및 강제집행정지결정(민집법 제47조 제2항 등 명문규정)
2. 가집행선고가 허용되지 않는 경우
   - 이혼청구 등 신분상의 청구와 같은 비재산권에 관한 청구
   - 재산권에 관한 의사의 진술을 명하는 판결(특히, 등기절차의 이행을 명하는 판결): 확정되어야만 의사의 진술이 있는 것으로 간주됨
   - 확인판결: 집행이 불가하기 때문
   - 형성판결: 판결이 확정되어야 비로소 형성의 효과가 발생하기 때문
   - 형성판결 확정에 기초한 장래이행판결(예컨대, 사해행위 취소판결 확

정에 따른 가액배상판결, 이혼 판결 확정에 따른 재산분할판결 등):
이행기 도래가 판결이 확정된 이후임이 명백하기 때문
- 가압류, 가처분 판결: 확정을 기다릴 필요 없이 당연히 집행력 발생
- 결정, 명령: 즉시 집행력이 발생

<기재례>① 금전지급의 청구취지

1. 피고는 원고에게 7,000,000원 및 이에 대한 2008. 5. 10.부터 다 갚는 날까지 연 17%의 비율에 의한 돈(금원)을 지급하라.
2. 소송비용은 피고가 부담한다.
3. 제1항은 가집행할 수 있다.
라는 판결을 구합니다.

<기재례>② 특정물의 인도 등 청구취지(토지인도)

1. 피고는 원고에게 군포시 부곡동 산118-6 임야 9,444㎡를 인도하라.
2. 소송비용은 피고가 부담한다.
3. 제1항은 가집행할 수 있다.
라는 판결을 구합니다.

<기재례>③ 의사의 진술을 명하는 청구취지(소유권이전등기)

1. 피고는 원고에게 별지 목록[9] 기재 부동산에 관하여 2008. 10. 1. 매매를 원인으로 하는 소유권이전등기절차를 이행하라.
2. 소송비용은 피고가 부담한다.
라는 판결을 구합니다.

<기재례>④ 의사의 진술을 명하는 청구취지(소유권이전등기의 말소등기)

1. 피고는 원고에게 별지 목록 기재 부동산에 관하여 부산지방법원 동부지원 2008. 10. 31. 접수 제1234호로 마친 소유권이전등기의 말소등기절차를 이행하라.
2. 소송비용은 피고가 부담한다.
라는 판결을 구합니다.

---

9) 실무상 부동산 등의 표시를 할 때 별지를 많이 활용한다.

<기재례>⑤ 그 밖의 의사의 진술을 명하는 청구취지(채권양도의 통지)

1. 피고는 소외 홍명보(881213-1314563, 주소: 창원시 의창구 중앙대로 151)에게 별지 목록 기재 채권을 2014. 2. 1. 원고에게 양도하였다는 취지의 통지를 하라.
2. 소송비용은 피고가 부담한다.
라는 판결을 구합니다.

<기재례>⑥ 특수한 유형의 이행을 구하는 청구취지(장래이행판결)

1. 피고는 원고에게 2012. 4. 3.부터 별지 목록 기재 건물의 인도 완료일까지 월 1,000,000원의 비율에 의한 돈을 지급하라.
2. 소송비용은 피고가 부담한다.
3. 제1항은 가집행할 수 있다.
라는 판결을 구합니다.

<기재례>⑦ 특수한 유형의 이행을 구하는 청구취지(선이행판결)

1. 피고는 원고로부터 50,000,000원을 지급받은 다음 원고에게 별지 목록 기재 부동산에 관하여 부산지방법원 2012. 5. 10. 접수 제5588호로 마친 근저당권설정등기의 말소등기절차를 이행하라.
2. 소송비용은 피고가 부담한다.
라는 판결을 구합니다.

<기재례>⑧ 특수한 유형의 이행을 구하는 청구취지(동시이행판결)

1. 피고는 원고로부터 30,000,000원을 지급받음과 동시에 원고에게 별지 목록 기재 건물을 인도하라.
2. 소송비용은 피고가 부담한다.
3. 제1항은 가집행할 수 있다.
라는 판결을 구합니다.

<기재례>⑨ 확인판결을 구하는 청구취지(소유권확인)

1. 별지 목록 기재 부동산이 원고의 소유임을 확인한다.
2. 소송비용은 피고가 부담한다.
라는 판결을 구합니다.

<기재례>⑩ 확인판결을 구하는 청구취지(채무부존재확인)

1. 원고의 피고에 대한 2013. 3. 1. 금전소비대차계약에 기한 채무는 존재하지
   아니함을 확인한다.
2. 소송비용은 피고가 부담한다.
라는 판결을 구합니다.

<기재례>⑪ 형성판결을 구하는 청구취지(공유물분할, 현물분할)

1. 별지 목록 기재 토지를, 별지 도면 표시 1,2,5,6,1의 각 점을 순차로 연결한
   선내 ㉮부분 100㎡는 원고의 소유로, 같은 도면 표시 2,3,4,5,2의 각 점을
   순차로 연결한 선내 ㉯부분 100㎡는 피고의 소유로 분할한다.
2. 소송비용은 피고가 부담한다.
라는 판결을 구합니다.

<기재례>⑫ 형성판결을 구하는 청구취지(이혼)

1. 원고와 피고는 이혼한다.
2. 피고는 원고에게 위자료로 50,000,000원 및 이에 대한 이 사건 소장부본 송
   달일 다음날부터 다 갚는 날까지 연 12%의 비율에 의한 돈을 지급하라.
3. 피고는 원고에게 재산분할로 금 100,000,000원 및 이에 대한 이 판결 확정
   일 다음날부터 다 갚는 날까지 연 5%의 비율에 의한 돈을 지급하라.
4. 사건본인의 친권행사자 및 양육자를 원고로 지정한다.
5. 피고는 원고에게 사건본인들의 양육비로 이 사건 소장부본 송달일 다음날
   부터 2021. 12. 27.까지 매월 금 600,000원씩을 매월 말일에 지급하라.
6. 소송비용은 피고들의 부담으로 한다.
7. 제2항, 제5항은 가집행할 수 있다.
라는 판결을 구합니다.

<설명>
- 청구취지 무색·투명성의 예외 → 2.항, 3.항, 5.항 '위자료', '재산분할',
  '양육비' 각 기재
- 1.항과 4.항은 형성판결을 구하는 청구취지
- 2.항은 단순이행판결(금전지급판결), 불법행위로 인한 손해배상 일종
- 3.항은 이혼 형성판결 확정에 기초한 장래이행판결
- 5.항은 장래이행판결(금전지급판결)

<기재례>⑬ 형성판결을 구하는 청구취지(사해행위취소, 원물반환)

1. 피고와 소외 조갑동 사이에 별지 목록 기재 부동산에 관하여 2007. 9. 27. 체결된 매매계약을 취소한다.
2. 피고는 소외 조갑동에게 제1항 기재 부동산에 관하여 대구지방법원 2007. 10. 1. 접수 제3456호로 마친 소유권이전등기의 말소등기절차를 이행하라.
3. 소송비용은 피고가 부담한다.
라는 판결을 구합니다.

<설명>
- 1.항은 형성판결을 구하는 청구취지
- 2.항은 사해행위취소 형성판결 확정에 기초한 단순이행(등기의사진술)판결의 일종

<기재례>⑭ 형성판결을 구하는 청구취지(사해행위취소, 가액반환)

1. 피고와 소외 조갑동 사이에 별지 목록 기재 부동산에 관하여 2007. 9. 27. 체결된 매매계약을 50,000,000원 한도 내에서 취소한다.
2. 피고는 원고에게 50,000,000원 및 이에 대한 이 판결 확정일 다음날부터 다 갚는 날까지 연 5%의 비율에 의한 돈을 지급하라.
3. 소송비용은 피고가 부담한다.
라는 판결을 구합니다.

<설명>
- 1.항은 형성판결을 구하는 청구취지
- 2.항은 사해행위취소 형성판결 확정에 기초한 장래이행(금전지급)판결의 일종

5. 청구원인[10]

★ 의의
- 청구취지 기재와 같은 판결을 할 수 있도록 하는 권리 또는 법률관계를 뒷받침할 수 있는 구체적인 사실관계, 要件事實論
- 이행의 소나 형성의 소에서는 소송물을 특정하는 역할을, 확인의 소

---

10) 제4장 유형별 청구원인 작성론에서 상세하게 설명한다.

에서는 청구취지를 보충하는 역할을 함
- 판결의 이유에 대응

<기재례> 시험에서 소장 '청구원인' 부분의 목차구성방법[11]

<피고가 한 명, 청구가 한 개인 경우>

1. ○○○ 청구 – (청구원인)
   가. 청구권의 성립요건(대전제, 간략히 요약 또는 생략가능)
   나. 요건사실의 충족(소전제, 구체적으로 세부목차 변경가능)
   다. 소결론(결론, 원고의 권리 또는 피고의 의무 도출)
2. 피고의 예상되는 항변 또는 주장에 대한 반박
   가. 피고의 주장 요지
   나. 항변의 요건사실 불충족(주장의 법리적 반박) 또는 그 재반론(재항변등)
3. 결론

[예시: 소유권에 기한 등기말소청구 사안에서 청구원인사실 및 항변반박 구조]
1. 소유권에 기한 등기말소 청구
   가. 등기말소청구권 성립요건(생략가능)
   나. 요건사실의 충족(아래를 상급목차 또는 하부목차 변경가능)
   "1) 원고의 소유 사실, 2)피고의 등기 사실, 3)그 등기 원인무효 사실이
   있습니다."
   다. 소결론
   "원고는 소유권침해 기한 방해배제청구권(대전제 재확인, 생략가능) →
   so 특별한 사정이 없는 한, 피고는 원고에게 … 등기말소의무 있습니다."

---

11) 변호사시험은 변별력을 높여 상대평가를 해야 하는 시험이라는 목적상 소장기록에서는 다수 당사자와 다수 청구들이 비현실적으로 복합되는 사안이고 또한 피고측의 재판상 예상 항변까지 기재하며 사전 판단함으로써 마치 판결문처럼 미리 최종결론을 도출하는 비실무적 방식이 될 수밖에 없다. 따라서 위 목차구성은 수험생의 입장에서 출제기술, 평가의 세분화, 채점의 편의성 등을 현실적으로 고려함으로써 출제자에게 제대로 된 평가를 받기 위해 기술적으로 만든 목차일 뿐이므로, 이는 기록형 시험에서 소장 작성용으로만 참고하는 것으로 족하다(실전용 수험목차와 세부적 목차는 얼마든 자유롭고 더 독창적으로 만들 수 있다). 한편, 실무의 일반적인 소장 모습은 이와는 다르다. 즉, 청구의 기초가 다른 복수의 피고를 한 개의 소송에 굳이 공동피고로 삼지 않으며, 소장 청구원인 란에도 '원고의 청구권의 요건사실등'을 대략 밝히는 것만으로 소장 구성은 충분하다(소위 '피고의 항변등에 대한 반박' 부분은 소장을 받은 피고가 답변서로 원고의 청구원인에 대한 반박의 취지로 항변하면, 비로소 다시 원고가 준비서면으로 재반박하게 된다).

2. 피고의 예상되는 항변 또는 주장에 대한 반박
　가. 피고의 주장 요지
　　"이에 대해 피고는 ..(등기부취득시효)..라고 주장합니다(주장이 예상됩니다)."
　나. 반박
　　"배척이유(항변 요건사실 불충족 또는 법리적 반박 / 재항변 등 ex: 악의
　　점유, 시효중단)를 서술 … 따라서 피고의 위 주장은 이유가 없습니다."
3. 결론
　"그렇다면 피고는 원고에게 … 등기말소를 이행할 의무가 있다고 할 것입
　니다(최종결론)."
　"이상과 같은 사유로 이 사건 소에 이른 것입니다."

<피고 한 명, 청구가 여러 개인 경우>

1. ○○○ 청구
　가. 청구원인 → 아래 1),2),3)을 상급목차로 또는 하부의 세부목차로 변경
　가능
　　"1) ○○○ 청구권의 성립요건은 ①,②,③인바, 아래와 같이 원고의 권리
　　가 발생하였습니다[대전제(생략가능)] → 2) ①(요건)사실, ②사실, ③사
　　실이 있습니다[소전제(구체적 사실 적시)]. → 3) 따라서 …(원고의 청구
　　권원 재확인)이므로, 특별한 사정이 없는 한, 피고는 원고에게 …할 의
　　무가 있습니다[결론]."
　나. 피고의 예상되는 항변 또는 주장에 대한 반박 → 위와 동일
　　"1) 이에 대해 피고는 …라 주장합니다(주장할 것으로 예상됩니다). → 2)
　　하지만 …(배척이유를 기재)이므로, 위 피고의 주장은 이유가 없습니다."
2. △△△ 청구
3. 결론
　"이상과 같은 사유로 원고는 청구취지와 같은 판결(재판)을 구하기 위해 이
　사건 소에 이르게 된 것인바, 원고의 청구를 모두 인용하여 주시기 바랍니다."

<피고가 여러 명인 경우(★)>

1. 피고 甲에 대한 청구
　가. ○○○ 청구
　나. 피고 甲의 예상되는 항변 또는 주장에 대한 반박
2. 피고 乙에 대한 청구
3. 결론

<피고가 여러 명, 각 피고에 대한 청구가 여러 개인 경우(★)>
1. 피고 甲에 대한 청구
  가. ○○○ 청구
    1) 청구원인
    2) 피고의 예상되는 항변 또는 주장에 대한 반박
  나. △△△ 청구
2. 피고 乙에 대한 청구
3. 결론

<원고 및 피고가 여러 명, 각 피고에 대한 청구가 한 개인 경우(★)>
1. 원고 A의 청구
  가. 피고 甲에 대한 ○○○ 청구
    1) 청구원인
    2) 피고 甲의 예상되는 항변 또는 주장에 대한 반박
  나. 피고 乙에 대한 △△△ 청구
    1) 청구원인
    2) 피고 乙의 예상되는 항변 또는 주장에 대한 반박
2. 원고 B의 청구
3. 결론

<원고 및 피고가 여러 명, 각 피고에 대한 청구가 여러 개인 경우>
1. 원고 A의 청구
  가. 피고 甲에 대한 청구
    1) ○○○ 청구
      가) 청구원인
      나) 피고 甲의 예상되는 항변 또는 주장에 대한 반박
    2) △△△ 청구
    3) 소결론
  나. 피고 乙에 대한 청구
2. 원고 B의 청구
3. 결론

※ 채권자대위소송의 경우
1. <u>채권자대위에 의한</u> ○○○ 청구
  가. 채권자대위권 성립요건
    1) 피보전채권의 존재 및 변제기 도래(채권자 채권의 요건사실을 기재)

    2) 보전의 필요성(무자력 원칙과 그 예외)

    3) 피대위권리의 존재(채무자 권리의 요건사실을 구체적으로 기재)→
    아래에서 별도 항목으로 강조할 수 있음

    4) 채무자의 권리불행사

  나. ○○○ 청구

    - 피대위권리인 채무자 권리의 요건사실을 구체적으로 기재

  다. 소결론

2. 피고의 예상되는 항변 또는 주장에 대한 반박

  가. 본안전 항변에 대한 반박(위 채권자대위권 요건사실 중 1),2),4) 관련)

  나. 본안의 항변에 대한 반박(위 채권자대위권 요건사실 중 3) 관련)

3. 결론

※ (권리의 존재)확인소송의 경우

1. ○○권의 존재

  가. 권리의 취득 요건사실

  나. 권리의 존속 요건사실(문제될 경우만 기재)

2. 확인의 이익(간략히 기재 가능)

  가. 대상적격: 현재의 권리·법률관계

  나. 확인의 이익: 법률상 이익, 현존하는 불안, 불안제거에 유효·적절한 수단

3. 피고의 예상되는 항변 또는 주장에 대한 반박

  가. 피고의 주장 요지

  나. 항변의 요건사실 불충족(주장의 법리적 반박) 또는 그 재반론(재항변등)

4. 결론

6. 부수적 기재사항

가. 입증방법

  - 원고가 제출하는 증거는 '갑'호증, 피고는 '을'호증

  - 실무상 당사자가 복수일 경우 '갑나', '을나', '을다'로 표기

  - 증거서류는 상대방 수에 1을 더한 수의 사본(피고가 2명이면 3통)을
    제출

나. 첨부서류
- 위 입증방법은 피고의 수에 1을 더한 수를 첨부
- 소장부본은 피고의 수에 상응하는 수를 첨부
- 인지납부확인서(영수필확인서 및 영수필통지서), 송달료납부서
- 소송위임장(법무법인인 경우 담당변호사지정서도 첨부)

다. 작성 연월일
- 법원에 소장을 접수시키는 날을 기재

라. 작성자의 기명날인 또는 서명

마. 법원
- 당해 소송의 관할법원을 기재함
- 소장 제출 단계에서는 대부분 법정관할 중 토지관할만 문제되며, 경우에 따라서 합의관할이 문제될 수도 있음
- 이송, 소각하 등 관할위반의 불이익을 당하지 않기 위하여 검토가 필요함(법원에 관한 소송요건)
- 또한 관련재판적이 인정되므로, 병합소송이라면 복수의 관할 중 하나를 선택하여 기재하면 족함

<참고 1> 민사소송의 관할

1. 유형
   - 법정관할: 직무관할, 토지관할, 사물관할
   - 합의관할, 변론(응소)관할
   - 전속관할, 임의관할

2. 토지관할(裁判籍) → 소장 제출시 특히 문제되는 관할
   1) 보통재판적(보통관할): 원칙적으로 <u>피고의 주소지</u> 법원
   2) 특별재판적(특별관할): 보통관할 배제관계 아님, 따라서 보통관할, 특수관할들 중 어느 하나 선택하면 됨

- 금전지급소송: <u>채권자(원고)의 주소지</u>[12]
- 부동산에 관한 소송: <u>부동산의 소재지</u>(민사소송법 제20조)
- 불법행위로 인한 손해배상청구 소송: <u>불법행위지</u>(동법 제18조)

3) 관련재판적
- 객관적 병합: 복수의 청구들 중 1개의 청구에 대한 관할권 있는 법원에 소를 제기할 수 있다(동법 제25조 제1항).
- 주관적 병합: 복수의 당사자들 중 1인의 주소지 법원에 소를 제기할 수 있다(동법 제25조 제2항, 단 권리의무가 공통되거나 사실상 또는 법률상 같은 원인으로 여러 사람이 공동소송인이 될 경우에 한함)

<참고 2> 전속적 합의관할 vs 부가적 합의관할

- 판단기준, 효과(관할위반)
- 아파트분양계약서에 분양회사 주영업소로 관할합의조항을 둔 것은 약관의 규제에 관한 법률위반으로 무효(대법원 1998. 6. 29. 98마 863)

---

12) 재산권에 관한 소는 의무이행지의 법원이 특별재판적이고(민사소송법 제8조), 한편 금전지급채무는 채권자의 주소에서 변제되는 지참채무(민법 제467조 제2항)이므로, 결국 채권자의 주소지에서 소를 제기할 수 있다.

제2장 연습문제

▨▨▨ **〈제1문의 1〉**

임순돌(주민등록번호: 121217-3456789,[13] 주소: 대전광역시 서구 둔산로 100)은 얼마 전 교통사고를 당해 가해차량 보험사를 상대로 손해배상청구 소송을 제기하려고 한다. 임순돌의 부친은 임현식(주민등록번호: 820611-1456789, 주소: 위와 같음)이고, 모친은 박원숙(주민등록번호: 840112-2345678, 주소: 위와 같음)이다. 한편 임순돌의 부모는 위 소송을 위해 로펌을 선임하였는데, 로펌의 이름은 법무법인 충대로(충청북도 청주시 흥덕구 산남로62번길 51)이고 지정된 담당변호사는 나변호이다. 소장에 기재할 원고 당사자 부분을 작성하라(소송대리인도 포함시킬 것).

---

13) 주민등록번호는 앞자리는 생년월일을, 뒷자리는 성별이나 출생지역등 고유번호를 의미한다. 2000년 이전에 태어난 사람은 뒷자리가 1(남자) 또는 2(여자)로 시작되나, 2000년 이후 태어난 사람은 주민등록번호 뒷자리가 3(남자) 또는 4(여자)로 시작된다.

\<제1문의1 답안\> ||||||||||||||||||||||||||||||||||||||||||||||

당사자, 대리인의 표시

원고 임순돌
　　　　대전 서구 둔산로 100
　　　　미성년자이므로 법정대리인 친권자 부 임현식, 모 박원숙
　　　　소송대리인 법무법인 충대로
　　　　담당변호사 나변호
　　　　청주시 흥덕구 산남로62번길 51

\<해설\>

법정대리인의 주소는 당사자 본인의 주소와 같거나 변호사가 소송대리인으로 선임되어 있는 경우는 기재하지 않는다.

▨ <제1문의 2>

이미연(주민등록번호: 791230-2345678, 주소: 충청북도 청원군 미원면 가양길 2, 등록기준지: 충청북도 진천군 상산로 65)은 유책배우자인 남편을 상대로 이혼소송을 제기하려 한다. 이 경우 소장에 기재할 원고 당사자를 표시하라.

<제1문의2 답안> ||||||||||||||||||||||||||||||||||||

당사자 표시

> 원고 이미연 (791230-2345678)
>   충북 청원군 미원면 가양길 2
>   등록- 기준지 충북 진천군 상산로 65

<해설>

가사소송의 경우, 주소 이외에 주민등록번호와 등록기준지를 반드시 기재한다.

▨▨▨ <제2문의 1>

충북대학교(주소: 충청북도 청주시 서원구 충대로 1, 대표자: 총장 홍길동)의
소속 직원 최실수(주민등록번호: 810721-1234567, 주소: 충청북도 청원군 남
이면 진악로 54)의 경과실(輕過失)에 기한 직무상 불법행위로 인해 손해를 입
은 피해자가 자신의 권리구제를 위해 민사소송을 제기하려 한다. 이 손해배
상청구 소장에서 기재될 피고(들)를 표시하라.

<제2문의1 답안> ||||||||||||||||||||||||||||||||||||

국가 또는 지자체 등이 당사자가 되는 경우

> 피고 대한민국
>   법률상 대표자 법무부장관 김갑동
> 또는,
> 피고 대한민국
>   송달장소 청주시 흥덕구 산남로70번길 51 청주지방검찰청(소관청 충북대학교)
>   법률상 대표자 법무부장관 김갑동

<해설>
- 충북대학교 그 자체는 영조물에 불과하므로 소송의 당사자가 될 수 없다.
- 국가 또는 지방자치단체는 공무원이 직무를 집행하면서 고의 또는 과실로
  법령을 위배하거나 타인에게 손해를 입힌 경우 그 손해를 배상해야 한다
  (국가배상법 제2조 제1항). 충북대학교는 국립대학이므로, 소속 공무원의
  직무상 과실로 배상책임을 부담해야 할 경우 대한민국이 그 책임의 당사자
  가 된다.
- 주의할 것은 공무원의 직무상 '경과실'로 인해 타인에게 손해를 입힌 경우,
  대내적은 물론(국가와 공무원 사이 구상관계) 대외적으로도(피해자와 관
  계) 오직 국가만이 책임을 진다는 점이다(국가배상법 제2조 제2항, 판례).
  즉, 공무원이 국가와 함께 중첩적으로 책임을 지고 구상책임을 부담하는 경
  우는 고의 또는 중과실이 있을 경우에 한정된다.

▨ <제2문의 2>

<변형질문> 충청북도(도지사 이시중) 내 공립학교인 행복중학교(교장 김방관)에서 폭행사건으로 한 학생이 크게 다쳤다. 피해학생은 김갑동, 가해학생은 조두목(부 조강자, 모 이영자)이고, 담임교사 최실수는 약간의 감독소홀이 밝혀진 상태이다(輕過失). 한편 충청북도 교육청의 교육감은 이기동이다. 피해학생 측은 법적으로 가능한 범위에서 최대한 많은 피고를 상대로 손해배상청구 소송을 제기하고 싶다. 소장에 기재될 피고(들)를 적시하고, 그 이유를 밝혀라.

<제2문의2 답안> ||||||||||||||||||||||||||||||||||

국가 또는 지자체 등이 당사자가 되는 경우

> 피고 1. 충청북도
>   대표자 교육감 이기동
>   2. 조두목 (주소 생략)
>   3. 조강자
>   4. 이영자

<해설>
- 행복중학교 그 자체는 영조물에 불과하므로 소송의 당사자가 될 수 없다.
- 국가 또는 지방자치단체는 공무원이 직무를 집행하면서 고의 또는 과실로 법령을 위배하거나 타인에게 손해를 입힌 경우 그 손해를 배상해야 한다(국가배상법 제2조 제1항). 행복중학교는 공립학교이므로, 소속 공무원의 직무상 과실로 배상책임을 부담해야 할 경우 지방자치단체가 그 책임의 당사자가 된다. 다만, 위 교육·학예에 관한 소관 사무로 인한 소송에서는 교육감이 당해 시·도를 대표한다(지방교육 자치에 관한 법률 제18조 제2항)
- 공무원의 직무상 '경과실'로 인해 타인에게 손해를 입힌 경우이므로, 당해 교사나 그 사용지휘 관계의 학교장에게는 책임을 물은 수 없다.
- 가해자가 미성년자이므로, 그 부모는 감독의무를 해태한 점으로 손해배상청구를 할 수 있다(민법 제755조 제1항 책임무능력자 감독자책임 또는 민법 제750조 일반불법행위책임).

▨ **<제3문>**

원고와 피고는 같이 별지 목록 기재 토지 400㎡에 관한 공동소유자(공유)이다. 원고는 위 토지 재산권을 행사하는 데에 많은 불편이 있어 피고에게 분할해서 각자 나누어 갖자고 제안하였으나, 피고가 이를 거부하고 있다. 원고는 부득이 별지 도면과 같이 (가)부분은 원고 단독 소유로, (나)부분은 피고 단독 소유로 분할하는 내용의 공유물분할청구 소송을 제기하고자 한다. 청구취지를 작성하라.

별지 도면	
1 　　　　　　　　2 　　　　　　　3	
(가) 200㎡ 　　　　(나) 200㎡	
6 　　　　　　　　5 　　　　　　　4	

<제3문 답안> ||||||||||||||||||||||||||||||||||

공유물분할

> 1. 별지 목록 기재 토지를, 별지 도면 표시 1,2,5,6,1의 각 점을 순차로 연결한 선내 (가)부분 200㎡는 원고의 소유로, 같은 도면 표시 2,3,4,5,2의 각 점을 순차로 연결한 선내 (나)부분 200㎡는 피고의 소유로 분할한다.
> 2. 소송비용은 피고의 부담으로 한다.
> 라는 판결을 구합니다.

░▒▒ <제4문>

강호동은 이영자와 이영자의 귀책사유로 더 이상 혼인관계를 유지할 수 없어 이혼을 원한다. 강호동은 위자료로 3천만 원을, 재산분할로 5천만 원 및 이영자 소유명의의 별지 목록 기재 부동산의 1/2 지분을 이전받기를 원한다. 이자나 지연손해금 등을 포함해 청구하여 강호동에게 가장 유리하도록 청구취지를 작성하라(단, 강호동과 이영자 사이에 자녀는 없어 친권자 및 양육자 지정과 양육비의 문제는 없는 것으로 가정함).

<제4문 답안> ||||||||||||||||||||||||||||||||||||

이혼 및 재산분할

---

1. 원고와 피고는 이혼한다.
2. 피고는 원고에게 위자료로 30,000,000원 및 이에 대한 이 사건 소장부본 송달일 다음날부터 다 갚는 날까지 연 12%의 비율에 의한 돈을 지급하라.
3. 피고는 원고에게 재산분할로,
   가. 50,000,000 및 이에 대하여 이 판결 확정일 다음날부터 다 갚는 날까지 연 5%의 비율에 의한 금원을 지급하고,
   나. 별지 목록 기재 부동산 중 1/2 지분에 관하여 이 판결 확정일 재산분할을 원인으로 한 소유권이전등기절차를 이행하라.
4. 소송비용은 피고의 부담으로 한다.
5. 제2항은 가집행할 수 있다.

<해설>
- 위자료, 재산분할은 청구취지에 명시한다(무색, 투명, 가치중립, 단순명료의 예외).
- 위자료는 손해배상이므로, 금전이행청구의 일반례에 따른다.
- 재산분할은 형성청구이므로, 지연이자는 권리 또는 법률관계가 확정적으로 형성되는 판결확정일 이후부터 비로소 발생하고, 가집행선고를 할 수 없다.

제3장
유형별 請求趣旨[1] 작성론

제 1 절 금전지급의 청구취지[2]

<참고> 금전지급청구의 종류

금전소비대차(대여금), 보증금, 각종 대금(매매대금, 물품대금, 공사대금 등), 임대차보증금, 임료, 임금, 손해배상, 부당이득금, 어음금, 양수금, 추심금, 전부금 등등

---

1. 피고가 한 명인 경우

<기재례>① 기본형(원금)

1. 피고는 원고에게 100,000,000원을 지급하라.

<설명>

　　　　실무든, 변호사시험이든 원금만 청구하는 사례는 거의 없다. 따라서 이하부터는 원금에 더하여 이자, 지연손해금 등 부대청구금을 함께 청구

---

1) 판결문의 '주문'에 해당하며, 가장 중요한 결론으로서 소의 목적이다.
2) 아래 기재례는 원칙적으로 민법이 적용되는 것을 전제로 작성된 것이다. 즉 원,피고는 상인이 아니다.

하는 응용 기본형을 설명하고, 나아가 원금의 금액이 분리되거나 또는 이자의 이율이 분리되는 응용 고급형을 설명하고자 한다. 아래 사례는 금전지급청구의 대표격인 대여금청구를 주된 사례로 들었다.

<기재례>② (대여원금+지연손해금)

2019. 8. 5. 대여, 변제기 미정,[3] 대여원금 1억 원, 무이자(원금은 물론 이자등 전혀 변제가 없는 상태)[4]

1. 피고는 원고에게 100,000,000원 및 이에 대한(대하여) 이 사건 소장부본 송달일 다음날부터 다 갚는 날까지 연 12%의 비율로 계산한 돈(금원)을 지급하라.

<기재례>③ (대여원금+지연손해금)

2019. 8. 5. 대여, 변제기 2020. 8. 4., 대여원금 1억 원, 무이자(원금은 물론 이자등 전혀 변제가 없는 상태)

1. 피고는 원고에게 100,000,000원 및 이에 대한 <u>2020. 8. 5.</u>부터 이 사건 소장부본 송달일까지는 연 5%의, 그 다음날부터 다 갚는 날까지는 연 12%의 각 비율로 계산한 돈을 지급하라.

<기재례>④ 응용 기본형(대여원금+약정이자+지연손해금) (★★)

2019. 8. 5. 대여, 변제기 2020. 8. 4., 대여원금 1억 원, 이자 연 10%

1. 피고는 원고에게 ①100,000,000원 및 ②이에 대한 2019. 8. 5.부터 이 사건 소장부본 송달일까지는 연 10%, 그 다음날부터 다 갚는 날까지는 연 12%의 각 비율로 계산한 돈을 ③지급하라.

<설명1> ①원금 + ②이자(㉮약정이자 + ㉯지연이자=지연손해금) = 원리금
<설명2> 위 기재례의 ②이자 부분을 분설하면 다음과 같다.

---

[3] 소제기 직전 상당한 기간을 정해 이행최고를 한 것으로 가정한다(민법 제603조 제2항).
[4] 일반적 금전소비대차는 이자를 정하지 않은 경우, 무이자약정(무상계약 원칙)으로 본다(민법적용). vs <u>상인의 금전대차와 차이(상법 제55조 법정이자청구권).</u>

```
----‖------------ ‖------------ ‖------------ ‖---->
```
대여일   변제기   소장부본 송달일   다 갚는 날
(2019.8.5.)   (2020.8.4.)

㉮약정이자

㉯지연이자1   ㉰지연이자2

1) ㉮약정이자 (시기: 대여일 2019. 8. 5., 만기: 변제기 2020. 8. 4., 약
   정이율: 연 10%)
   → 2019. 8. 5.부터 2020. 8. 4.까지 연 10%의 비율에 의한 돈
2) ㉯지연이자1 (시기: 변제기 다음날 2019. 8. 5., 만기: 소장부본 송달일,
   이율: 약정이율 없으나 이행기간에 대한 약정이율(연 10%)이 있고 그
   이율이 법정이율(연 5%) 보다 높으므로 위 약정이율을 적용, 연 10%)
   → 2020. 8. 5.부터 이 사건 소장부본 송달일까지 연 10%의 비율에 의한 돈
3) ㉰지연이자2 (시기: 소장부본 송달일 다음날, 만기: 다 갚는 날, 이
   율: 약정이율 없으나 이행기간에 대한 약정이율(연 10%)이 있고 다
   만 그 이율이 소촉법상 법정이율(연 12%) 보다 낮으므로, 법정이율
   을 적용, 연 12%)→ 이 사건 소장부본 송달일 다음날부터 다 갚는
   날까지 연 12%의 비율에 의한 돈
4) 위 이자 분설 내용을 간결하게 축약하면 위 기재례 ②이자 부분과 같다.

<중요정리> ②이자(利子) (★★★★★)

가. ㉮약정이자(이행기간 내 이자, 늑기간이자[5])
   1) 시기 → 대여일(=금전을 받은 날)
   2) 종기 → 변제기
   3) 약정이율
      - 단, 이자제한법 제한(연 24%,[6] 초과부분 무효)
      - 무이자약정 유효(민법) vs 상인의 금전대여 이자약정을
        없었더라도 상사법정이율 연 6% 상당의 이자 청구가능
        (상법 제55조 법정이자청구권)[7]

---

5) '기간이자'란 표현은 통용되는 정식 표현이 아니며, 본 저자가 약정이행기간 후의
지연손해금인 지연이자와 구분의 편의상 만든 개념임을 밝힌다.

6) 2018년 2월 8일 개정법률 시행(개정법 직전의 제한이율은 연 25%). 단, 개정된 연
24% 이율은 개정법 시행일 이후 계약을 했거나 갱신하는 분부터 적용된다는 점에 유의(위
개정법 부칙2조).

7) 상법 제55조(법정이자청구권) ① 상인이 그 영업에 관하여 금전을 대여한 경우에는 법
정이자(6%)를 청구할 수 있다(기간이자). ② 상인이 그 영업범위 내에서 타인을 위하여 금전을

> 나. ㉯지연손해금[8](지연이자, 이행기간 후 이자[9][10])
>   1) 시기 → 이행지체일[11]
>   - 확정기한 있는 경우 확정기한 도래한 때부터(민법 제387조 제1항)[12]
>   - 기한의 정함이 없는 경우 이행최고를 받은 때부터(같은 조 제2항)[13]

체당(替當)하였을 때에는 체당한 날 이후의 법정이자(6%)를 청구할 수 있다(지연손해금).

8) 주의할 점은, 금전청구의 경우에 이미 발생한 (약정)이자에 대한 지연손해금(지연이자)을 청구하는 것이 불가능한 것이 아니다(96다25302 판례는 이자에 대한 지연손해금을 인정, 일종의 복리이자). 다만, 실무의 소장 청구취지의 일반적인 모습이나 대부분 변호사시험 수험용 청구취지(주문)는 편의상 '(약정)이자에 대한 지연손해금'은 청구하지 않는 것을 전제로 구성하고 있는바, 본 교재의 기재례 역시 이자에 대한 지연손해금은 청구하지 않는 것으로 구성하였다.

9) 참고로 약정이자에 반대되는 개념으로 법정이자가 있는데, 엄밀히 말하면 지연이자(지연손해금)와 같다고 볼 수 없다. 다만 법정이율에 의한 지연이자는 법정이자 개념에 포섭될 수 있다고 본다.

10) 〈계약해제로 인한 원상회복(부당이득반환)의 대상이 금전일 경우(★)〉는 '금전(원금)을 받은 날로부터' 이자를 가산한다(민법 제548조 제2항). → 민법이 정한 '법정이자'의 일종으로 원금과 동일하게' 부당이득의 성질(지연손해금 ×)'로 본다(判例). 따라서 위 이자에 대한 약정이율을 정했으면 그에 따르면 되고, 약정이율이 없으면 법정이율로서 민법상 연 5%(상법상 6%)가 적용될 수 있을 뿐이다(지연손해금에 관한 소촉법상 법정이자율인 연 12% 적용 ×). 다만, 주의할 점은 위 계약해제로 인한 금전의 원상회복일지라도, 이행지체의 요건 모두 갖추어진 경우라면(예컨대, 동시이행관계 아닌 상태, 존재효과설), 당연히 '최고일 다음날'부터는 '지연손해금(손해배상의 성질)'이 추가로 발생할 수 있는 사례도 상정 가능하므로, 이 경우 위 지연손해금(지연이자) 부분은 당연히 소촉법상 법정이율이 적용될 수 있다(소장부본 송달일 다음날부터 다 갚는 날까지는 소촉법상 법정이자율 연 12% 적용 ○).

11) 민법교재 「이행지체의 시기 및 지연손해금의 발생 시기(★)」 부분을 반드시 참고하라.

12) 예컨대, 약정이자가 있는 대여금청구의 경우, 약정이자가 대여일로부터 만기일(변제기)까지 계산하게 되므로, 지연손해금이 발생하는 확정기한이 도래한 때란 의미를 실무상 '변제기의 다음날'로부터 기산하게 된다. 이와 달리, 불법행위로 인한 손해배상채권의 지연손해금의 기산일은 '불법행위 당일'이고, 어음금에 대한 지연손해금의 기산일은 '만기 당일'이라는 사실에 유의하라.

13) 기한의 정함이 없는 채무의 이행지체는 원칙적으로 '이행청구를 받은 때부터 성립하므로 그 때부터' 지연이자가 발생한다(민법 제387조 제2항). 하지만 판례는 '최고가 도달한 날(이행일)의 그 다음 날로부터' 지체효과 발생한다고 해석하는바(88다3253등), 실무상은 최고도달일 다음날부터 지연손해금을 계산한다고 보면 된다.

    2) 종기 → 실제 다 갚는 날

    3) <u>약정이율</u>[14] → 약정에 따라, 사적자치(민법 제397조 제1항 단서)

    4) 법정이율(민법 제397조 제1항 본문)

      - 민법 연 5%, 상법 연 6%, 어음수표법 연 6%

      - 소송촉진등에 관한 특례법 제3조 제1항 '소장부본 송달일 다음날부터 다 갚는 날까지 연 12%'

<참고>

최종 판결에서 피고의 항쟁이 타당한 경우(원고청구가 일부만 인용) 항쟁이 타당한 범위 내에서 소촉법 제3조 제1항이 적용되지 않는다(제2항). → 일부인용 판결문의 기재례는 본 교재 제1장 제1문의2 답안 <법원 판결문의 주문(피고들에 대한 전체결론)> 참고

<참고> 소송촉진 등에 관한 특례법(이하 '소촉법')의 적용

1. 소촉법이 적용되는 경우(같은 법 제3조)
   - 금전이행판결에 대해 이행지체에 따른 지연이자 연 12%
   - 원고 전부승소: <u>소장부본 송달일 다음날부터</u> 다 갚는 날까지 연 12% (제1항)
   - 원고 일부승소: <u>판결 선고일 다음날부터</u> 다 갚는 날까지 연 12% (제2항)
2. 소촉법이 적용되지 않는 경우
   - <u>장래이행판결, 선이행판결, 상환이행판결</u>: 이행기가 장래이거나 조건 또는 동시이행조건으로 이행되는 것이므로, 이행지체가 발생하지 않음
   - <u>형성판결에 기초한 금전이행판결(예컨대, 사해행위 취소에 따른 가액배상판결, 이혼에 따른 재산분할판결 등)</u>: 이행기 도래가 판결확정 이후임이 명백하기 때문에 그 전에 이행지체가 발생하지 않음, 판결확정 이후부터 민사법정이자(연 5%)를 구하는 것으로 족함

<참고> 원금채권과 이자채권의 관계(★)

1) 위 ①원금채권과 ②이자채권, 이자채권 중 ㉮약정이자채권, ㉯지연이자채권은 3가지 모두 독립적 권리이며 각각 소송물이 다르다(기판력등 별개, 독립성).
2) 따라서 원칙적으로 원금채권과 이자채권은 소멸시효나 그 중단사유를 별개로 독립하여 파악한다. 즉, 소멸시효기간을 각각 기산하고, 하나의 채권에 중단사유가 있어도 다른 채권에 영향을 미치지 않는다. 또한 원금채권에 대한 압류의 효력은 이자채권에 미치지도 않는다(독립성).

---

14) 예컨대, 연체이율을 약정한 경우(ex: 매매잔금 지급을 지체할 경우 연 12% 연체이자를 가산, 대출금 변제를 지체할 경우 연 18% 연체이율 적용)가 그러하다.

3) 다만, ②이자채권(㉮약정이자채권, ㉯지연이자채권)은 부종성(종물성)에 따라 원금채권이 이전되면 함께 이전됨이 원칙이고, 소멸시효기간도 원금채권의 시효기간이 적용되며(예컨대 원금채권에 적용되는 시효가 5년이면 그 이자채권에 대한 시효도 5년이 적용), 원금채권이 소멸시효의 도과등으로 소멸하면 이자채권도 소멸한다(부종성).

※ 판례정리

지연손해금등(지연이자)의 이율 [대법원 2011다50509] (★★★)

① if 지연손해금등에 대한 약정이율 × → 법정이율 [민법 제397조 제1항 본문]
② if 지연손해금등에 대한 약정이율 ○ → 약정이율 [같은 항 단서]
③ if 지연손해금등에 대한 약정이율 ○ < 법정이율 → 약정이율 [위 判例]
④ if 지연손해금등에 대한 약정이율 ×, 이행기간에 대한 약정이율만 ○
  → 약정이율 적용! [위 判例]
⑤ if 지연손해금등에 대한 약정이율 ×, 이행기간에 대한 약정이율만 ○
but 약정이율 < 법정이율 → 법정이율 적용!! [위 判例]

<기재례>⑤

2019. 8. 5. 대여, 변제기 2020. 8. 4., 대여원금 1억 원, 이자 연 24%

1. 피고는 원고에게 100,000,000원 및 이에 대한 2019. 8. 5.부터 다 갚는 날까지 연 24%의 비율로 계산한 돈을 지급하라. (위 판례정리 ④)

<기재례>⑥

2019. 8. 5. 대여, 변제기 2020. 8. 4., 대여원금 1억 원, 이자 연 3%

1. 피고는 원고에게 100,000,000원 및 이에 대한 2019. 8. 5.부터 2020. 8. 4.까지는 연 3%의, 2020. 8. 5.부터 이 사건 소장부본 송달일까지는 연 5%, 그 다음날부터 다 갚는 날까지는 연 12%의 각 비율로 계산한 돈을 지급하라. (위 판례정리 ⑤)

<기재례>⑦

2019. 8. 5. 대여, 변제기 2020. 8. 4., 대여원금 1억 원, 이자 연 2%, 연체이자 연 4%

1. 피고는 원고에게 100,000,000원 및 이에 대한 2019. 8. 5.부터 2020. 8. 4.까지는 연 2%, 2020. 8. 5.부터 이 사건 소장부본 송달일까지는 연 4%, 그 다음날부터 다 갚는 날까지는 연 12%의 각 비율로 계산한 돈을 지급하라. (위 판례정리 ②,③)

<기재례>⑧ 불법행위로 인한 손해배상청구 (2019. 10. 8. 불법행위일, 손해 1억 원)

1. 피고는 원고에게 100,000,000원 및 이에 대한 2019. 10. 8.부터 이 사건 소장부본 송달일까지는 연 5%, 그 다음날부터 다 갚는 날까지는 연 12%의 각 비율로 계산한 돈을 지급하라.

<설명>

불법행위로 인한 손해배상금(원금)에 대한 지연손해금은 '불법행위시(불법행위 당일)'부터 기산한다.

<기재례>⑨ 계약해제로 인한 원상회복청구 (2019. 10. 8. 1억 원 증여, 2020. 8. 4. 증여 해제)

1. 피고는 원고에게 100,000,000원 및 이에 대한 2019. 10. 8.부터 이 사건 소장부본 송달일까지는 연 5%, 그 다음날부터 다 갚는 날까지는 연 12%의 각 비율로 계산한 돈을 지급하라.

<설명1>

부당이득은 '기한의 정함이 없는 채무'이므로 원칙적으로 이행지체는 '이행청구를 받은 때(실무상 최고가 도달한 날의 다음 날)'부터 성립하며 그 때부터 지연손해금(지연이자)이 발생한다(민법 제387조 제2항).

<설명2>

그러나 계약해제로 인한 원상회복(부당이득의 성질)으로써 금전을 반환하는 경우는 부당이득의 성질을 가지고 있음에도 불구하고, 특칙에 따라 그 '금전을 받은 날'부터 법정이자(법정이율 or 약정이율 可) 가산하여 지급하도록 되어 있다(민법 제548조 제2항). 다만, 위 민법에 따른 계약해제 원상회복금(부당이득금)도 이행지체로 인한 지연손해금(지연이자)이 발생할 수 있으며, 이 경우 일반 원칙에 따라 '최고 도달일 다음 날'부터 지연이자(법정이율 or 약정이율 可)를 가산한다.

<기재례>⑩ 어음금청구 (2019. 8. 5. 약속어음 발행, 액면금 1억 원, 지급기일 2020. 8. 4.)

1. 피고는 원고에게 100,000,000원 및 이에 대한 <u>2020. 8. 4.부터</u> 이 사건 소장 부본 송달일까지는 <u>연 6%</u>, 그 다음날부터 다 갚는 날까지는 연 12%의 각 비율로 계산한 돈을 지급하라.

   <설명>
   > 어음금에 대한 '지연손해금(지연이자)'는 '<u>지급기일(만기일)'부터</u> 기산함 에 주의해야 하고 <u>그 법정이율 6%</u>이다. 참고로, 통상 발행되는 확정일 출급어음은 이자를 미리 계산해 어음금액을 결정할 수 있으므로 '약정 이자'를 통상 정하지 않는다. 다만, 일람출급어음등에는 이율을 기재해 발행일부터 약정이자를 정하기도 한다(어음법 제5조).

<기재례>⑪ 청구원인 혼합(대여금청구+불법행위로 인한 손해배상청구)

2019. 8. 5. 대여, 변제기 2020. 8. 4., 대여원금 1억 원, 이자 연 10% + 2019. 10. 8. 불법행위, 손해배상금 5천만 원 (기재례 4+8)

1. 피고는 원고에게 150,000,000원 및 위 돈 중 100,000,000원에 대하여는 2019. 8. 5.부터 이 사건 소장부본 송달일까지는 연 10%, 50,000,000원에 대하여는 2019. 10. 8.부터 이 사건 소장부본 송달일까지는 연 5%, 각 그 다 음날부터 다 갚는 날까지는 연 12%의 각 비율로 계산한 돈을 지급하라.

2. 피고가 복수인 경우

가. 각 피고의 의무 사이에 중첩관계가 없는 경우
 - 분할채무(민법 제408조, 원칙) 또는 독립한 채무
   → '**각**'을 활용! 단 잘못 쓰면 큰일 남!

<기재례>① 분할채무 1억 원, 채무자 甲, 乙(다른 피고는 없음)

1. 피고들[15]은 원고에게 각 50,000,000원을 지급하라.[16]

<기재례>②

甲에게는 물품대금 5,000만 원 채권, 변제기 2020. 3. 9.임.

乙에게는 물품대금 4,000만 원 채권, 변제기 2020. 5. 19., 지체시 연체요율 연 10% 가산

1. ①원고에게, ②피고 甲은 50,000,000원 및 이에 대한 2020. 3. 10.부터 이 사건 소장부본 송달일까지는 연 5%, ③피고 乙은 40,000,000원 및 이에 대한 2020. 5. 20.부터 이 사건 소장부본 송달일까지는 연 10%, ④위 각 돈에 대한 그 다음날부터 다 갚는 날까지는 연 12%의 각 비율로 계산한 돈을 ⑤각 지급하라.[17]

<기재례>③-1

2019. 8. 5. 대여, 변제기 2020. 8. 4., 대여원금 7,000만 원, 이자 연 10% → 채무자 A 사망(피고측), 상속인 처 甲, 아들 乙, 딸 丙

1. ①원고에게, ②피고 甲은 30,000,000원, ③피고 乙, 丙은 각 20,000,000원 및 ④위 각 돈에 대한 2019. 8. 5.부터 이 사건 소장부본 송달일까지는 연 10%, 그 다음날부터 다 갚는 날까지는 연 12% 각 비율로 계산한 돈을 ⑤각 지급하라.

<기재례>③-2

2019. 8. 5. 대여, 변제기 2020. 8. 4., 대여원금 7,000만 원, 이자 연

---

15) 만일 甲, 乙 이외에 다른 피고(예컨대 丙)가 더 있다면, '피고 甲, 乙'로 각 이름을 특정해 표시한다.

16) 이러한 경우 '연대하여', '합동하여', '공동하여'등 아무런 부가어 없이 「피고들은 원고에게 1억 원을 지급하라.」고 하면 분할채무의 원칙(민법 제408조)에 따라 피고별로 균분액의 지급을 명하는 표현이 되어 이 기재례와 내용은 동일하며 법리적으로 틀렸다고 할 수는 없다. 그러나 이때에는 기재례처럼 기재(그 균분액을 명시)하는 편이 일의적(一義的)이고 명료하여 옳다.

17) 사람(피고들 또는 원고들)이 분리되면서 그 채권채무금액까지 분리되면, '각 지급하라'고 기재해야 한다.

10% → 채권자 B 사망(원고측), 상속인 처 甲, 아들 乙, 딸 丙

1. 피고는, 원고 甲에게 30,000,000원, 원고 乙, 丙에게 각 20,000,000원 및 위 각 돈에 대한 2019. 8. 5.부터 이 사건 소장부본 송달일까지는 연 10%, 그 다음날부터 다 갚는 날까지는 연 12%의 각 비율로 계산한 돈을 각 지급하라.

나. 각 피고의 의무 사이에 중첩관계가 있는 경우

1) 不可分債務(민법 제411조) → '공동하여(각자)'

- 공유물에 타인의 소유물이 부합됨으로써 공유자가 얻은 부당이득의 반환채무(判)
- 여러 사람이 공동으로 타인의 소유물을 점유사용함으로써 얻는 부당이득의 반환채무(判)
- 건물의 공유자가 공동으로 건물을 임대하고 보증금을 수령한 경우에 그 보증금의 반환채무(判)

2) 連帶債務 → '연대하여'

- 연대채무자의 채무(민법 제413조), 주채무자와 연대보증인의 채무(민법 제437조 단서)
- 사용대차·임대차에 있어서 공동차주의 채무(민법 제616조, 제654조)
- 일상가사로 인한 부부의 채무
- 다수채무자간 상행위 채무(상법 제57조 특칙,[18] 원칙적 연대채무 주의할 것! ★)

---

18) 상법 제57조(다수채무자간 또는 채무자와 보증인의 연대) ①수인이 그 1인 또는 전원에게 상행위가 되는 행위로 인하여 채무를 부담한 때에는 연대하여 변제할 책임이 있다. ②보증인이 있는 경우에 그 보증이 상행위이거나 주채무가 상행위로 인한 것인 때에는 주채무자와 보증인은 연대하여 변제할 책임이 있다.

3) 不眞正連帶債務 → '공동하여(각자)'

  - 공동불법행위자의 채무(민법 제760조, 判)
  - 피용자와 사용자의 각 손해배상채무(민법 제756조)

4) 合同債務 → '합동하여'

  - 여러 사람의 어음·수표채무자의 채무(어음법 제47조, 수표법 제43조)

5) 기타 여러 사람이 각자 전액의 책임을 지는 경우 → '공동하여(각자)'

  - 주채무자와 단순보증인 1인의 각 채무
  - 신원본인과 신원보증인의 각 채무

<설명1> 1) 내지 5)는 모두 '합하여 금○○원을 지급'하는 것으로 실질에 있어서 차이는 없으나, 금전이행의무의 성질을 명확히 해준다는 점에서 실무상 반드시 사용하는 관행적 기재법이다.

<설명2> '공동하여'는 기존엔 '각자'란 관행적 표현으로 사용해 왔다. 그런데 '각자'란 표현이 분할채무인 '각'과 구별되지 않는 불명료한 표현이란 지적이 있어 근래 '공동하여'로 변경되었다. 그러나 아직 '각자'란 표현이 사용되는 경우도 있으므로 '각자'란 표현의 의미도 알고 있어야 할 것이다.

<기재례>① 기본형 (피고들 중첩관계 있는 경우)

피고들은 연대하여(공동하여, 합동하여) 원고에게 100,000,000원 및 이에 대한 2020. 8. 8.부터 이 사건 소장부본 송달일까지는 연 5%(어음금은 연 6%), 그 다음날부터 다 갚는 날까지는 연 12%의 각 비율로 계산한 돈을 지급하라.

<기재례>②

2014. 8. 5. 대여, 변제기 2015. 8. 4., 대여원금 7,000만 원, 이자 연 10%, 주채무자 A 연대보증인 B,C → 주채무자 A 사망, 상속인 처 甲, 아들 乙, 딸 丙

A 사망 전이라면,

피고들(A,B,C)은 연대하여 원고에게 금 70,000,000원 및 이에 대한 2020. 8. 5.부터 이 사건 소장부본 송달일까지는 연 10%의, 그 다음날부터 다 갚는 날까지는 연 12%의 각 비율로 계산한 돈을 지급하라.

A 사망 후라면,

원고에게,

피고 B,C는 연대하여 70,000,000원,

위 피고들과 연대하여 위 돈 중

피고 甲은 30,000,000원,

피고 乙, 丙은 각 20,000,000원

및 위 각 돈에 대한 2020. 8. 5.부터 이 사건 소장부본 송달일까지는 연 10%, 그 다음날부터 다 갚는 날까지는 연 12%의 각 비율로 계산한 돈을 각 지급하라.[19)]

⟨기재례⟩③ 큰 금액 중심으로 내림차순 정리하는 방식

1. 원고에게,

   피고 甲, 乙은 연대하여 10,000,000원을(지급하되),

   위 피고들과 연대하여 위 돈 중 피고 丙은 5,000,000원을,

   피고 丁, 戊는 각 100,000원을

   각 지급하라.

달리 표현하면(다수인 중첩을 중심으로 내림차순 정리하는 방식),

1. 원고에게,

   피고 丁, 戊는 피고 甲, 乙과 연대하여 각 1,000,000원을,

   피고 甲, 乙, 丙은 연대하여 5,000,000원을,

   피고 甲, 乙은 연대하여 3,000,000원을

   각 지급하라.

⟨설명⟩ 위 기재례의 중첩관계를 도식화하면 아래와 같다.

```
甲 ‖ ------------------------------- ‖ 1,000
乙 ‖ ------------------------------- ‖ 1,000(甲과 연대)
丙 ‖ --------------- ‖, 丁 ‖ -- ‖, 戊 ‖ -- ‖
    丙은 500(甲,乙과 연대)  丁은 100(甲,乙과 연대), 戊는 100(甲,乙과 연대)
```

---

19) 사람(피고들 또는 원고들)이 분리되면서 그 채권채무금액까지 분리되면, '각 지급하라'고 기재해야 한다.

※ 금전지급청구의 응용형에 대한 청구취지 작성법

- 응용형의 변수: ①각 기간별로 이율이 차이, ②각 금액별로 기간 또는 이율, 채권자 또는 채무자의 차이, ③각 당사자들 복수, ④각 당사자들 사이 중첩관계 차이
- 위 ①,②,③,④는 언제든 혼합될 수 있어 문제!
- 해결방법
  1) 당사자 복수면, 각 당사자별로 원금 및 이자를 확정한다.
  2) 각 당사자별로 금액이 구별되면, 구별된 각 원금 및 이자를 확정한다.
  3) 각 당사자 사이 중첩관계를 찾아, '분할, 연대, 부진정연대, 합동 등' 확정한다.
  4) 각 당사자별 중첩관계, 각 금액별의 각 공통분모를 찾는다.
  5) 중복기재 될 부분 생략하고, '각'등 적절한 표현을 적당한 곳에 기재한다.
     - 중복을 피하기 위한 표현법: 각, 위 각 돈에 대한, 위 돈 중, 위 피고와 연대(공동, 합동)하여, 위 피고들과 연대하여 위 돈 중 등등
- 기재요령
  1) 큰 금액을 중심으로 내림차순으로 중첩을 정리하는 방법(가장 일반적!)
  2) 다수인 중첩을 중심으로 내림차순으로 중첩을 정리하는 방법
- 주의할 점
  - 잘못 축약하면 큰 낭패를 본다(읽는 이가 오해하지 않도록 기재하는 것이 제일 중요).
  - 축약할 자신이 없으면 하지마라. 잘못한 것보다는 안하는 것이 낫다.
  - 작성자 개인의 능력 범위 내에서 축약하는 것이 좋다.

제3장 제1절 연습문제[20]

▧ <제1문>

김태촌은 2004. 1. 14. 표창원에게 금 1억 원을 대여하였는데, 변제기는 2005. 1. 13.로, 이자율은 월 3부로 정하였다(이자는 변제기에 일괄 지급). 표창원은 현재까지 원금 및 이자를 한 푼도 지급한 바 없다. 한편 김태촌은 2015. 1. 2. 표창원에게 대여금 변제를 독촉하는 내용증명을 발송해서 같은 달 4. 표창원이 위 독촉장을 수령했는데, 표창원은 다시 같은 해 2. 1. 김태촌에게 보낸 내용증명에서 '채무이행의 존부에 대해 조사할 것이 있으니 기다려 달라'는 답변을 했고 그 내용증명이 같은 달 3. 김태촌에게 도달했다. 표창원은 그로부터 약 3개월이 지난 2015. 4. 8. 갚을 이유가 없다며 그 채무이행을 거절하는 내용증명을 보내 그 통지가 같은 달 10. 김태촌에게 도달했다. 그 후 김태촌은 고민을 거듭하다 소송을 결심하고 <u>2015. 9. 1. 소장을 법원에 접수</u>하려 한다. 소를 제기하면 표창원은 소멸시효 항변을 할 것이 명백해 보인다. 이 경우 김태촌이 표창원을 상대로 전부승소 할 수 있는 소장의 청구취지를 작성하라(만일, 김태촌이 전부패소를 하는 상황이라면 간략히 패소이유만을 설명하라).

---

20) 모범답안 작성시 주의할 점은, 물론 금전청구의 경우에 이미 발생한 이자에 대한 지연손해금은 청구하는 것이 불가능한 것은 아니지만(96다25302 판례는 이자에 대한 지연손해금을 인정함), 일반적인 실무구성 또한 수험용 주문의 편의상 '이자에 대한 지연손해금'은 청구하지 않는 것을 전제로 작성하기로 한다.

<참고> 이자제한법상 제한이율의 변천

1962. 1. 15. ~ 1965. 9. 23	연 20%
1965. 9. 24. ~ 1972. 8. 2.	연 36.5%
1972. 8. 3. ~ 1980. 1. 11.	연 25%
1980. 1. 12. ~ 1983. 12. 15.	연 40%
1983. 12. 16. ~ 1997. 12. 21.	연 25%
1997. 12. 22. ~ 1998. 1. 12.	연 40%
1998. 1. 13. ~ 2007. 6. 29.	폐지(무제한)
2007. 6. 30. ~ 2014. 7. 14.	연 30%[21]
2014. 7. 15. ~ 2018. 2. 7.	연 25%[22]
2018. 2. 8. ~ 현재	연 24%[23]

<제1문 답안> ||||||||||||||||||||||||||||||||||||||

대여금의 청구, 이자 계산

> 1. 피고는 원고에게 100,000,000원 및 이에 대한 <u>2004. 1. 14.부터 2007. 6. 29.까</u>
> <u>지는 연 36%, 2007. 6. 30.부터 다 갚는 날까지는 연 30%</u>의 각 비율로 계산한
> 돈을 지급하라.
> 2. 소송비용은 피고가 부담한다.
> 3. 제1항은 가집행할 수 있다.
> 라는 판결을 구합니다.

<해설1>
 - 약정이자 (시기: 대여일 2004. 1. 14., 만기: 변제기 2005. 1. 13., 이율: 이 구
   간은 이자제한법이 없었던 기간이므로 <u>연 36%</u> 약정이율 유효 적용)
 - 지연이자① (시기: 변제기 다음날 2005. 1. 14., 만기: 이자제한법 시행 전일

---

21) 위 제정법 시행 前 체결된 계약도 법 시행일 이후부터는 제한이율(30%) 적용(부칙).

22) 위 개정법 시행일 以後 최초로 계약했거나 갱신하는 분부터만 제한이율(25%) 적용(부칙2조).

23) 위 개정법 시행일 以後 계약했거나 갱신하는 분부터만 제한이율(24%) 적용(부칙2조).

2007. 6. 29., 이율: 약정이율 없으나 이행기간에 대한 약정이율 有, 위 약정 이율이 법정이율 연 5%보다 높으므로 위 약정이율 적용. 연 36%)

- 지연이자② (시기: 이자제한법 시행일 2007. 6. 30., 만기: 소장부본 송달일, 이율: 약정이율 없으나 이행기간에 대한 약정이율 有, 다만 당시 이제제한 법의 제한에 따라 연 30% 한도에서만 유효, 위 제한약정이율이 법정이율 연 5%보다 높으므로 위 제한약정이율 적용. 연 30%)

- 지연이자③ (시기: 소장부본 송달일 다음날, 만기: 다 갚는 날, 이율: 약정이 율 없으나 이행기간에 대한 약정이율 有, 위 제한약정이율 30%가 법정이율 인 소촉법상 이율 연 12%보다 높으므로, 위 제한약정이율 적용. 연 30%)

- 소멸시효 중단으로써의 최고의 기산점 완화: 최고를 받은 채무자가 채권자 에게 이행의 존부에 대하여 조사할 필요가 있다는 이유로 이행의 유예를 구 한 경우 채권자가 응답을 받을 때까지는 최고의 효력이 계속 됨(2005다 25632). 사례의 경우, 소멸시효 만기(2015. 1. 13) 전 최고(2015. 1. 4. 도달) 有, 채무자가 유예를 구하였으므로 그 답변이 온 날(2015. 4. 10)까지 최고 의 효력 지속, 그로부터 6개월 내인 2015. 9. 1. 소장 제출하였으므로, 소멸 시효는 완성되지 않았음

- 위 이자 분설 내용을 간결하게 축약

<해설2>

    <청구원인의 목차구성 例>

1. 대여금 청구

   가. 금전소비대차 요건사실

   나. 소결론

2. 피고의 항변에 대한 반박

   가 소멸시효항변의 요건사실

   나. 시효중단의 재항변

      1) 최고

      2) 최고의 기산점 완화(판례)

3. 결론

▨ **〈제2문〉**

(1) 장동권은 고소양에게 2020. 7. 5. 1억 원을 대여해 주었는데, 변제기는 2021. 7. 4., 이자는 연 10%로 정했다(대여금). (2) 한편 고소양은 장동권의 부탁을 받고 장동권을 위해 보관 중이던 통장과 인감으로 예금 2억 원을 2020. 10. 15. 무단 인출해 횡령하였다(불법행위로 인한 손해배상금). 그 후로 장동권은 고소양으로부터 위 대여금 원금은 물론 이자도 전혀 받은 적이 없고, 횡령한 돈 역시 전혀 반환받지 못했다. 위 장동권이 자신의 권리구제를 위해 고소양을 상대로 제기할 소송에서 소장의 청구취지를 작성하라.

〈제2문 답안〉 ||||||||||||||||||||||||||||||

복수의 금전지급청구

> 1. 피고는 원고에게 300,000,000원 및 위 금원 중 100,000,000원에 대하여는 2020. 7. 5.부터 이 사건 소장부본 송달일까지는 연 10%, 200,000,000원에 대하여는 2020. 10. 15.부터 이 사건 소장부본 송달일까지는 연 5%, 각 그 다음 날부터 다 갚는 날까지는 연 12%의 각 비율로 계산한 돈을 지급하라.
> 2. 소송비용은 피고가 부담한다.
> 3. 제1항은 가집행할 수 있다.
> 라는 판결을 구합니다.

  〈해설1〉
  (1) 부분 대여금 지급청구를 분설하면 아래와 같다.
     피고는 원고에게 100,000,000원 및 이에 대하여 2020. 7. 5.부터 이 사건 소장부본 송달일까지는 연 10%, 그 다음날부터 다 갚는 날까지는 연 12%의 각 비율로 계산한 돈을 지급하라.
  (2) 부분 불법행위로 인한 손해배상금 지급청구를 분설하면 아래와 같다.
     피고는 원고에게 200,000,000원 및 이에 대하여 2020. 10. 15.부터 이 사건 소장부본 송달일까지는 연 5%의, 그 다음날부터 다 갚는 날까지는 연 12%의 각 비율로 계산한 돈을 지급하라.

(3) 결국, 금액별로 기간이율이 일부 다른 위 (1), (2)부분을 무색투명하고 중첩된 부분을 간결하게 생략하는 방식으로 청구취지를 간결하게 축약하면 위 답안과 같다.

<해설2>

<청구원인의 목차구성 例>

1. 대여금 청구
2. 불법행위로 인한 손해배상 청구
3. 결론

▨ <제3문의 1>

> <공통된 사실관계>
>
> 1) 상인 甲은 2014. 8. 17. <u>거래처인 乙에게 1억 원을 운영자금으로 대여</u>하면서 변제기를 2015. 8. 16., <u>이자를 월 1%(연 12%)로</u> 지급하기로 정하였다.
> 2) 그러나 그 후로 乙은 대여원금 및 이자와 지연손해금을 한 푼도 변제하지 못하였다.
> 3) 甲은 乙을 상대로 한 소를 제기하기로 하고 <u>2020. 4. 1. 법원에 소장을 접수</u>하여 전부승소 할 수 있는 범위에서만 대여원금, 약정이자, 지연손해금을 청구하려 한다(乙은 소멸시효 항변을 할 것이 명백해 보인다).

소장 청구취지를 작성하라.

<제3문의1 답안> ‖‖‖‖‖‖‖‖‖‖‖‖‖‖‖‖‖‖‖‖‖‖‖‖‖‖‖‖‖‖

이자채권과 소멸시효

> 1. 피고는 원고에게 100,000,000원 및 이에 대한 <u>2014. 8. 17.부터 다 갚는 날까지 연 12%</u>의 비율로 계산한 돈을 지급하라.
> 2. 소송비용은 피고가 부담한다.
> 3. 제1항은 가집행 할 수 있다.
> 라는 판결을 구합니다.

<해설>

1) 변제기에 도달한 지분적 이자채권은 원본채권과 독립하여 소멸시효에 걸린다.
2) 그러나 주의할 점은 이자채권의 소멸시효가 무조건 민법 제163조 제1호에 따라 3년 시효가 되는 것이 아니라는 점이다. 판례에 의할 때, 민법 제163조 제1호에 따라 3년의 단기소멸시효가 걸리는 이자채권이란 '<u>①1년 이내의 기간을 두고 ②정기적으로 지급하는 정기이자(①+② = 1년 이내 기간에 2회 이상을 지급하는 이자)</u>'로써 '기 발생된 이자(지분적 이자)'만을 의미하는 것으로 보고 있다(96다25302).

3) 예컨대, 변제기를 6개월 후로 정하면서 이자를 연 12%(또는 월 1%)로 정했다면 변제기가 도래한 이자채권이라도 3년 단기시효가 걸리는 것이 아니며, 위 판례에 의할 때 이자 역시 소멸시효는 10년(민사) 또는 5년(상사)에 걸리는 것이다.

4) 따라서 본 사안은 대여금 원금은 물론 약정이자 모두 변제기로부터 각 5년(甲이 상인이므로 상사시효) 소멸시효가 적용되는 것이므로, 소장제출일 현재 기준으로 모두 소멸시효가 도과되지 않았다.

▨▨▨ **<제3문의 2>**

> <변경된 사실관계>
> 1) 상인 甲은 2014. 8. 17. 거래처인 乙에게 1억 원을 운영자금으로 대여하면
>   서 변제기를 2015. 8. 16., 이자를 매월 16일에 100만 원씩(이율 월 1%) 지
>   급하기로 정하였다.
> 2) 공통된 사실관계와 동일하다.
> 3) 공통된 사실관계와 동일하다.

소장 청구취지를 작성하라.

<제3문의2 답안> ||||||||||||||||||||||||||||||

이자채권과 소멸시효

> 1. 피고는 원고에게 100,000,000원 및 이에 대한 <u>2015. 8. 17.부터</u> 다 갚는 날까
>   <u>지는 연 12%</u>의 각 비율로 계산한 돈을 지급하라.

<해설>

1) <u>약정이자 소멸</u> – 위 변형된 사안은 1년 이내의 기간을 두고 정기적으로 지
   급하는 이자를 약정한 것이 명백하므로, '기 발생된 월별 12회분의 각각의
   약정이자채권 부분'은 3년의 단기소멸시효(민법 제163조 제1호)가 도과
   된 케이스에 해당한다.

2) <u>지연손해금 불소멸</u> – 하지만, 변제기 다음날부터의 지연손해금채권(지연
   이자)은 위 단기소멸시효가 적용될 여지가 없고, 다만 원본채권과 같이 상
   사소멸시효 5년이 적용되므로, 따라서 소장제출일 현재 기준으로 '원본채
   권' 및 '변제기 이후 지연손해금'은 모두 소멸시효가 도과되지 않았다.

3) 지연이자의 계산 – 지연손해금에 대한 직접적 약정이율이 없더라도 기간
   이자에 대한 약정이율이 있었으므로(월 1%, 연 12%) 그 이율은 지연손해
   금에 대한 이율로 추정되며, 소촉법 규정에 따른 이율과도 같으므로 소장
   부본 송달일 다음날부터 다 갚는 날까지의 이율도 동일하게 연 12%가 적

용된다. 마지막으로 위 이자 분설 내용을 간결하게 축약하면 끝.

<참고> 원금채권과 이자채권의 관계(★)

1) 위 ①원금채권과 ②이자채권, 이자채권 중 ㉮약정이자채권, ㉯지연이자채권은 3 가지 모두 독립적 권리이며 각각 소송물이 다르다(기판력등 별개, 독립성).

2) 따라서 원칙적으로 원금채권과 이자채권은 소멸시효나 그 중단사유를 별개로 독립하여 파악한다. 즉, 소멸시효기간을 각각 기산하고, 하나의 채권에 중단사유가 있어도 다른 채권에 영향을 미치지 않는다. 또한 원금채권에 대한 압류의 효력은 이자채권에 미치지도 않는다(독립성).

3) 다만, ②이자채권(㉮약정이자채권, ㉯지연이자채권)은 부종성(종물성)에 따라 원금채권이 이전되면 함께 이전됨이 원칙이고, 소멸시효기간도 원금채권의 시효기간이 적용되며(예컨대 원금채권에 적용되는 시효가 5년이면 그 이자채권에 대한 시효도 5년이 적용), 원금채권이 소멸시효의 도과등으로 소멸하면 이자채권도 소멸한다(부종성).

<비교> 주채무와 (연대)보증채무 관계(★)

- 위 1)번(독립성), 3)번(부종성)과 유사한 구조의 논의가 있을 수 있다.
- 하지만 위 2)번(독립성) 중 일부는 민법 제440조 특별한 채권자보호규정에 의해 일부 차이가 있음에 유의하라(주채무 시효중단 → 보증채무 영향 O , 단 그 逆은 ×).
- 그렇다고 하더라도 위 민법 제440조 규정은 부종성의 당연한 결과규정이 아니기 때문에(기본적으로는 독립성을 가짐), 설령 주채무(당초 상사시효 5년)에 관한 판결이 확정되어 그 시효중단으로 민법 제165조에 따라 주채무의 소멸시효가 10년 연장되었다고 하더라도(위 440조에 의해 보증채무도 중단), 보증채무의 소멸시효기간은 여전히 종전의 소멸시효기간(5년)을 따라야 한다(86다카1569).
- 보증인은 주채무자의 항변(변제, 소멸시효완성 등)으로 채권자에게 대항할 수 있고(민법 제433조 제1항), 주채무자의 항변포기(시효이익 포기 등)는 보증인에 대하여 효력이 없다(동조 제2항)
- 보증인(연대보증인)은 주채무자의 채권에 의한 상계로 채권자에게 대항할 수 있다(민법 제434조).

░░░ **<제4문>**

원고는 2020. 5. 7. 피고에게 500만 원을 변제기 2021. 5. 6., 이자 연 3%로 정하여 빌려주었는데, 피고가 원금과 이자를 전혀 갚지 않고 있다. 소장의 적절한 청구취지를 작성하라.

<제4문 답안> ‖‖‖‖‖‖‖‖‖‖‖‖‖‖‖‖‖‖‖‖‖‖‖‖‖‖‖‖‖‖‖‖

약정이자 및 지연손해금에서 각 이율(약정이율, 법정이율) 적용 문제

> 1. 피고는 원고에게 5,000,000원 및 이에 대한 2020. 5. 7.부터 2021. 5. 6.까지는 연 3%의, 2021. 5. 7.부터 이 사건 소장부본 송달일까지는 연 5%, 그 다음날부터 다 갚는 날까지는 연 12%의 각 비율로 계산한 돈을 지급하라.
> 2. 소송비용은 피고가 부담한다.
> 3. 제1항은 가집행할 수 있다.
> 라는 판결을 구합니다.

<해설>
- 약정이자 (시기: 대여일 2020. 5. 7., 만기: 변제기 2021. 5. 6., 이율: 약정이율 연 3%)
- 지연이자① (시기: 변제기 다음날 2021. 5. 6., 만기: 소장부본 송달일, 이율: 원칙적으로 지연손해금에 대한 약정이율이 있으면 그 약정이율에 의하고, 지연손해금에 대한 직접적 약정이율이 없더라도 기간이자에 대한 약정이율이 있으면 그 이율은 지연손해금에 대한 이율로 추정되나, 이 사건처럼 기간이자에 대한 약정이율(3%)이 법정이율(연 5%)보다 낮다면 지연손해금은 법정이율에 의해 청구할 수 있다는 것이 판례임[대법원 2011다50509 판결 등 참고]. 법정이율 연 5% 적용)
- 지연이자② (시기: 소장부본 송달일 다음날, 만기: 다 갚는 날, 이율: 이행기간 약정이율 보다 더 높은 소송촉진등에 관한 특례법 제3조 제1항에 따른 법정이율 연 12%를 적용)
- 마지막으로 위 이자 분설 내용을 간결하게 축약

〈제5문의 1〉

배철수는 2021. 10. 9. 조형기와 오토바이를 100만 원에 매수하는 매매계약을 체결하고 당일 매매대금 100만 원을 모두 지급하였다. 그런데 조형기는 오토바이를 인도 해주기로 약속한 2021. 11. 9.까지 이행을 하지 못했고, 이에 배철수는 조형기에게 상당한 기한을 주며 이행을 독촉하였으나 여의치 않자 2021. 12. 15. 매매계약을 해제하니 기납한 매매대금을 반환하라는 내용증명을 보내 당일 그 내용증명이 조형기에게 도달하였다. 배철수가 자신의 권리구제를 위해 조형기를 상대로 최적의 소송을 제기할 경우 소장의 청구취지를 기재하라.

[참고] 계약해제로 인한 원상회복이 금전반환일 경우는 금전을 받은 날로부터 이자를 가산하여 지급해야 한다(민법 제548조 제2항).

〈제5문의1 답안〉 ||||||||||||||||||||||||||||||||

계약해제로 인한 원상회복(부당이득금=원금+이자), 지연손해금

> 1. 피고는 원고에게 1,000,000원 및 이에 대한 2021. 10. 9.부터 이 사건 소장부본 송달일까지는 연 5%, 그 다음날부터 다 갚는 날까지는 연 12%의 각 비율로 계산한 돈을 지급하라.
> 2. 소송비용은 피고가 부담한다.
> 3. 제1항은 가집행할 수 있다.
> 라는 판결을 구합니다.

　　〈해설〉
　　　　- 계약해제로 인한 원상회복은 부당이득반환의 성질을 가진다.
　　　　- 한편, 부당이득반환채무는 원칙적으로 '기한이 없는 채무'이므로, 원칙에 따른다면 '채권자로부터 이행최고를 받은 날(실무상 최고 다음날)'로부터 비로소 이행지체책임(지연손해금)을 진다. 악의의 수익자라면 (악의의 시점부터) 받은 이익에 이자를 붙이고 손해도 배상해야 한다(민법 제748조 제2항).

- 그런데, 계약해제로 인한 원상회복(부당이득반환)의 경우 예외적 특칙 규정이 있는바, 그 반환대상이 금전(원금)일 경우는 '금전(원금)을 받은 날로부터 이자를 가산'하여 지급하도록 규정되어 있다(민법 제548조 제2항).

- 판례는 위 '이자(민법이 규정한 이자, 법정이자)'의 법적 성격을 반환될 원금과 동일하게 '부당이득'으로 보고 있으며 이에 '지연손해금'이 아니므로, 결국 약정이율 또는 약정이율이 없다면 일반적 법정이율(민법 연 5%, 상법 연 6%)이 적용될 뿐, 지연손해금과 관련된 소촉법상의 법정이율(연 12%)이 적용될 수 없다고 일관되게 설시하고 있다(특히 계약해제로 인한 원상회복이 동시이행관계일 때 의미).

- 다만, 본 사례의 경우는 계약해제로 인한 원상회복이 쌍방 동시이행관계에 있지 않으므로, 위 부당이득반환(원금+이자)에 그치지 않고, 지연손해금도 발생할 수 있으므로, 소촉법상의 법정이율에 적용되는 구간이 발생한 것이다.

〈제5문의 2〉

<사실관계>

1) 甲은 2020. 7. 4. 乙주식회사와 아파트 한 채에 관해 분양대금 2억 원으로 하는 분양계약을 체결하였고, 같은 날 위 회사에 계약금조 2천만 원을 지급하였으며, 약속한 잔금지급일인 2023. 7. 1. 분양잔금 1억 8천만 원을 완납하였다.

2) 그러나 위 회사는 자금난으로 신축공사가 지연되어 약속한 입주 날 甲에게 아파트를 인도하지 못했고, 이에 甲은 2023. 11. 12. 분양계약 해제 및 기납대금을 반환하라는 내용의 통지를 보내 당일 위 회사에 도달했다.

3) 한편, 이 사건 분양계약서에 의하면 '계약이 해제될 경우 기지급된 분양대금에 대한 환급이자는 연 3%로 정한다' 기재되어 있다.

1. 甲이 乙주식회사를 상대로 분양계약의 해제로 인한 원상회복(부당이득반환)으로써 기 지급한 분양대금 및 그 환급이자 및 지연손해금 등을 청구하려고 할 때, 甲에게 가장 유리하도록 청구취지를 작성하되 전부승소 할 수 있는 내용으로 기재하라(단, 채무불이행으로 인한 전보배상금 또는 위약금은 청구하지 않는 것으로 가정한다).

2. <추가질문> 위 분양계약서 제20조(관할)에는 '본 계약과 관련해 분쟁이 있을 경우 서울중앙지방법원을 관할로 한다'고 규정되어 있을 경우(乙주식회사의 주된 영업소는 서울특별시 서초구에 위치하고 있으며, 甲의 주소지는 청주시 흥덕구이다), 甲은 어느 법원에 소장을 제출해야 하는지 답하고, 그 이유에 관하여 논하라.

〈제5문의2 답안〉 ||||||||||||||||||||||||||||||||||

계약해제로 인한 원상회복(부당이득금=원금+이자), 지연손해금, 관할

1. 의 답

1. 피고는 원고에게 200,000,000원 및 위 금원 중 20,000,000원에 대하여는 2020. 7. 4.부터 2023. 11. 12.까지 연 3%, 180,000,000원에 대하여는 2013. 7. 1.부터 2023. 11. 12.까지 연 3%, 각 2013. 11. 13.부터 소장부본 송달일까지는 연 5%의, 그 다음날부터 다 갚는 날까지는 연 12%의 각 비율로 계산한 돈을 지급하라.

2. 소송비용은 피고가 부담한다.

3. 제1항은 가집행할 수 있다.

라는 판결을 구합니다.

2. 의 답

가. 결론: 서울중앙지방법원 또는 청주지방법원 어디에도 소제기 가능하다.

나. 논거

1) 합의관할의 종류(부가적 합의관할 vs 전속적 합의관할)

2) 전속적 합의관할의 효력

3) 전속적 합의관할 약관의 유효성(98마863)

<해설1>

본 사안에는 위 <제5문의 1>의 해설이 그대로 동일하게 적용된다.

– 대법원 2013. 4. 26. 선고 2011다50509 분양대금반환등 판결을 변형한 사례임.

<해설2>

본 사례를 좀 더 구체적으로 분설하여 해설하면 아래와 같다

– 계약해제로 인한 원상회복은 부당이득반환의 성격을 가진다. 다만, 그 회복 대상이 '금전(원금)'일 경우는 받은 날로부터 '이자(법정이자)'를 가산하여 지급하게 되는데(민법 제548조 제2항), 위 민법상 이자도 일종의 '부당이득 반환의 성질'로 보는 것이 판례이다. → 위 민법이자 = 법정이자 O, 부당이득금 O vs 지연손해금(지연이자) ×

– 다만, 본 사례의 경우는 계약해제로 인한 원상회복이 쌍방 동시이행관계에 있지 않으므로, 위 부당이득반환(원금+이자)에 그치지 않고, 지연손해금도 발생할 수 있으므로, 소촉법상의 법정이율에 적용되는 구간이 발생하였다.

(1) 계약금(원금) 2,000만 원

* 법정이자(부당이득이자) (시기: 금전 받은 날 2020. 7. 4., 만기: 해제 및 원

상회복청구(최고)일 2023. 11. 12., 위 기간이자에 대한 약정이율: 연 3%)

* 지연손해금① (시기: 해제 및 원상회복청구일의 다음날 2023. 11. 13., 만기: 소장부본 송달일, 지연이자에 대한 약정이율은 無 & 기간이자에 대한 약정이율은 有, 단 민법상 법정이율 연 5%보다 낮으므로, 민법상 법정이율 적용. 연 5%)

* 지연손해금② (시기: 소장부본 송달일 다음날, 만기: 다 갚는 날, 지연이자에 대한 약정이율은 無 & 기간이자에 대한 약정이율은 有, 소촉법상 법정이율 연 12%보다 낮으므로, 소촉법 법정이율 적용. 연 12%)

(2) 잔금(원금) 1억8,000만 원

* 법정이자(부당이득이자) (시기: 금전 받은 날 2023. 7. 1., 만기: 해제 및 원상회복청구일 2023. 11. 12., 약정이율: 연 3%)

* 지연손해금① (시기: 해제 및 원상회복청구(최고)일의 다음날 2023. 11. 13., 만기: 소장부본 송달일, 지연이자에 대한 약정이율은 無 & 기간이자에 대한 약정이율은 有, 단 민법상 법정이율 연 5%보다 낮으므로, 민법상 법정이율 적용. 연 5%)

* 지연손해금② (시기: 소장부본 송달일 다음날, 만기: 다 갚는 날, 지연이자에 대한 약정이율은 無 & 기간이자에 대한 약정이율은 有, 단 소촉법상 법정이율인 연 12%보다 낮으므로, 소촉법상 법정이율 적용. 연 12%)

→ 마지막으로 위 각 원금에 대한 각 이자의 분설 내용을 간결하게 축약하면 끝.

▨▨ **<제6문의 1>**

> <공통된 사실관계>
> 1) 김주혁은 2019. 10. 15. 차은우에게 5,000만 원을 이자 월 3%, 변제기 2020. 10. 15.로 정하여 대여하였는바, 위 대여 당시 차은우의 아들 차하나, 친구 김종민이 위 대여금채무에 대하여 연대보증을 하였다.
> 2) 또한 김주혁은 2021. 2. 15. 차은우로부터 차하나가 발행하고 도현진이 제1 배서인으로 배서한 액면금 2,000만 원, 지급기일 2021. 4. 15.로 된 약속어음 1장을 배서양도 받아(차은우가 제2배서인) 지급기일 당일 적법하게 지급제시하였으나 지급거절되었다.
> 3) 이후 김주혁은 위 각 채권변제를 독촉하기 위해 2021. 4. 17. 차은우를 찾아가 변제를 독촉하였는바, 그 자리에 있던 차하나와 김준호가 공동하여 김주혁을 폭행하였고 이로 인하여 김주혁은 치료비 500만 원을 지출하는 손해를 입었다.

김주혁은 2021년 7월 위 각각의 채권을 원인으로 차은우, 차하나, 김종민, 도현진, 김준호를 상대로 소를 제기하되 1개의 소송으로 병합해 진행하려고 한다. 그 소장의 청구취지를 작성하라(청구취지 중 소송비용 및 가집행 부분은 생략할 것).

<제6문의1 답안> ||||||||||||||||||||||||||||||||||||||||

금전지급청구와 다수당사자 중첩관계

> 1. 원고에게,
>   가. 피고 차은우, 차하나, 김종민은 연대하여 50,000,000원 및 이에 대한 <u>2019. 10. 15.부터</u> 다 갚는 날까지 <u>연 24%</u>의 비율로 계산한 돈을,
>   나. 피고 차은우, 차하나, 도현진은 <u>합동하여</u> 20,000,000원 및 이에 대한 <u>2021. 4. 15.부터</u> 이 사건 소장부본 송달일까지는 <u>연 6%</u>, 그 다음날부터 다 갚는 날까지는 연 12%의 각 비율로 계산한 돈을,

다. 피고 차하나, 김준호는 <u>공동하여</u> 5,000,000원 및 이에 대한 <u>2021. 4. 17.</u>부터 이 사건 소장부본 송달일까지는 연 5%, 그 다음날부터 다 갚는 날까지는 연 12%의 각 비율로 계산한 돈을

각 지급하라.

<해설>

가. 피고 차은우, 차하나, 김종민은 연대채무관계(연대하여), 대여일부터 약정이자 및 지연이자 발생, 약정이율은 이자제한법을 초과하지 않는 범위에서 유효(연 24%)

나. 피고 차은우, 차하나, 도현진은 어음상 채무관계로 합동채무관계(합동하여), 지급기일부터 이자 및 지연이자 발생, 법정이율은 연 6%(어음법)

다. 피고 차하나, 김준호는 공동불법행위자로 부진정연대채무관계, 불법행위시부터 지연이자 발생, 법정이율 연 5%

▨ <제6문의 2>

<소송의 경과>
4) 소송계속 중이고 변론종결 직전인 2021. 10. 10. 차은우가 사망하였다.
5) 차은우의 공동상속인으로는 妻 정준영과 아들 차하나가 있다.
6) 법원의 심리결과 김주혁의 주장사실은 모두 사실로 인정되고, 위 폭행당시 김주혁의 과실은 없었음이 밝혀졌다
7) 소장 부본 송달일은 차은우, 차하나, 김종민의 경우 2021. 7. 10., 도현진과 김준호는 2021. 7. 13., 판결 선고일은 2022. 3. 10.이다.

1. 김주혁이 취해야 할 소송절차상 조치는 무엇인가.
2. 위 절차를 적법하게 밟았을 경우, 위 소송에서 법원이 선고할 판결주문을 작성하라(판결주문 중 소송비용 및 가집행 부분은 생략할 것).

<제6문의2 답안> ||||||||||||||||||||||||||||||

금전지급청구와 다수당사자 중첩관계

1.의 답
   소송수계신청을 해야 한다(민소법 제233조 제1항).

<해설>
   소제기 후 소송계속 중에 소송당사자가 사망한 경우 소송절차는 중단되며, 소송수계절차를 밟아야 향후 절차가 진행된다. 다만 망인에게 소송대리인이 있으면 그 소송대리인은 상속인의 대리인이 되므로 절차는 중단되지 않는다 (민사소송법 제238조). 참고로 실무상 망인에게 소송대리인이 있는 경우도 소송수계절차를 밟는다.
   [참고] 만일 소송대리인이 있는 당사자가 사망하고 소송수계절차 없이 판결이 선고되었다고 하더라도, 그 판결의 효력은 당연히 상속인에게 미친다. 주의할 것은 그 상태에서 판결문이 소송대리인에게 송달되었다면 '심급대리의 원칙'에 따라 소송대리인에게 상소제기의 특별수권이 있

없는지 여부에 따라서 소송절차가 즉시 중단되는지, 중단이 되지 않아 상소기간이 진행되는지 여부가 각 결정될 것이다.

2.의 답

1. 원고에게,

가. 피고 차하나, 김종민은 연대하여 50,000,000원(을 지급하되),

위 피고들과 연대하여 위 돈 중

피고 정준영은 30,000,000원, ~~피고 차하나는 20,000,000원~~(삭제 要),[24] 및 위 각 돈에 대한 2019. 10. 15.부터 다 갚는 날까지 연 24%의 비율로 계산한 돈을,

나. 피고 차하나, 도현진은 합동하여 20,000,000원(을 지급하되),

위 피고들과 합동하여 위 돈 중

피고 정준영은 12,000,000원, ~~피고 차하나는 8,000,000원~~(삭제 要), 및 위 각 돈에 대한 2021. 4. 15.부터 피고 차하나, 정준영은 2021. 7. 10.[25]까지, 피고 도현진은 2021. 7. 13.[26]까지는 각 연 6%, 각 그 다음 날부터 다 갚는 날까지는 연 12%의 각 비율로 계산한 돈을,

다. 피고 차하나, 정준영, 김준호는 공동하여 5,000,000원 및 이에 대한 2021. 4. 17.부터 피고 차하나, 정준영은 2021. 7. 10.[27]까지, 피고 김준호는 2021. 7. 13.[28]까지는 각 연 5%, 각 그 다음날부터 다 갚는 날까지는 연 12%의 각 비율로 계산한 돈을 각 지급하라.

---

24) 채무자의 상속인 중 일부가 연대채무(합동채무)를 부담하게 되는 경우는 '혼동의 법리'에 따라 연대채무(합동채무) 금액대로 책임을 부담하면 족하다. 따라서 위 부분 기재 불필요하다.

25) 소장부본 송달일.

26) 소장부본 송달일.

27) 소장부본 송달일.

28) 소장부본 송달일.

▨▨▨ <제6문의 3>

<변경된 사실관계>

1) 김주혁은 2019. 8. 10. 산남 공인중개사사무소 공인중개사인 차은우의 중개로 자신의 아파트를 도현진에게 보증금 2억 원에 임대하기로 하는 임대차 계약을 체결하면서, 당일 계약금으로 2,000만 원을 수령하였고, 나머지 임대보증금 잔금은 같은 해 9. 10. 받기로 하였다.

2) 한편, 임대인 김주혁은 도현진으로부터 받을 임대차보증금 잔금 1억 8,000만 원을 수령할 위임장을 중개보조원(산남 공인중개사사무실 직원)인 김준호에게 교부해 주었다.

3) 그런데, 위임을 받은 중개보조원 김준호는 2019. 9. 10. 임차인 도현진으로부터 임대차보증금 잔금 1억 8,000만 원을 수령했으나, 위 돈을 김주혁에게 전달하지 않고 불법도박장에서 도박자금으로 임의로 사용해 모두 탕진하였다(횡령액 1억 8,000만 원).

4) 이후 김주혁이 김준호와 차은우에게 1억 8,000만 원 지급을 독촉하자, 횡령죄 처벌이 걱정된 김준호는 지인의 도움을 받아 2019. 10. 10. 김주혁에게 횡령액 중 8,000만 원만을 일부 변제하였다.

5) 중개보조원 김준호의 횡령자로서, 중개업자 차은우는 사용자로서 손해배상책임이 있으나, 차은우의 과실은 50%로 책임 제한하는 것이 적정해 보인다.

김주혁은 김준호와 차은우를 상대로 손해해상 청구의 소송을 제기하려 한다. 대법원 판례에 따라 전부승소할 수 있는 범위에서 소장에 기재할 청구취지를 작성하라(다만, 일부 변제금은 손해배상액 원금의 변제로 인정하고, 불법행위일부터 소장부본 송달일까지의 지연손해금은 청구하지 않기로 한다).

<제6문의3 답안> ||||||||||||||||||||||||||||||||||||||

1. 원고에게, 피고 김준호는 100,000,000원, 피고 차은우는 피고 김준호와 공동하여 위 돈 중 90,000,000원, 및 위 각 돈에 대한 이 사건 소장부본 송달일 다

음날부터 다 갚는 날까지는 연 12%의 비율로 계산한 돈을 지급하라.

2. 소송비용은 피고들이 부담한다.

3. 제1항은 가집행할 수 있다.

라는 판결을 구합니다.

(주문 1.항의 축약을 완화하면)

1. 원고에게,

    가. 피고 김준호는 100,000,000원 및 이에 대한 이 사건 소장부본 송달일 다음 날부터 다 갚는 날까지는 연 12%의 비율로 계산한 돈을 지급하되, 위 돈 중 아래 나.항의 돈은 피고 차은우와 공동하여 지급하고,

    나. 피고 차은우는 피고 김준호와 공동하여 90,000,000원 및 이에 대한 이 사건 소장부본 송달일 다음날부터 다 갚는 날까지는 연 12%의 비율로 계산한 돈을 지급하라

(주문1.항을 달리 표현하면)

1. 원고에게,

    가. 피고들은 공동하여 90,000,000원 및 이에 대한 이 사건 소장부본 송달일 다음날부터 다 갚는 날까지는 연 12%의 비율로 계산한 돈을 지급하고,

    나. 피고 김준호는 10,000,000원 및 이에 대한 이 사건 소장부본 송달일 다음 날부터 다 갚는 날까지는 연 12%의 비율로 계산한 돈을 지급하라.

<해설>

    금액이 다른 채무가 서로 부진정연대 관계에 있을 때 다액채무자가 일부 변제를 하는 경우, 변제로 먼저 소멸하는 부분(대법원 2018. 3. 22. 선고 2012다74236 전원합의체 판결)

    1) 우선, 김준호는 횡령한 자로 불법행위 손해배상책임을, 차은우는 사용자로 사용자책임을 각 부담함, 결국 양자는 공동불법행위의 관계에 있고 양 책임이 중첩되는 부분은 부진정연대채무임

    2) 다만, 이 사안에서 김준호는 과실 100%로 1억 8,000만 원 전액에 대한 책임을, 차은우는 과실 50%로 9,000만 원으로 제한된 책임만을 부담하여, 양자의 책임이 중첩되는 부분은 9,000만 원 액수인 상황

3) 금액이 다른 채무자 서로 부진정연대 관계에 있을 때, 다액의 채무자(김준호, 책임 범위 1억 8,000만 원)가 일부 변제(8,000만 원)를 하는 경우의 소액채무자(차은우, 책임 범위 9,000만 원)의 채무에는 어떤 영향(소멸 범위)이 있는 것인지 문제됨

4) 학설 및 판례

① 내측설: 중첩부분부터 소멸 → 김준호 1억 원((중첩부분 9,000만 원 - 8,000만 원) + 비중첩부분 9,000만 원), <u>차은우 1,000만 원(중첩부분 9,000만 원 - 8,000만 원)</u>

② 외측설(99다50521): 비중첩부분부터 소멸 → 김준호 1억 원((비중첩부분 9,000만 원 - 8,000만 원) + 중첩부분 9,000만 원), <u>차은우 9,000만 원(중첩부분 9,000만 원 - 0원)</u>

③ 과실비율설(91다4249): 과실비율로 소멸 → 김준호 1억 원(1억 8,000만 원 - 8,000만 원), <u>차은우 5,000만 원(9,000만 원 - 4,000만 원(일부변제 8,000만 원 × 과실비율 50%))</u>

④ 결론: 외측설로 통일(2012다74236 전합판)

<생각해 볼 점(본 저자의 생각)>

위 문제를 전혀 다른 관점으로도 해결할 수 있지 않을까? 즉, '일부변제와 변제충당'(공제순서)을 사안에 적용해 볼 수도 있을 것 같기 때문이다. 법정변제충당의 순서에 의할 때, 김준호의 일부변제(8,000만 원)는 법정충당에 따라 변제이익이 더 많은 단독채무 부분(9,000만 원 부분)에 우선 충당되고 그 후 남는 돈이 있으면 중첩채무 부분(연대보증인이 있는 9,000만 원 부분)에 충당되므로, 결과적으로 '외측설'과 동일한 결과에 이르게 된다.

<변경 질문>

만일, 김준호가 일부 변제한 금액이 1억 원이었다면, 결과는 어떻게 달라지는가?

→ 외측설에 의하면, 김준호 8,000만 원(1억 8,000만 원 - 1억 원), 차은우 8,000만 원(9,000만 원 - 1,000만 원)을 공동하여 책임. 내측설과 과실비율설에 의한 결과는 각자 생각해 볼 것.

▨ <제7문의 1>

> <공통된 사실관계>
>
> 1) 김수로는 자신의 직원인 서경석에게 2019. 5. 6. 8,000만 원을 이자 월 1%, 변제기 2019. 8. 5.로 정하여 대여하였다.
>
> 2) 2020. 1. 6. 다시 5,000만 원을 이자 월 2%, 변제기 2020. 2. 5.로 정하여 대여하였으며, 위 각 대여금채무에 대해서 박건형, 박형식이 연대보증 하였다.

김수로가 위 각 채권을 원인으로 서경석, 박건형, 박형식을 상대로 1개의 소로 병합하여 소를 제기하려고 한다. 소장의 청구취지를 작성하라(청구취지 중 소송비용 및 가집행 부분은 생략할 것).

<제7문의1 답안> ||||||||||||||||||||||||||||||||||

금전지급청구와 다수당사자 중첩관계

> 1. 피고들은 연대하여 원고에게 130,000,000원 및 위 돈 중 80,000,000원에 대하여는 2019. 5. 6.부터 다 갚는 날까지 연 12%(월 1%)의 비율로 계산한, 50,000,000원에 대하여는 2020. 1. 6.부터 다 갚는 날까지 연 24%(월 2%)의 비율로 계산한 각 돈을 지급하라.

▨ <제7문의 2>

<추가된 사실관계>

3) 위 소송을 제기하기 전, 위 각 원리금을 전혀 변제받지 못한 김수로가 주채무자인 서경석과 그 연대보증인들에게 변제를 독촉하였는데 서경석은 아무런 답변도 하지 않았다.

4) 이에 연대보증인 박건형은 2023. 8. 8. "주채무자인 서경석이 김수로에 대해 임금 및 퇴직금채권이 존재하므로, 그 1억 원 및 이에 대하여 그 변제기 다음날인 2020. 3. 6.부터 다 갚는 날까지 연 5%의 비율에 의한 지연손해금 채권을 자동채권으로 하여 김수로의 위 각 채권과 상계하겠다"는 의사표시를 하였다.

[참고] 임금채권은 압류금지채권이다.

[참고] 변제충당의 규정은 상계에 준용한다(민법 제499조).

1. 위와 같은 상계항변을 자동채권을 가진 서경석도 아닌 연대보증인 박건형이 주장한 것이 적법한가.

2. 서경석의 김수로에 대한 임금채권 존재가 사실인 경우, 김수로가 위 피고들을 상대로 대여금을 청구할 때 일부라도 패소하지 않기 위한 소장의 청구취지를 작성하라(청구취지 중 소송비용 및 가집행 부분은 생략할 것).

<제7문의2 답안> ‖‖‖‖‖‖‖‖‖‖‖‖‖‖‖‖‖‖‖‖‖‖‖

금전지급청구와 다수당사자 중첩관계, 상계 및 상계충당(★★★)

1.의 답

적법하다.

<해설>

상계가 불허되는 경우(재항변)

1) 쟁점1

보증인 또는 연대보증인은 주채무자의 채권에 의한 상계로 채권자에게 대항할 수 있다(민법 제434조). 사안은 연대보증인 박건형이 주채무자 서경석의 상계사유로써 채권자 김수로에게 항변을 할 수 있다.

2) 쟁점2

- 수동채권의 성질상 법률등에 의해 상계가 금지되는 경우가 있다. 예컨 대, 수동채권이 압류금지채권, 고의의 불법행위채권로 인한 손해배상채 권 경우(과실은 可), 압류된 채권(예외적 허용 判例: 자동채권의 변제기 가 압류된 수동채권보다 동시에 또는 그 보다 먼저 도래하는 경우 압류 채권자에게 대항 可) 등이 그러하다.
- 역으로, 자동채권이 위와 같은 성질의 채권이라면 상계가 가능하다. 사 안은 압류금지채권(임금채권)이 자동채권으로써 상계하는 경우이므로, 상계 可
- 자동채권은 깨끗해야 상계가 가능하다(상대방의 항변권 상실을 초래하 므로). 예컨대, 자동채권에 변제기 미도래, 조건의 미성취 또는 항변권이 붙어 있는 경우(동시이행항변항변 등) 상계 不可
- 역으로, 수동채권은 동시이행항변권이 붙어 있어도 상계 可, 자동채권과 수 동채권이 서로 상대방 채권에 대해 동시이행관계에 있는 경우도 상계 可
- 보증인 또는 연대보증인은 주채무자의 채권에 의한 상계로 채권자에게 대항할 수 있다(민법 제434조).

2.의 답

1. 피고들은 연대하여 원고에게 40,000,000원 및 이에 대한 2020. 3. 6.부터 다 갚는 날까지 연 12%의 비율로 계산한 돈을 지급하라.

<해설1>

상계 요건사실(항변 사유)

상계의 의사표시가 있으면, 양 채무가 상계할 수 있는 때(상계적상일)로 소급 하여 대등액에 관하여 소멸한다(민법 제493조 제2항).

1) 상계적상일 파악 (3유형)

㉮ 수동채권 변제기 도래- 자동채권 변제기 도래(상계적상일)- 상계의사 표시

㉯ 자동채권 변제기 도래- 수동채권 변제기 도래(상계적상일)- 상계의사 표시

⑭ 자동채권 변제기 도래(상계적상일)- 상계의사표시- 수동채권 변제기 도래
※ 수동채권 변제기 도래- 상계의사표시- 자동채권 변제기 도래 (상계
不可)

2) 수동채권 및 자동채권 각 원리금액 계산 (원금 + 이자 + 지연손해금)
3) 대등액에서 소멸(수동채권금- 자동채권금)
4) 일부소멸의 경우 소멸순서(상계충당) → 변제충당 법리와 동일
5) 소멸 후 남은 금액 + 상계적상일(⑭유형은 수동채권 변제기) 다음날부터
지연손해금

<해설2>

1) 상계적상일(㉮유형) → 2020. 3. 5.
2) 수동채권 및 자동채권의 각 원리금액 계산
   - 수동채권(1) 원리금액: 원금 8,000만 원 + 이자 240만 원(월 80만 원 × 3
   월) + 지연손해금 560만 원(월 80만 원 × 7월)
   - 수동채권(2) 원리금액: 원금 5,000만 원 + 이자 100만 원(월 100만 원 × 1
   월) + 지연손해금 100만 원(월 100만 원 × 1월)
   - 자동채권 원리금액: 원금 1억원 + 이자, 지연손해금 無
3)4) 일부소멸에 따른 상계충당
   - 수동채권(1),(2) 이자합계 1,000만 원- 자동채권 원리금액 1억원 =-
   9,000만 원
   - 수동채권(1),(2) 이행기 모두 도래하고 있으므로, 변제이익(이자율 높다)
   이 많은 수동채권(2) 원금 5,000만 원- 9,000만 원 =- 4,000만 원
   - 수동채권(1) 원금 8,000만 원- 4,000만 원 = 4,000만 원
5) 소멸 후 남은 수동채권금액은 원금 4,000만 원이고, 상계적상일 다음날인
   2020. 3. 6.부터 소장부본 송달일까지는 연 12% 지연손해금 발생하고, 소
   장부본 송달일 다음날부터는 소촉법상 법정이율 연 12% 발생하게 됨.

<정리>

변제충당의 순서(★★★)
1) 합의충당
2) 비용→이자→원본 순서의 충당(민법 제479조 제1항, 법정충당의 일종)
3) 지정충당(동법 제476조)

4) 법정충당(동법 제477조)

①이행기 도래한 채무→②변제이익이 많은 채무→③이행기 먼저 도래한 채무→④각 채무액에 안분비례의 순서

<참고판례>

②변제이익 관련

- 이자부채무 > 무이자채무
- 고이율채무 > 저이율채무
- 주채무 > 연대(보증)채무
- 채무자가 직접 제공 물건 또는 발행·배서 어음으로 담보된 채무 > 그런 담보가 없는 채무
- 물상보증인이 제공한 물적담보가 있는 채무 = 그런 담보가 없는 채무
- 보증인이 있는 주채무 = 보증인이 없는 주채무

<중요판례>

임의경매(강제경매도 동일)에서 변제충당은 합의충당 또는 지정충당이 허용될 수 없으며 무조건 법정충당에 의해야 한다(96다52649, 95다55504 등).

▨▨▨ <제7문의 3>

<변형된 사실관계>
위 <공통된 사실관계>를 일부 변형하여, 김수로의 1), 2) 각 채권은 대여금채권이 아니라 김수로의 부탁에 따라 서경석이 보관하던 돈을 횡령한 불법행위로 인한 손해배상채권이라고 가정한다(박건형, 박형식은 위 서경석과 함께 불법행위에 가담한 자들이며, 2019. 5. 6. 공동불법행위로 인한 손해배상금이 8,000만 원, 2020. 1. 6. 공동불법행위로 인한 손해배상금이 5,000만 원이다). 다만, 위 <추가된 사실관계> 중 서경석이 김수로에게 임금채권 1억 원을 보유하고 있다는 사실은 그대로이다.

1. 김수로가 위 각 채권을 원인으로 서경석, 박형건, 박형식을 상대로 1개의 소로 병합하여 소송을 제기하려고 한다. 소장의 청구취지를 작성하라(추가된 사실관계로 인한 피고들로부터의 예상된 항변은 전혀 고려하지 말 것, 청구취지 중 소송비용 및 가집행 부분은 생략할 것).

2. 위 소장이 제출된 후 소송계속 중인 2023. 10. 1. 변론기일에서 피고들 중 서경석은 김수로에 대한 위 임금채권 1억 원으로 김수로의 서경석에 대한 손해배상채권을 상계하겠다는 의사를 표시하였고(상계항변) 또한 2020. 3. 5. 이미 손해배상금의 일부로 김수로에게 2,000만 원을 변제공탁 하였으므로(변제항변), 원고 김수로의 청구는 기각되어야 한다고 주장하였다. 원고 김수로의 피고들에 대한 청구에 대한 청구에 대한 결론[각하, 청구기각, 청구일부인용(일부인용의 경우 그 구체적인 금액과 내용을 기재할 것), 청구전부인용]을 그 논거와 함께 서술하라.

3. 만일, 위 <변형된 사실관계> 내용 중 김수로의 1), 2) 각 채권이 횡령이 아닌 과실에 의한 공동불법행위로 인한 손해배상채권(불법행위 시점은 동일함)이라고 가정하고 위 2.문의 각 항변이 동일하게 있었다면, 위 2.문의 결론은 어떻게 달라지는지 밝히고, 그 이유를 설명하라.

<제7문의3 답안> ||||||||||||||||||||||||||||||||||||||

금전지급청구와 다수당사자 중첩관계, 변제충당, 상계충당(★★★)

> **1.의 답**
>
> 1. 피고들은 공동하여 원고에게 130,000,000원 및 위 돈 중 80,000,000원에 대하여는 2019. 5. 6.부터, 50,000,000원에 대하여는 2020. 1. 6.부터 각 이 사건 소장부본 송달일까지는 연 5%, 그 다음날부터 다 갚는 날까지는 연 12%의 각 비율로 계산한 돈을 지급하라.
>
> **2.의 답**
>
> 일부인용: 피고들은 공동하여 원고에게 113,746,932원 및 이에 대한 2020. 3. 6.부터 다 갚는 날까지 연 5%의 비율에 의한 지연손해금을 지급해야 함

※ 실제 판결문의 주문

> 1. 피고들은 공동하여 원고에게 113,746,932원 및 이에 대한 <u>2028. 3. 21.(판결 선고일로 가정)</u>까지는 연 5%, 그 다음날부터 다 갚는 날까지는 연 12%의 각 비율로 계산한 돈을 지급하라.
> 2. 원고의 나머지 청구를 기각한다.
> 3. 소송비용 중 2/13는 원고가, 나머지는 피고들이 부담한다.
> 4. 제1항은 가집행 할 수 있다.

<해설>

1) 수동채권이 고의의 불법행위로 인한 손해배상채권이므로, 상계 ×

2) 변제항변은 유효, 단 일부변제이므로 변제충당의 문제 발생

- 변제소멸일 → 2020. 3. 5.
- 변제 대상채권의 원리금계산
  - 대상채권(1) 원리금액: 원금 8,000만 원 + 지연손해금 3,342,466원(원금 × 연 5% × 305/365)
  - 대상채권(2) 원리금액: 원금 5,000만 원 + 지연손해금 404,110원(원금 × 연 5% × 59/365)
  - 변제금액: 2,000만 원

- 일부변제에 따른 변제충당
  - 대상채권(1),(2) 지연이자합계 3,746,932원 - 2,000만 원 = - 16,253,068원
  - 대상채권(1),(2) 이행기 모두 도래하고 있으므로, 변제이익(이자액 높다)
    이 많은 대상채권(1) 원금 8,000만 원 - 16,253,068원 = 63,746,932원
- 변제소멸 후 남은 채권금액
  - 대상채권(1) 원금 63,746,932원 + 대상채권(2) 원금 50,000,000원
  - 위 합계금에 대하여 변제일 다음날인 2020. 3. 6.부터 연 5% 지연손해
    금 발생

3.의 답

상계항변도 적법하고, 변제항변도 유효하므로, 각 상계충당 및 변제충당을 순차적으로 계산하여 남은 금액을 일부인용. 이유는 아래 해설 참고.

<해설>

1) 수동채권이 과실에 의한 불법행위로 인한 손해배상채권의 경우는 상계 O
2) 부진정연대채무자 중 1인이 한 상계는 다른 채무자에게 효력 有 (대법원 2010. 9. 16. 선고 2008다97218 전원합의체 판결)
3) 결국 상계항변, 변제항변이 모두 유효한 상태이므로, 상계충당 및 변제충당의 순서로 계산하여 남은 금액을 인용하게 됨
4) 구체적인 계산은 각자 해결할 것

제2절 특정물인도등 청구취지[29]

1. 토지 인도

가. 보통은 토지등기부 '표제부'란 표시에 따라 ⓐ지번(구 주소), ⓑ지목(토지의 종류),[30] ⓒ면적을 기재하면 된다.

나. 다만, 토지대장과 등기부가 상이한 경우에는 토지대장을 기준으로 하되(현상이 중요), 괄호를 이용 등기부상 표시도 병기 vs 등기절차이행청구의 경우 등기부상 표시로 족한 것과 차이(등기관계가 중요)!

〈기재례〉① 기본형

1. 피고는 원고에게 ①서울 강남구 삼성동 756-18 대 500㎡를 ②인도하라.
1. 피고는 원고에게 별지 목록 기재 각 토지(부동산)를 인도하라.

   〈별지〉
   　　　　　토지(부동산) 목록
   1. 군포시 부곡동 산118-6 임야 9,444㎡
   2. 성남시 분당구 야탑동 27-8 잡종지 421㎡
   3. 경기 양평군 강상면 화양리 54-2 도로 250㎡. 끝.

---

2. 건물의 인도, 철거, 퇴거 등

가. 보통은 건물등기부 '표제부'란의 표시에 따라 부지의 ⓐ지번(구 주소,

---

29) 재산권에 관한 청구이고 이행청구이므로, 가집행선고를 붙일 수 있다.

30) 지목의 종류로는 대(대지), 임야(산), 전(밭), 답(논), 과수원, 목장용지, 학교용지, 공장용지, 주유소용지, 창고용지, 철도용지, 주차장, 도로, 하천, 구거, 공원, 체육용지, 종교용지, 사적지, 묘지, 잡종지, 등이 있다. 지목은 통상 등기부 또는 토지대장상 표시를 그대로 기재하면 되며, 실무·관련 법률상 '대지'의 경우는 '대'로 표시하여야 한다(측량·수로조사 및 지적에 관한 법률 제67조).

괄호 안에 도로명을 함께 병기), (지목, 토지면적 표시는 반드시 필요한 경우 외에는 생략), ⓑ건물의 구조(OO조 OO지붕), ⓒ층수(단층, 2층), ⓓ용도(주택, 창고, 공장), ⓔ건축면적을 모두 그대로 기재하면 된다.

나. 실제 현황과 등기부상 표시가 다른 경우에는 현황에 따라 기재하되(현상이 중요) 괄호에 등기부상 표시도 병기

다. '인도' vs 건물의 '철거', 건물로부터 '퇴거', 분묘의 '굴이(掘移)', 수목의 '수거' 등은 별도의 주문이 필요

地(지번), (지상), 構(구조), 層, 用(용도), 面(면적)

<기재례>① 건물인도

1. 피고는 원고에게 서울 강남구 삼성동 37-18(봉은사로 408)[31] (지목, 면적 ×)[32] 지상 벽돌조 기와지붕 단층 주택 90㎡를 인도하라.
1. 피고는 원고에게 서울 강남구 삼성동 756-18 지상 철골조 슬래브지붕 2층 근린생활시설 1층 200㎡, 2층 200㎡를 인도하라.
1. 피고는 원고에게 서울 강남구 삼성동 756-19 지상 철근콘크리트조 슬래브지붕 3층 건물 1층 상가 100㎡, 2층 사무실 90㎡, 3층 주택 80㎡를 인도하라.

<기재례>② 공부와 실제 현황이 다를 경우

1. 피고는 원고에게 서울 강남구 삼성동 37-18(봉은사로 408) 지상 철근콘크리트조 기와지붕 2층 주택 1층 120㎡, 2층 100㎡(등기부상 표시: 같은 지상 철근콘크리트조 슬래브지붕 2층 주택 1층 120㎡, 2층 80㎡)를 인도하라.

---

31) 토지지번과 도로명주소가 있는 그 지상 '건물'을 표시하여야 하는 경우에는 지번주소 방식으로 토지를 표기하면서 괄호 안에 도로명과 건물번호를 표기하는 방식으로 지번주소(구주소)와 도로명주소(신주소)를 병기한다.

32) 건물인도에서 원칙적으로 토지의 지목 및 면적은 기재하지 않는다. 다만, 만일 건물인도와 함께 위 토지인도 청구도 동시에 함께 구하는 경우라면, 토지의 지목 및 면적도 기재해야 한다.

> **<기재례>③ 건물공유자 중 일부만을 상대로 한 철거청구(+토지인도)**
>
> 원고는 별지 목록 기재 토지의 소유자, 2012. 4. 5. 위 토지 지상 불법적으로 별지 목록 기재 건물 신축됨, <u>위 건물을 A, B 각 1/4 지분, C 1/2 지분 공동소유(ex: 공동상속인)</u>
>
> 1. 원고에게, 피고 A, B는 각 1/4 지분에 관하여, 피고 C는 1/2 지분에 관하여, <u>각 별지 목록 기재 건물을 철거하고,</u> / 같은 목록 기재 토지(대지)를 인도하라.[33)]

> **<기재례>④**
>
> 건물 전부를 도면으로 특정해야 하는 경우 (원고 소유 토지 지상에 피고가 미등기 불법 건물을 신축하여 그 철거등을 구하는 사례)
>
> 1. 피고는 원고에게 서울 강남구 수서동 725-1(광평로56길) 잡종지 150㎡[34)] 지상 별지 도면 표시 1,2,3,4,1의 각 점을 차례로(순차로) 연결한 선내 경량 철골조 샌드위치패널지붕 단층 자동차수리점 120㎡를 철거하고, / 위 토지를 인도하라.

3. 기타(토지·건물의 일부분, 동산)

가. 토지, 건물 등의 일부분: 축척과 방위가 표시된 측량도면을 별지로 첨

---

33) 건물공동소유자들이 부담하는 철거의무나 대지인도의무는 성질상 '불가분채무'이어서 각 공유자는 건물 전체에 대한 철거의무를 부담하나, 각 공유자가 자기의 지분 한도 내에서 위 의무를 부담하게 되어 실무상 위와 같이 기재한다. 이와 같은 공유물의 반환 또는 철거소송은 필수적 공동소송이 아니다(69다609, 92다49218). 한편, 특정물인도채무는 불가분일지라도 금전채무와는 달리 실무상 '공동하여(각자)'라 표시하지 않는다. <생각해 볼 점> 만일, 원고가 피고들에게 토지의 사용이익 상당의 부당이득(또는 손해배상) 청구까지 주문에 포함을 시킨다면, "2. 피고들은 <u>공동하여</u> 원고에게 2012. 4. 5.부터 위 가.항 기재 토지의 인도 완료일까지 월 1,000,000원의 비율에 의한 <u>돈을 지급하라</u>"라 기재하면 될 것이다. 위 피고들 사이 위 장래이행 금전채무의 관계는 '부진정연대채무'이다.

34) 건물인도와 함께 위 토지인도 청구도 동시에 함께 구하는 경우이므로, 위 건물을 표시함에 있어 토지의 지목 및 면적도 기재해야 한다.

부(실무에서는 소장에서 대략적 기재 후 재판진행 중 측량감정을 하고
감정결과에 따라 청구취지 변경한다)

나. 동산 등: 실제 현황의 특징을 구체적으로 명시하고, 자동차 등 등록된
물건은 등록 원부의 표제부에 등재된 사항을 명시하여 표시

<기재례>① 토지의 일부분 인도(도면으로 특정해야 함)

1. 피고는 원고에게 서울 강남구 삼성동 756-18 대 500㎡ 중 별지 도면 표시 1,
   2, 3, 4, 1의 각 점을 차례로(순차로) 연결한 선내 (가)부분 300㎡를 인도하라.

<기재례>②-1 건물의 일부분 인도(도면 없이 특정이 가능한 경우)

1. 피고는 원고에게 서울 강남구 삼성동 37-19(봉은사로 37) 지상 철골조 샌
   드위치패널지붕 2층 근린생활시설 1층 180㎡, 2층 160㎡ 중 1층 부분 180㎡
   를 인도하라.

<기재례>②-2 건물의 일부분 인도(도면으로 특정해야 하는 경우)

1. 피고는 원고에게 별지 목록 기재 건물의 1층 180㎡ 중 별지 도면 표시
   2,3,4,5,2의 각 점을 차례로(순차로) 연결한 선내 (나)부분 60㎡을 인도하라.

   <별지>
   • 건물(부동산)의 표시
   서울 강남구 삼성동 700-15(봉은사로 15) 지상 철골조 샌드위치패널지붕
   2층 근린생활시설 1층 180㎡, 2층 160㎡
   • 도면
   서울 강남구 삼성동 700-15(봉은사로 15) 지상 철골조 샌드위치패널지붕
   2층 근린생활시설 1층 평면도

<기재례>③ 동산의 인도(자동차)

1. 피고는 원고에게 별지 목록 기재 자동차를 인도하라.

　　<별지>
　　　　목록(자동차의 표시)
　　등록번호　　　　서울 34모2567
　　차　　　명　　　그렌저
　　형식 및 연식　　XG-L 2002
　　차대번호　　　　KMHBF21DPLU220222
　　원동기의 형식　 G4CM
　　사용본거지　　　서울 강남구 대치동 135
　　등록연월일　　　2002. 3. 18.

≪중요정리≫ 부동산인도등 청구취지의 사례별 정리(★★★)

<기재례>1-1-1

원고는 부동산(건물, 토지, **건물 및 토지**)[35]의 소유자, 2012. 4. 5. 부동산을
불법점유 한 피고, 부동산 객관적 임료는 월 100만 원

1. 피고는 원고에게,
　가. 별지 목록 기재 **부동산을 인도**[36]하고,
　나. 2012. 4. 5.부터 위 가.항 기재 부동산의 인도 완료일까지 월 1,000,000
　　　원의 비율로 계산한 **돈을 지급**[37]하라.

---

35) <생각해 볼 점>　사례에서 위 '부동산'은 '토지' 또는 '건물'로 주어질 수 있고(이
경우 특별한 문제가 없음), 경우에 따라서는 '토지 및 건물'로도 사례가 구성될 수도 있다.
그런데 '토지 및 건물로 사실이 구성되었을 경우, 건물과 토지에 관하여 각각 별개로 인도
를 구해야 하는지(토지인도, 건물인도), 각각 별개로 부당이득금반환(건물의 부지를 제외한
나머지 토지부분의 사용이익반환, 건물 의 사용이익반환)을 구해야 하는 것인지, 실무상 매
우 복잡한 문제가 발생할 수 있다. 이 경우 실무적으로는 '토지전부'에 관한 인도청구도 소
장(판결문)의 청구취지(주문)에 포함하는 경향이 많지만, 이는 법리적으로 엄밀히 볼 때 정
확한 기재가 아닐 수 있기 때문이다(즉, '**건물부지로 사용되지 않는 토지부분**'에 한정해 '**인
도청구**'를 해야 정확한 기재일 것임. 이런 논의는 아래에서 설명하는 '**부당이득반환청구**'와
관련해서도 동일함). 이와 같은 문제로 인해, 변호사시험에서는 '**토지 전체가 건물의 부지**

<기재례>1-1-2

원고는 부동산의 소유자, 2012. 4. 5. 부동산을 불법점유 한 甲(간접점유), 같은 날 甲으로부터 부동산을 임차하여 현재 점유사용 중인 乙(직접점유, 악의), 부동산 약정임료 월 80만 원, 객관적 임료는 월 100만 원

1. 원고에게,
   가. **피고 乙**은 별지 목록 기재 **부동산을 인도**[38]하고,
   나. 피고들은 공동하여 2012. 4. 5.부터 위 가.항 기재 부동산의 인도 완료 일까지 월 1,000,000원의 비율로 계산한 **돈을 지급**[39]하라.

(대지)로 **사용되고 있다**'고 전제하는 경우가 대부분이다. <u>이 때 주의할 점은, 위와 같이 '토지의 전체가 건물의 부지(대지)로만 사용되고 있다고 가정한다'는 전제로 사실관계가 주어졌다면, 소장 청구취지(주문)는 '**건물인도청구 및 건물의 점유사용이익 상당 부당이득반환청구**'만 구하는 것으로 족하며, 토지의 인도청구(×, 청구기각) 및 토지의 점유사용 부당이득반환청구(×, 청구기각)는 중복되고 불필요한 청구이어서 사실상, 법리상 불가능하다.</u> → 변호사시험 기출문제의 답안에 오류가 많으므로 주의할 것!!

36) 청구원인: 부동산 소유권에 기한 반환청구.

37) 청구원인: 부당이득반환청구 또는 불법행위로 인한 손해배상청구(장래이행금전청구, 이하 동일).

38) 청구원인: 부동산 소유권에 기한 반환청구 → <u>불법점유자에 대한 인도(반환)청구는 '현실로 불법으로 직접점유를 하고 있는 자'만을 상대로 하여야 한다</u>(청구원인이 소유권에 기한 반환청구이든, 점유침탈에 따른 점유회복으로써 반환청구이든 불문하고 간접점유자를 상대로 한 청구는 기각된다. 대판 98다9045). vs 다만, 약정(매매 또는 임대차)에 따른 인도청구는 직접점유자는 물론 간접점유자를 상대로도 청구가 가능하다(물론 이 때에도 점유보조자 상대로는 ×) → [기재례 1-2-3] 사례 참고.

39) 청구원인: 부당이득반환청구 또는 불법행위로 인한 손해배상청구 → 불법점유와 관련 간접점유자인 피고 甲은 부당이득반환채무 또는 불법행위로 인한 손해배상채무를 부담, 직접점유자 乙도 부당이득반환채무를 부담, 甲과 乙의 각 채무는 부진정연대채무관계 → <생각해 볼 점> ①위 사례처럼 처음부터 '乙'이 '<u>악의의 점유자</u>'라면 '<u>그 점유당시부터</u>' 부당이득반환채무를 부담한다. ②하지만 일반적인 경우라면 甲과 달리 乙은 '<u>선의의 점유자</u>'일 가능성이 있고 그렇다면 민법 제201조(제748조의 특칙)에 근거해 '**과실(이익)취득권**' **항변**을 제기할 수 있다. 하지만 이러한 경우도, 만일 원고가 무단점유의 사실을 통지해 반환을 요구하였다면 乙은 '악의의 점유자'로 변환되어 '<u>그 (반환경고)통지를 수령한 때부터</u>' 부당이득반환채무를 부담한다(77다1278 등). ③그 연장선에서 乙은 선의의 점유자일지라도 종국적으로는 원고가 제기한 점유반환 본권의 소에서 패소할 것이므로 '**소제기 시점부터**' '악의의 점유자'로 간주되는바(제197조 제2항), 적어도 원고가 소를 제기한 시점부터는 악의의 점유자로 부당이득반환채무를 부담할 수밖에 없다.

〈기재례〉1-2-1

원고는 부동산의 소유자 겸 임대인, 부동산임차인 피고는 2012. 4. 5. 부동산
임대차기간 개시, 위 임대차는 2014. 4. 4. 종료(해지 또는 기간만료), 연체된
임료 없음,[40)] 당일 원고는 임대차보증금을 피고에게 반환, 부동산 약정임료 월
100만 원

1. 피고는 원고에게,
    가. 별지 목록 기재 부동산을 인도[41)]하고,
    나. 2014. 4. 5.부터 위 가.항 기재 부동산의 인도 완료일까지 월 1,000,000
        원의 비율로 계산한 돈을 지급[42)]하라.

〈기재례〉1-2-2

원고는 부동산의 소유자 겸 임대인, 부동산임차인 피고는 2012. 4. 5. 부동산
임대차기간 개시, 위 임대차는 2014. 4. 4. 종료(해지 또는 기간만료), 연체된 임
료 없음, 원고는 임대차보증금 1,000만 원을 피고에게 반환하지 않은 상태, 부동
산 약정임료 월 100만 원

1. 피고는 원고에게,
    가. 원고로부터 10,000,000원을 지급받음과 동시에 별지 목록 기재 부동산
        을 인도[43)]하고,
    나. 2014. 4. 5.부터 위 가.항 기재 부동산의 인도 완료일까지 월 1,000,000
        원의 비율로 계산한 돈을 지급[44)]하라.

〈위 1.항 부분을 공제방식으로 달리 표현하면〉
1. 피고는 원고로부터 10,000,000원에서 2014. 4. 5.부터 별지 목록 기재 부동
    산의 인도 완료일까지 월 1,000,000원의 비율로 계산한 금액을 공제한 돈을
    지급받음과 동시에 위 부동산을 인도하라.

---

40) 〈유의할 점〉 만일 원고(임대인)가 피고(임차인)의 '임료연체를 이유로 임대차계약
을 해지'함으로써 계약이 종료된 경우라면, 1.의 나.항 부동산 사용이익 상당의 부당이득반
환청구등 주문에서 기산일을 '월차임이 연체된 날'부터 청구하면 된다. → 아래 모든 사례에
서도 동일하게 적용.

41) 청구원인: 임대차계약종료에 기한 목적물반환청구 또는 소유권에 기한 반환청구.

42) 청구원인: 부당이득반환청구 또는 불법행위로 인한 손해배상청구.

43) 청구원인: 임대차계약종료에 기한 목적물반환청구 또는 소유권에 기한 반환청구.

44) 청구원인: 부당이득반환청구 또는 불법행위로 인한 손해배상청구 → 〈유의할 점〉
만일 임차인이 계속 점유는 하지만 이를 사용, 수익하지 않았다면 실질적인 이득을 얻은바
없으므로 그로 인해 임대인에게 손해가 발생하였다고 하더라도 임차인의 부당이득반환의

<기재례>1-2-3

원고는 부동산의 소유자 겸 임대인, 부동산임차인 甲(간접점유)은 2012. 4. 5. 부동산 임대차기간 개시, 甲은 위 부동산을 무단전대 하여 현재 점유사용 중인 전차인 乙(직접점유, 악의), 위 본 임대차는 2014. 4. 4. 종료(해지 또는 기간만료), 연체된 임료 없음, 종료 당일 원고는 임대차보증금을 甲에게 반환,[45] 부동산의 약정 임료 월 100만 원

1. 원고에게,
   가. 피고들은 별지 목록 기재 부동산을 인도[46]하고,
   나. 피고들은 공동하여 2014. 4. 5.부터 위 가.항 기재 부동산의 인도 완료일까지 월 1,000,000원의 비율로 계산한 돈을 지급[47]하라.

<기재례>2-1-1

원고는 토지의 소유자, 2012. 3. 8. 원고의 허락 없이 불법 점유한 다음 건물[48]을 신축한 피고가 퇴거불응 중, 토지 객관적 임료는 월 200만 원

1. 피고는 원고에게,
   가. 별지 목록 기재 건물을 철거[49]하고, 별지 목록 기재 토지를 인도[50]하고,
   나. 2012. 3. 8.부터 위 가.항 기재 토지의 인도 완료일까지 월 2,000,000원의 비율로 계산한 돈을 지급[51]하라.

무는 성립될 여지가 없고, 나아가 보증금반환의 동시이행항변권을 상실하였다는 임대인의 입증이 없는 한 임차인의 부동산인도의무가 이행지체에 빠졌다거나 임차인의 점유가 불법점유라고도 할 수가 없어 손해배상의무도 성립하지 않을 수 있다(대판 95다14664).

45) 물론 임대인인 원고가 아직 임대보증금을 반환하지 않은 상태라면 상환이행(동시이행)청구 주문이 필요한바, 이런 경우의 청구취지는 각자 생각해 보라.

46) 청구원인: 간접점유자인 피고 甲에 대한 청구부분(임대차계약종료에 기한 목적물반환청구), 직접점유자인 피고 乙에 대한 청구부분(소유권에 기한 반환청구) → 甲과 乙의 인도의무는 불가분 또는 부진정연대 관계.

47) 청구원인: 부당이득반환청구 또는 불법행위로 인한 손해배상청구 → 물론 위 [기재례 1-1-2]의 각주 <생각해 볼 점>의 논의는 이 사안에서도 그대로 적용된다.

48) 아래 사안은 모두 토지 위 건물을 예로 들었으나, 건물뿐만 아니라 다양한 지상물(각종 시설, 철탑, 구조물, 조형물, 수목, 도로포장 등)이 있을 수 있다

49) 청구원인: 토지 소유권에 기한 방해배제청구.

50) 청구원인: 토지 소유권에 기한 반환청구.

51) 청구원인: 부당이득반환청구 또는 불법행위로 인한 손해배상청구.

> **<기재례>2-1-2**
>
> 원고는 토지의 소유자, 2012. 3. 8. 원고의 허락 없이 불법 점유한 다음 건물을 신축한 위 건물의 소유자 甲, 위 甲으로부터 건물을 임차한 乙, 토지 객관적 임료 월 200만 원
>
> 1. 원고에게,
>   가. 피고 甲은
>
>   　1) 별지 목록 기재 건물을 철거[52]하고, 별지 목록 기재 토지를 인도[53]하고,
>
>   　2) 2012. 3. 8.부터 위 1)항 기재 토지의 인도 완료일까지 월 2,000,000원의 비율로 계산한 돈을 지급[54]하고,
>
>   나. 피고 乙은 위 가.의 1)항 기재 건물로부터 퇴거[55]하라.

> **<기재례>2-2-1**
>
> 원고는 토지의 소유자 겸 임대인(건물 소유 목적의 토지임대차 ×), 2012. 3. 8. 토지 임대차기간 개시, 토지 임차인인 피고는 위 토지 지상에 원고의 허락 없이 건물 신축한 건물소유자, 위 토지 임대차는 2014. 3. 7. 종료, 연체된 임료 없음, 당일 원고는 임대차보증금을 피고에게 반환, 토지 약정임료는 월 200만 원
>
> 1. 피고는 원고에게,
>   가. 별지 목록 기재 건물을 철거[56]하고, 별지 목록 기재 토지를 인도[57]하고,
>   나. 2014. 3. 8.부터 위 가.항 기재 토지의 인도 완료일까지 월 2,000,000원의 비율로 계산한 돈을 지급[58]하라.

---

52) 청구원인: 토지 소유권에 기한 방해배제청구(건물철거청구의 피고는 당연히 건물소유자인 甲).

53) 청구원인: 토지 소유권에 기한 반환청구(타인의 토지 위에 건물을 소유하고 있는 자는 건물소유 그 자체로 타인 토지를 점유·사용하는 것이므로, 토지반환청구 및 부당이득반환청구의 피고는 건물소유자인 甲!!) 또는 점유침탈에 기한 반환청구.

54) 청구원인: 부당이득반환청구 또는 불법행위로 인한 손해배상청구(피고는 건물소유자인 피고 甲!!).

55) 청구원인: 토지 소유권에 기한 방해배제청구(건물철거의 장애제거로 족함, 퇴거청구의 피고는 건물점유자인 乙).

56) 청구원인: 토지 임대차계약종료에 따른 원상회복청구 또는 토지 소유권에 기한 방해배제청구 → 건물소유자가 직접점유 하고 간접점유자가 없을 경우에는 철거청구만으로

<기재례>2-2-2

원고는 토지의 소유자 겸 임대인(건물 소유 목적의 토지임대차 ×), 2012. 3. 8. 토지 임대차기간 개시, 토지 임차인인 피고는 위 토지 지상에 원고의 허락 없이 건물 신축한 건물소유자, 위 토지 임대차는 2014. 3. 7. 종료, 연체된 임료 없음, 원고는 임대차보증금 2,000만 원을 피고에게 반환하지 않은 상태, 토지 약정임료는 월 200만 원

1. 피고는 원고에게,
   가. 원고로부터 20,000,000원을 지급받음과 **동시에** 별지 목록 기재 **건물을 철거**[59]하고, 별지 목록 기재 **토지를 인도**[60]하고,
   나. <u>2014. 3. 8.부터</u> 위 가.항 기재 토지의 인도 완료일까지 월 2,000,000원의 비율로 계산한 돈을 **지급**[61]하라.

<위 1.항 부분을 공제방식으로 달리 표현하면>
1. 피고는 원고로부터 20,000,000원에서 2012. 3. 8.부터 별지 목록 기재 <u>토지</u>의 인도 완료일까지 월 2,000,000원의 비율로 계산한 **금액**을 공제한 돈을 지급받음과 **동시에** 원고에게 별지 목록 기재 <u>건물</u>을 철거하고, 위 <u>토지를 인도</u>하라.

<기재례>2-2-3

원고는 토지의 소유자 겸 임대인(건물 소유 목적의 토지임대차 ×), 2012. 3. 8. 토지 임대차기간 개시, 토지 임차인인 甲은 위 토지 지상에 원고의 허락 없이 건물을 신축한 건물소유자, 위 甲으로부터 건물을 임차한 乙, 위 토지 임대차는 2014. 3.

족하므로(퇴거 포함) 별도의 퇴거청구는 불필요.

57) 청구원인: 토지 임대차계약종료에 따른 목적물반환청구 또는 토지 소유권에 기한 반환청구.

58) 청구원인: 부당이득반환청구 또는 불법행위로 인한 손해배상청구.

59) 청구원인: 토지 임대차계약종료에 따른 원상회복청구 또는 토지 소유권에 기한 방해배제청구(임대차보증금반환과 동시이행청구).

60) 청구원인: 토지 임대차계약종료에 따른 목적물반환청구 또는 토지 소유권에 기한 반환청구(임대차보증금반환과 동시이행청구).

61) 청구원인: 부당이득반환청구 또는 불법행위로 인한 손해배상청구 → <유의할 점> 만일 임차인이 계속 점유는 하지만 이를 사용, 수익하지 않았다면 실질적인 이득을 얻은바 없으므로 그로 인해 임대인에게 손해가 발생하였다고 하더라도 임차인의 부당이득반환의무는 성립될 여지가 없고, 나아가 보증금반환의 동시이행항변권을 상실하였다는 임대인의 입증이 없는 한 임차인의 부동산인도의무가 이행지체에 빠졌다거나 임차인의 점유가 불법점유라고도 할 수가 없어 손해배상의무도 성립하지 않을 수 있다(대판 95다14664).

> 7. 종료, 연체된 임료 없음, 원고는 임대차보증금 2,000만 원을 甲에게 반환하지 않은 상태, 토지 약정임료는 월 200만 원

1. 원고에게,

　가. 피고 甲은

　　1) 원고로부터 20,000,000원을 지급받음과 <u>동시에</u> 별지 목록 기재 건물을 <u>철거</u>[62]하고, 별지 목록 기재 <u>토지를 인도</u>[63]하고,

　　2) 2014. 3. 8.부터 위 1)항 기재 토지의 인도 완료일까지 월 2,000,000원의 비율로 계산한 <u>돈을 지급</u>[64]하고,

　나. 피고 乙은 위 가.의 1)항 기재 <u>건물로부터 퇴거</u>[65]하라.

<위 1.의 가.항 부분을 공제방식으로 달리 표현하면>

　가. 피고 甲은 원고로부터 20,000,000원에서 2012. 3. 8.부터 별지 목록 기재 <u>토지</u>의 인도 완료일까지 월 2,000,000원의 비율로 계산한 <u>금액을 공제</u>한 돈을 지급받음과 <u>동시에</u> 별지 목록 기재 <u>건물</u>을 철거하고, 위 <u>토지</u>를 인도하고,

<기재례>2-2-4

원고는 토지의 소유자 겸 임대인(건물 소유 목적의 토지임대차 ○), 2012. 3. 8. 토지 임대차기간 개시, 전부가 건물의 부지(대지)로 사용되고 있음, 위 甲으로부터 건물을토지 임차인인 甲은 위 토지 지상에 건물을 신축한 건물소유자,[66] 위 토지의 임차한 乙, 위 토지 임대차기간 2014. 3. 7. 만료(연체된 임료 없음), 원고는 임대차보증금 2,000만 원을 甲에게 반환하지 않은 상태, 토지 임차인 甲이 2012. 3. 12. 건물매수청구권 행사, 토지 약정임료는 월 200만 원, 건물의 시세는 8,000만 원

---

62) 청구원인: 토지 임대차계약종료에 따른 원상회복청구 또는 토지 소유권에 기한 방해배제청구(피고는 임대차약정 의무자 겸 건물소유자 甲).

63) 청구원인: 토지 임대차계약종료에 따른 목적물반환청구 또는 토지 소유권에 기한 반환청구(피고는 임대차약정 의무자 겸 건물소유 자체로 토지를 직접점유·사용하는 건물소유자 甲).

64) 청구원인: 부당이득반환청구 또는 불법행위로 인한 손해배상청구(피고는 건물소유 자체로 토지를 직접점유·사용하는 건물소유자 甲).

65) 청구원인: 토지 소유권에 기한 방해배제청구(건물철거의 장애제거로 족함, 퇴거청구의 피고는 건물직접점유자인 乙).

66) 지상물매수청구권은 지상물 소유 목적으로 토지임대차계약을 체결하면 족하므로, 부속물매수청구권과 달리 반드시 임대인의 동의를 얻어 건물을 신축할 필요는 없다(93다34589). 또한 행정관청의 허가를 얻지 못한 무허가 불법건물이라도 상관없다(97다37753).

1. 원고에게,
   가. 피고 <u>甲</u>은,
      1) 원고로부터 80,000,000원을 지급받음과 <u>동시에</u> 별지 목록 기재 <u>건물</u>에 관하여 2012. 3. 12. 매매를 원인을 한 <u>소유권이전등기절차를 이행</u>[67]하고, 위 <u>건물을 인도</u>[68]하고,[69][70]
      2) 2014. 3. 8.부터 별지 목록 기재 토지의 인도 완료일까지 월 2,000,000원의 비율로 계산한 <u>돈을 지급</u>[71]하고,
   나. <u>피고 乙</u>은 위 가.의 1)항 기재 <u>건물을 인도</u>[72]하라.

반면, 토지 임차인의 차임연체, 무단전대 등 채무불이행으로 계약이 해지된 경우는 지상물매수청구권이 인정되지 않는다는 점을 유의하라(민법 제643조).

67) 청구원인: 토지 임대차계약종료에 따른 토지임차인의 건물매수청구권행사로 인해 건물에 관한 매매계약이 성립됨 → <u>건물 매매계약에 기한 건물 소유권이전등기청구</u>(건물의 매매대금지급과 동시이행관계, 피고는 건물의 소유자이자 매도인 甲).

68) 청구원인: 토지 임대차계약종료에 따른 토지임차인의 건물매수청구권행사로 인해 건물에 관한 매매계약이 성립됨 → <u>건물 매매계약에 기한 건물 인도청구</u>(건물의 매매대금지급과 동시이행관계, 피고는 건물의 소유자이자 매도인 甲).

69) 이와 같이 '<u>토지의 전체가 건물의 부지(대지)로만 사용되고 있다고 가정한다</u>'는 전제로 사실관계가 주어졌다면, 소장 청구취지(주문)는 '**건물인도청구 및 건물의 점유사용이익 상당 부당이득반환청구**'만 구하는 것으로 족하며, <u>토지의 인도청구(×, 청구기각) 및 토지의 점유사용 부당이득반환청구(×, 청구기각)는 중복되고 불필요한 청구이어서 사실상, 법리상 불가능하다.</u>

70) 피고 甲은 임대차보증금 2,000만 원에 관하여 반소로써 2,000만 원의 지급을 구할 수 있다. 이 경우 원고는 토지인도청구권으로 동시이행항변하는 것은 가능하다.

71) 청구원인: 토지 임대차종료에 따른 토지사용이익 상당의 <u>부당이득반환청구</u> 또는 불법행위로 인한 손해배상청구(피고는 건물소유 자체로 토지를 점유·사용하는 건물소유자 甲)

72) 청구원인: 원고는 아직 건물 소유자가 아니므로 원고가 피고 甲에 대한 건물 인도청구권을 보전하기 위하여 피고 甲이 피고 乙에 대해 가지는 인도청구권을 대위행사.

<기재례>3-1-1

1) <u>원고는 토지의 소유자 겸 매도인</u>, 2012. 4. 5. 매수인 甲과 토지 매매계약(위약금약정 없음), 당일 甲에게 토지를 인도

2) 甲은 2012. 4. 20. 乙에게 위 토지를 임대하여 현재 乙(직접점유자, 선의)이 점유사용

3) 원고는 2012. 5. 10. 매매대금(전액) 미지급을 이유로 甲에게 <u>매매계약 해제</u> 통보하고(당일 도달), 같은 날 乙에게도 매매계약 해제사실 알리고 토지 반환요구 통보(당일 도달)

4) 甲과 乙 사이 토지 약정임료 월 80만 원, 객관적 임료는 월 100만 원

1. 원고에게,

　가. <u>피고들은 별지 목록 기재 토지를 인도</u>[73]하고,

　　(피고 甲은 … 토지에 관한 … 소유권이전등기의 말소등기절차를 이행하고)[74]

　나. 1) 피고 甲은 <u>2012. 4. 5.부터</u> 위 가.항 기재 토지의 인도 완료일까지,

　　2) <u>피고 乙은 피고 甲과 공동하여 2012. 5. 10.부터</u> 위 가.항 기재 토지의 인도 완료일까지,

　　각 월 1,000,000원의 비율로 계산한 돈을 <u>지급</u>[75]하라.

---

73) 청구원인: ①부동산 매매계약 해제에 의한 원상회복청구 → 피고 甲(매수인), ②부동산 소유권에 기한 반환청구 → 불법점유자인 직접점유자 피고 乙, so 피고들 모두가 부동산인도의 상대방이 됨.

74) <변형질문> 만일 위의 사례에 추가하여 원고(매도인)가 토지에 대한 '점유'는 물론 토지에 관한 '소유권이전등기'까지 피고 甲(매수인)에게 이전해 주었고, 그 후 해제사유가 발생하여 원고가 매매계약을 해제하게 된 경우라면, 소장(판결문)의 청구취지(주문)는 어떻게 될까? → 이 경우는 매수인(甲)에 대한 소유권이전등기말소청구만 더 추가하면 됨!

75) 청구원인: ①부당이득반환청구(피고 甲) → 민법 제548조 제2항의 취지(매도인은 매매계약 해제시 대금을 받은 날로부터 이자를 가산함)와 균형상, 피고 甲(매수인)도 매매계약이 해제되어 부동산을 원상회복 할 때 '그 점유당시부터'의 사용이익 상당을 반환해야 함(74다1383등). ①부당이득반환청구(피고 乙) → 乙은 '선의의 점유자'일 가능성이 있고 그렇다면 민법 제201조(제748조의 특칙)에 근거해 **과실(이익)취득권** 항변을 제기할 수 있으나, 원고가 무단점유의 사실을 통지해 반환을 요구하였다면 乙은 '악의의 점유자'로 변환되어 '그 (반환경고)통지가 도달한 때부터' 보호대상에서 벗어나 사용이익 상당의 과실(이자)을 반환할 책임을 부담한다(77다1278 등). 甲과 乙의 각 채무는 부진정연대채무관계.

<기재례>3-1-2

1) <u>원고는 토지의 소유자 겸 매도인</u>, 2012. 4. 5. 매수인 甲과 토지 매매계약 (매매대금 10억 원, 계약금 1억 원은 계약 당일 지급, 중도금 5억 원은 같은 달 15. 지급(당일 토지를 인도하기로 함), 잔금 4억 원은 같은 달 30. 지급, 위약금약정 없음)

2) 원고는 매수인 甲으로부터 위 각 지급기일에 계약금과 중도금을 각 지급 받고 <u>2012. 4. 15. 甲에게 토지를 인도</u>, 다시 甲은 2012. 4. 20. 乙에게 위 토지를 임대하여 현재 乙(직접점유자, 선의)이 점유사용 중

3) 원고는 2012. 5. 10. <u>매매잔금(4억 원) 미지급</u>을 이유로 甲에게 <u>매매계약의 해제</u> 통보하고(당일 도달), 같은 날 乙에게도 매매계약 해제사실 알리고 토지 반환요구 통보함(당일 도달)

4) 甲과 乙 사이 토지 약정임료 월 80만 원, 객관적 임료는 월 100만 원

1. 원고에게,

  가. <u>피고 甲</u>은 원고로부터 600,000,000원 및 위 돈 중 100,000,000원에 대하여는 2012. 4. 5.부터, 500,000,000원에 대하여는 2012. 4. 15.부터, 각 다 갚는 날까지 연 5%의 비율로 계산한 돈을 지급[76] 받음과 <u>동시에</u>,

    1) 별지 목록 기재 <u>토지를 인도</u>[77]하고,

    (… 토지에 관한 … 소유권이전등기의 말소등기절차를 이행하고)[78]

    2) <u>**2012. 4. 15.부터**</u> 위 1)항 기재 토지의 인도 완료일까지 월 1,000,000원 의 비율로 계산한 <u>돈을 지급</u>[79]하고,

  나. <u>피고 乙</u>은

    1) 가.항 기재 <u>토지를 인도</u>[80]하고,

    2) 피고 甲과 공동하여 <u>**2012. 5. 10.부터**</u> 위 가.항 기재 토지의 인도 완료일 까지,

    월 1,000,000원의 비율로 계산한 <u>돈을 지급</u>[81]하라.

---

76) <u>매도인(원고)의</u> 부동산 매매계약 해제에 의한 원상회복의무(매매대금반환), 동시 이행관계 → 부당이득의 성질(원금), 단 민법 <u>제548조 특칙</u>에 따라 원상회복 대상이 금원 (원금)일 경우는 각 '금원을 받은 날로부터 이자'를 가산하여 지급해야 하며(동시이행관계 에 있을 때 이행지체 지연손해금이 발생하지 않는 것과는 상관이 없음), 위 민법 특칙이 정 한 이자는 원금과 같이 부당이득의 성질을 가진다 할 것인바, 지연손해금이 아니므로 소촉 법상의 법정이율(연 12%)이 적용될 수 없으며(判例), 결국 약정이율 또는 법정이율만(이 사 건 연 5%)을 적용할 수 있을 뿐이다.

77) 청구원인: 부동산 매매계약 해제에 의한 원상회복청구(토지), 동시이행관계 → 피 고 甲(매수인).

78) <u><변형질문></u> 만일 위의 사례에 추가하여 원고(매도인)가 토지에 대한 '점유'는 물론

<기재례>3-1-3

1) 원고는 **토지** 및 **건물**의 소유자 겸 매도인, 2012. 4. 5. 매수인 甲과 토지 및 건물 매매계약(매매대금 10억 원, 계약금 1억 원은 계약 당일 지급, 중도금 5억 원은 같은 달 15. 지급(당일 토지 및 건물을 인도하기로 함), 잔금 4억 원은 같은 달 30. 지급, 위약금약정 없음)

2) 원고는 매수인 甲으로부터 위 각 지급기일에 계약금과 중도금을 각 지급 받고 2012. 4. 15. 甲에게 토지 및 건물을 인도, 다시 甲은 2012. 4. 20. 乙에게 위 토지 및 건물을 임대하여 현재 乙(직접점유자, 선의)이 점유사용 중

3) 원고는 2012. 5. 10. 매매잔금(4억 원) 미지급을 이유로 甲에게 매매계약의 해제 통보하고(당일 도달), 같은 날 乙에게도 매매계약 해제사실 알리고 토지 반환요구 통보함(당일 도달)

4) 甲과 乙 사이 토지 및 건물 약정임료 월 80만 원, 객관적 임료는 월 100만 원

<전제사실> 위 토지의 전부가 위 건물의 부지(대지)로 이용되고 있다.[82]

1. 원고에게,

   가. <u>피고 甲</u>은 원고로부터 600,000,000원 및 위 돈 중 100,000,000원에 대하여는 2012. 4. 5.부터, 500,000,000원에 대하여는 2012. 4. 15.부터, 각 다 갚는 날까지 연 5%의 비율로 계산한 돈을 지급받음과 <u>동시에</u>,

      1) 별지 목록 기재 **건물**을 인도하고,

         (… 토지 및 건물에 관한 … 소유권이전등기의 말소등기절차를 이행

토지에 관한 '소유권이전등기'까지 피고 甲(매수인)에게 이전해 주었고, 그 후 해제사유가 발생하여 원고가 매매계약을 해제하게 된 경우라면, 소장(판결문)의 청구취지(주문)는 어떻게 될까? → 이 경우는 매수인(甲)에 대한 소유권이전등기말소청구만 더 추가하면 됨!

79) <u>피고 甲(매수인)</u>이 매매계약 해제에 의해 부동산을 원상회복(부동산인도) 하는 경우, 부동산의 인도 완료일까지 사용이익 상당도 반환(지급)해야 하는지 문제된다. 판례는 매매계약이 해제되어 원상회복(부당이득반환 성질)할 경우, '매도인'이 매수인에게 반환하는 금액에 법정이자를 부가하는 민법 제548조 제2항의 취지에 비추어 볼 때, 그 상대방인 '매수인'도 매도인에게 금전 이외의 물건을 반환할 때 물건을 사용하였음으로 인하여 얻은 이익(부동산이라면 객관적 임료 상당)을 부가하여 반환하는 것이 형평의 요구에 합당하다고 할 것이라고 설시하고 있다(74다1383 등). → 결론적으로, 매도인, 매수인 모두 원물/원금 및 그 이자(늑과실)를 반환하게 된다(양측에 이자(늑과실)를 반환하게 하여 형평을 맞춤, 위 판례에 따르면 계약해제의 경우에는 민법 제201조 제1항(선의의 점유자의 과실취득권)이 적용되지 않는 결과 발생).

80) 청구원인: 부동산 소유권에 기한 반환청구 → 불법점유자인 직접점유자 피고 乙

81) 청구원인: 부당이득반환청구(피고 乙) → 나머지 풀이 방법은 [기재례 3-1-1] 설명과 같다. 甲과 乙의 각 부당이득반환채무는 부진정연대채무관계.

　　하고)[83]

　2) <u>2012. 4. 15.부터</u> 위 1)항 기재 **건물**의 인도 완료일까지 월 1,000,000원
　　　의 비율로 계산한 <u>돈을 지급</u>하고,

나. <u>피고 乙은</u>

　1) 가.항 기재 **건물**을 <u>인도</u>하고,

　2) 피고 甲과 공동하여 <u>2012. 5. 10.부터</u> 위 가.항 기재 **건물**의 인도 완료
　　　일까지,
　　　월 1,000,000원의 비율로 계산한 <u>돈을 지급</u>하라.

---

　82) 모든 풀이 방법은 위 [기재례 3-1-2] 설명과 같다. 다만, '<u>토지의 전체가 건물의</u>
<u>부지(대지)로 사용되고 있다</u>'고 전제하고 있으므로, 원고로서는 '**건물인도청구**' 및 '**건물 점**
유사용이익 상당 부당이득반환청구'만 구하는 것으로 족하며, 토지의 인도청구(×, 청구기
각) 및 토지의 점유사용 부당이득반환청구(×, 청구기각)는 중복되고 불필요한 청구이어서
<u>사실상, 법리상 불가능하게 되었을 뿐이다.</u>

　83) <변형질문> 만일 위의 사례에 추가하여 원고(매도인)가 토지 및 건물에 대한 '점
유'는 물론 토지 및 건물에 관한 '소유권이전등기'까지 피고 甲(매수인)에게 이전해 주었고,
그 후 해제사유가 발생하여 원고가 매매계약을 해제하게 된 경우라면, 소장(판결문)의 청구
취지(주문)는 어떻게 될까? → 이 경우는 매수인(甲)에 대한 <u>토지 및 건물에 관한 소유권이</u>
<u>전등기말소청구</u>만 더 추가하면 됨!

제3장 제2절 연습문제

▨ **<제1문>**

건물의 소유자인 원고는 위 건물을 무단 점유하고 있는 피고로부터 건물을 인도받고 싶다. 다만 건물의 부동산등기부와 실제현황은 아래와 같이 약간의 차이가 있다. 소장의 적절한 청구취지를 작성하라.

<부동산의 등기부>

등기사항전부증명서(말소사항 포함)- 건물

[표 제 부]		(건물의 표시)		
표시번호	접수	소재지번및건물번호	건물내역	등기원인 및 기타사항
1 (전 1)	2000년2월18일	서울 강남구 삼성동 756-20	목조 슬레이트지붕 1층 창고 150㎡	

[갑구]란 및 [을구]란 생략

관할등기소 서울중앙지방법원 등기국

<부동산의 실제 현황>

철근콘크리트조 슬래브지붕 1층 창고 200㎡

\<제1문 답안\> ||||||||||||||||||||||||||||||||

특정물의 인도, 공부와 실제현황의 차이

> 1. 피고는 원고에게 서울 강남구 삼성동 756-20 지상 철근콘크리트조 슬래브지붕 1층 창고 200㎡(등기부상 표시: 같은 지상 목조 슬레이트지붕 1층 창고 150㎡)를 인도하라.
> 2. 소송비용은 피고가 부담한다.
> 3. 제1항은 가집행할 수 있다.
> 라는 판결을 구합니다.

▨ <제2문>

<사실관계>

1) 甲은 강원도 평창군 봉평면 백운리 33-1번지 대지 200㎡의 소유자이다.

2) 乙은 2012. 3. 8. 甲이 해외에 장기체류 중인 것을 기화로 그의 허락 없이 위 토지 전부를 불법 점유한 후 그 무렵 위 토지 지상에 무허가건물(건물현황: 벽돌조 기와지붕 단층 주택 90㎡)을 무단 건축하였다.

3) 乙은 2012. 4. 2. 선의의 丙에게 위 건물을 임대하면서 임대차기간 2년, 보증금 1,000만 원, 월 임료 100만 원으로 정하였다.

4) 위 토지의 객관적 임료는 2012.경부터 현재까지 월 200만 원으로 변화가 없었다.

5) 甲은 적절한 피고(피고들)를 상대로 소송을 제기하여 전부승소 할 수 있는 범위에서 위 토지의 정당한 소유권을 회복하고 싶다.

소장의 청구취지를 작성하라.

<제2문 답안> ||||||||||||||||||||||||||||||

토지소유권에 기한 건물철거 및 퇴거, 토지인도

1. 원고에게,

　가. 피고 乙은

　　1) 강원 평창군 봉평면 백운리 333-1번지 대 200㎡ 지상 벽돌조 기와지붕 단층 주택 90㎡을 철거하고, 위 토지를 인도하고,

　　2) 2012. 3. 8.부터 위 1)항 기재 토지의 인도 완료일까지 월 2,000,000원의 비율로 계산한 돈을 지급하고,

　나. 피고 丙은 위 가.의 1)항 기재 건물로부터 퇴거하라.

2. 소송비용은 피고들이 부담한다.

3. 제1항은 가집행할 수 있다.

라는 판결을 구합니다.

<해설1>

    1) 건물철거청구 → 토지소유권에 기한 방해배제청구(피고는 당연히 건물소유자인 乙)

    2) 토지인도청구 → 토지소유권에 기한 반환청구(타인의 토지 위에 건물을 소유하고 있는 자는 건물소유 그 자체로 타인토지를 점유·사용하는 것이므로, 토지반환청구 및 부당이득반환청구의 피고는 건물소유자인 乙).

    3) 장래이행 금전지급청구 → 부당이득반환청구 또는 손해배상청구(피고는 건물소유자인 乙). 한편 원고로서는 토지불법점유자 乙이 현실 이득중인 건물임료 100만 원 보다 토지의 객관적 임료 200만 원을 손해배상으로써 청구하는 것이 보다 합리적이다.

    4) 건물퇴거청구 → 토지소유권에 기한 방해배제청구(건물철거의 장애제거 필요, 퇴거청구의 피고는 건물점유자인 丙)

<해설2>

    <청구원인의 목차구성>

    1. 乙에 대한 청구

      가. 건물철거청구

      나. 토지인도청구

      다. 부당이득반환청구

    2. 丙에 대한 청구

      가. 건물퇴거청구

      나. 피고 丙의 항변 또는 주장에 대한 반박

        – 선의자란 점, 대항 불가

    3. 결론

제3절 의사의 진술을 명하는 청구취지[84]

1. 등기절차 이행청구[85]

등기부사항전부증명서(말소사항 포함) - 토지

[표 제 부]	(토지의 표시)				
표시번호	접수	소재지번	지목	면적	등기원인 및 기타사항
1 (전1)	2000년2월18일	충청북도 청주시 흥덕구 산남동 123	대	10,000㎡	부동산등기법의 규정에 의해 2001년 전산이기

[갑 구]	(소유권에 관한 사항)			
순위번호	등기목적	접수	등기원인	권리자 및 기타사항
1 (전1)	소유권보존	2000년2월1일 제1234호		소유자 갑
2	가압류	2011년3월1일 제2300호	2011년2월25일 청주지방법원의 가압류결정 (2011카단1000호)	채권자 A
3	소유권이전	2011년3월5일 제2346호	2011년3월2일 매매	소유자 B

[을 구]	(소유권 이외의 권리에 관한 사항)			
순위번호	등기목적	접수	등기원인	권리자 및 기타사항
1	근저당설정	2007년3월5일 제1345호	2007년3월5일 설정계약	채권최고액 금130,000,000원 채무자 갑 청주시 상당구 용암동 146 근저당권자 C 청주시 상당구 용담동 19

---

84) 의사의 진술을 명하는 판결이 확정되면 의사의 진술이 간주됨(민집법 제263조 제1항). 확정되는 순간 확정판결의 집행이 완료되는 것이어서 별도의 집행절차가 필요 없음. 즉 재산권에 관한 청구이나, 청구의 성격상 <u>가집행을 붙일 수 없음</u>.

85) 등기절차는 공동신청이 원칙이다. 이에 등기에 관한 의사의 진술을 명한 판결은 피고의 등기신청의사의 진술에 갈음하게 되어 사실상 원고의 단독신청에 의한 등기가 가능하게 된다.

2	근저당설정	2008년6월10일 제5678호	2008년6월9일 설정계약	채권최고액 금2천만 원 채무자 갑 근저당권자 D
3	1번근저당권 설정등기말소	2011년7월5일 제89012호	2011년7월5일 해지	

… 관할등기소 청주지방법원 등기과 …

등기부사항전부증명서(말소사항 포함) - 건물

[표 제 부]		(건물의 표시)		
표시번호	접수	소재지번및건물번호	건물내역	등기원인 및 기타사항
1 (전1)	2000년2월18일	충청북도 청주시 흥덕 구 산남동 123	철근콘크리트조 슬래브지붕 3층 건물 1층 근린생활시설 150㎡, 2층 사무실 120㎡, 3층 주택 100㎡, 옥탑 창고 10㎡	

(갑구 및 을구 생략)

가. 소유권이전등기

1) 등기절차이행 의사의 진술을 명하는 판결을 구함

2) 판결이 확정됨으로써 비로소 의사진술 효력 발생, 가집행 선고 ×

3) 등기원인(매매, 교환, 증여, 취득시효, 대물변제약정, 명의신탁해지
   등)과 그 연월일을 기재86)

> **<참고> 미등기 부동산의 매수인(소유권보존등기의 대위청구 문제) (★)**
>
> 미등기 부동산(또는 일부)을 매수한 매수인은 매도인을 상대로 소유권이
> 전등기를 청구하는 것으로 충분하고, 별도로 소유권보존등기(또는 분필등
> 기) 청구를 할 수 없다(소의 이익이 없어서 각하됨). 왜냐하면, 위 보존등

---

86) 소유권이전등기청구의 경우 개개의 등기원인이 별개의 소송물이 된다. → 청구취
지에 등기원인 기재 ○ vs 반면 원인무효에 의한 말소등기청구의 경우는 당해 등기의 말소
등기청구권이 소송물이고, 그 등기원인을 뒷받침하는 개개의 사유는 공격방어방법에 불과
함에 유의하라(93다11050). 청구취지에 등기원인 기재 ×.

기 등은 등기신청권자가 단독으로 신청할 수 있는 것으로 등기청구권의 대상이 되지 아니하고, 매수인의 입장에서는 소유권이전등기에 관한 승소 확정판결을 받은 후 그 등기청구권에 터잡아 매도인의 등기신청권을 대위 행사하여 얼마든지 단독으로 보존등기 등을 마칠 수 있으므로, 구태여 매도인을 상대로 소를 제기할 법률상 이익이 없기 때문이다.

<기재례>① 기본형87)

1. 피고는 원고에게 ①별지 목록 기재 부동산88)에 관하여 ②2008. 4. 13. 매매(또는 증여, 교환, 점유취득시효(★),89) 명의신탁해지90))를 원인으로 한 소유권이전등기절차를 ③이행하라.

<기재례>②-1 공유자에 대한 공유지분이전등기청구

매도인(피고) 홍길동(사망), 공동상속인으로 처 甲, 자녀 乙, 丙

1. 원고에게, ①별지 목록 기재 부동산 중,
   가. 피고 甲은 3/7 지분에 관하여,
   나. 피고 乙, 丙은 각 2/7 지분에 관하여,
   ②각 2008. 4. 13. 매매를 원인으로 한 소유권이전등기절차를 ③이행하라.

<기재례>②-2 공동매수인의 지분이전등기청구

매수인(원고) 손오공(사망), 공동상속인으로 처 A, 자녀 B, C

---

87) 만일, 등기권리자가 그의 등기신청권의 행사를 지체하고 있는 경우(ex: 매수인이 소유권이전등기의 인수를 거부하고 있는 경우)에는 등기의무자가 원고가 되어 등기권리자를 피고로 삼아 소를 제기할 수도 있다. 이 경우 주문은 아래와 같다.

1. 피고는 원고로부터 별지 목록 기재 부동산에 관하여 2008. 4. 18. 매매를 원인으로 한 소유권이전등기신청절차를 인수(수취)하라.

88) 청구취지에서 부동산을 기재할 때 실무에서는 일반적으로 위와 같이 별지를 활용하나, 변호사시험에서는 토지, 건물의 각 부동산 기재례 방법에 따라 빠짐없이 기재해야 할 것이다.

89) 점유취득시효의 경우 원인완성일자를 기재하기 위해 20년 시효만기일을 계산해야 한다.

90) 종중 또는 부부 간 명의신탁 등 유효(有效)한 명의신탁에 限한다.

1. 피고는, 별지 목록 기재 부동산 중,
   가. 원고 A에게 3/7 지분에 관하여,
   나. 원고 B, C에게 각 2/7 지분에 관하여,
   각 2010. 5. 12. 매매를 원인으로 한 소유권이전등기절차를 이행하라.

<기재례>③ 가등기에 기한 본등기

1. 피고는 원고에게 별지 목록 기재 부동산에 관하여 ②서울지방법원
   2010. 3. 15. 접수 제152364호로 마친(또는 경료한) 가등기에 기하여
   2010. 9. 15. 매매(또는 매매예약 완결 vs 청산기간경과)를 원인으로 한
   소유권이전등기절차(또는 소유권이전의 본등기절차)를 이행하라.

<설명>
  - 가등기에 기한 본등기 청구의 상대방: 가등기의무자(피고)를 상대
    로 행사(예컨대, 가등기 이후 소유권자 명의변경이 있었을 경우
    전 소유자).
  - 본등기 후의 절차: 가등기에 기한 본등기가 완료되면, 가등기 이
    후 후순위 등기들은 모두 등기공무원이 직권말소(즉, 후순위 등기
    에 관한 말소를 구할 소의 이익 無).

<참고> 가등기의 종류

1) 가등기 종류에는 ①청구권 保全의 가등기(순위보전효력)와 ②채
   권 擔保의 가등기가 있다(형식이 아닌 거래의 실질 및 당사자의
   의사해석에 따라 결정됨, 91다36932). 前者는 부동산등기법에 의
   해 규율되고, 後者는 가등기담보등에관한법률(이하 '가담법')에 의
   해 규율된다.
2) '②擔保가등기'의 경우
   - 위 가담법이 적용되어 '귀속청산'절차를 반드시 거쳐야 한다(처분
     정산 ×). 이 경우 채권자는 실행통지를 해야 하는데, 부동산의
     평가액에서 피담보채권을 공제한 청산금 내역을 기재해 그 관
     련자 모두(채권자, 물상보증인, 제3취득자)에게 통지를 하게 된
     다. 청산기간은 그 실행통지 도달한 날로부터 2개월이고, 위 기
     간이 경과한 후 청산금지급의무가 발생하며, 위 담보권자의 청
     산금지급의무와 채무자등의 소유권이전등기의무는 동시이행관
     계에 있다.
   - 위 擔保가등기에서 이와 같은 가담법상 청산절차를 위반하여
     채무자와의 합의로 본등기가 이루어진 경우라도 그 본등기는

> 무효이나(가담법 제3조, 제4조는 <u>채무자를 위한 편면적 강행규정</u>, 그 본등기가 약한 의미의 양도담보로서 담보 목적 범위 내에서 유효로 되는 것도 아님), 다만 이미 정당한 청산금이 지급되었거나 지급할 청산금이 없는 경우라면 위 2개월 청산기간이 경과되면 위 무효인 본등기는 실체적 권리관계에 부합하는 유효한 등기가 될 수는 있다(2002다42001).
>
> 3) 참고로, 위 가담법은 '가등기'의 담보등기가 아닌 '소유권이전등기'의 담보등기(매도담보등) 비전형담보의 법률관계에도 일부 적용될 수 있는바, 이 때 ⓐ가담법이 적용되는 경우(소비대차 또는 준소비대차에 의한 피담보채권 限 + 가등기 또는 소유권이전등기 = 위 법률이 정한 귀속청산절차 要)와 ⓑ가담법이 적용되지 않는 경우(기타 약한 의미의 양도담보 형태 = 민법 제607조, 제608조 규율, 귀속청산 또는 처분청산절차)의 차이도 구별해야 정리할 필요가 있다.

<기재례>④ 대위[91)]에 의한 소유권이전(★★★) '릴레이 방식(갑→을→병→원고)'

甲소유의 부동산이 乙, 丙을 거쳐 원고에게 순차 매도, 현재 등기명의는 甲[92)]

1. 별지 목록 기재 부동산에 관하여,
   가. 피고 甲은 피고 乙에게 2013. 3. 31. 매매를 원인으로 한,
   나. 피고 乙은 피고 丙에게 2013. 4. 4. 매매를 원인으로 한,
   다. 피고 丙은 원고에게 2013. 11. 15. 매매를 원인으로 한
   각 소유권이전등기절차를 이행하라.

※ 참고로, '채권자대위소송'에서 만일 피대위자인 채무자를 피고로 삼지 않는 경우는 채무자의 성명과 함께 괄호 안에 주소와 주민등록번호를 반드시

---

91) ★ <u>채권자대위권의 행사요건(민법 제404조)</u>: ① 피보전채권의 성립 및 변제기의 도래(보전행위등 예외 有, 소송요건), ② 보전의 필요성(채무자의 무자력, 특정채권등 예외 有, 소송요건), ③ 채무자의 권리불행사(소송요건), ④ 피대위권리의 존재(청구권,형성권 불문하나, 일신전속적권리, 압류를 불허하는 권리는 ×, 본안판단요건). → 제4장 유형별 請求原因 작성론 중 '제7절 채권자대위청구 사건' 부분 참고. vs ★ 채권자취소권 행사요건과 비교!!

92) 참고로, 원고가 피고 甲으로부터 직접 소유권이전등기절차를 청구하는 것(중간생략등기)은 원칙적으로 허용되지 않는다(실체적 유효성과는 차이). 다만, 순차 관계당사자 '전원의 의사합치'가 있다면 그 합의를 원인으로 최종 양수인이 최초 양도인에게 직접 소유권이전등기청구권을 행사하는 것도 가능하겠다(대법원 93다47738).

기재하여야 한다[ex: 甲(피고) → 乙(무자력, 채무자), 금전채권자 원고].

> 1. 피고는 <u>소외 乙(780214-1234567, 주소: 서울 강남구 학동로 426)</u>[93)]
> 에게 별지 목록 기재 부동산에 관하여 2013. 3. 28. 매매를 원
> 인으로 한 소유권이전등기절차를 이행하라.

나. 제한물권 설정등기 등

<기재례>① 전세권설정등기

1. 피고는 원고에게 ①별지 목록 기재 부동산에 관하여 ②2012. 4. 17. 전
세권설정계약을 원인으로 한 <u>전세금 100,000,000원, 존속기간 2014. 4.
16.까지의</u> 전세권설정등기절차를 ③이행하라.

<기재례>② 저당권설정등기

1. 피고는 원고에게 별지 목록 기재 부동산에 관하여 2012. 12. 30. 저당

---

93) 채무자 乙에게도 기판력이 미치기 때문에 특정할 필요가 있는 것이다(대법원 74다
1664(全合), (어떤 사유로든 채무자가 소 제기사실을 알게 되었다면 기판력 미침)) 이렇듯,
청구취지 주문에서 종종 소외인(제3자)이 등장할 때 기판력등 범위 필요성 때문에 <u>소외인을
특정해야 하는 경우가 있는데</u>(성명 외에 괄호 안에 주민등록번호나 주소를 기재해야 하는
지), 정리하면 아래와 같다. ①채권자대위청구에서 피대위자인 소외 채무자(기판력이 미침
○, 주소 및 주민등록번호 기재), ②저당권 또는 근저당권설정등기에서 소외 채무자(등기부
에 기재되기 때문, 주소 기재, 바로 후술된 1. 나. 제한물권 설정등기 등의 [기재례 2] 및 [기
재례 3] 참고), ③소외 채무자에게 채권양도 통지의 의사 진술을 명하는 경우(통지할 주소를
특정해야 함, 주소 기재, 바로 후술된 2. 채권양도에 관한 의사의 진술 [기재례 1] 참고, ④유
치권 항변에 따른 상환이행판결 주문에서 피담보채권의 소외 채무자를 기재할 경우(주소 기
재, 교재 제3장 제4절 3. 동시이행청구(상환이행청구) [기재례 1-2] 참고)가 그러한 例이다.
참고로, 기존엔 위 ①,②,③,④ 모두 주민등록번호 및 주소를 기재했었으나, 현재는 <개인정보
보호법>의 취지를 반영해 <u>①경우만 주민등록번호 및 주소를 모두 기재하고 나머지(②,③,④)는
주소만 기재한다.</u> vs 반면, <u>사해행위취소청구의 청구취지에는 소외인 채무자의 특정</u>(성명 외
에 주민등록번호나 주소의 기재)가 불필요한데, 이는 소외인에게 기판력 미치지 않기 때문이
다(교재 제3장 제6절 3. 사해행위취소 [기재례 1] 참고). 해제조건인 가압류결정의 특정만으로
족하여 가압류채권자 소외인 주소등 기재가 불필요한 경우도 마찬가지다(교재 제3장 제4절
[기제례 3] 1. 장래이행청구 가압류집행해제조건 소유권이전등기청구 주문 참고).

권설정계약을 원인으로 한 <u>채권액 100,000,000원</u>, <u>채무자 홍길동(주소:</u> <u>서울 강남구 학동로 426)</u>, <u>변제기 2013. 12. 29.</u>, <u>이자 연 20%</u>, <u>이자 지</u> <u>급시기 매월 1일</u>의 저당권설정등기절차를 이행하라.

<기재례>③ 근저당권설정등기

1. 피고는 원고에게 별지 목록 기재 부동산에 관하여 2012. 4. 18. 근저당 권설정계약을 원인으로 한 <u>채권최고액 130,000,000원</u>, <u>채무자 홍길동</u> <u>(주소: 서울 강남구 학동로 426)</u>의 근저당권설정등기절차를 이행하라.

<기재례>④ 근저당권이전등기

1. 피고는 원고에게 별지 목록 기재 부동산에 관하여 대전지방법원 2011. 4. 1. 접수 제12345호로 등기한 근저당권에 대하여 <u>2013. 12. 24. 확정</u> <u>채권양도(또는 확정채권 대위변제)를 원인으로 한</u>[94] 근저당권이전등기 절차를 이행하라.

<설명>
- 근저당권이전등기는 부기등기 형식으로 기재되며, 주등기(근저당 권등기)의 순번을 따른다(ex: 근저당권등기 순위번호가 '2'라면, 근저당권이전등기는 '2-1'). 위 부기등기는 기존의 주등기인 근저 당권설정등기에 종속되어 주등기와 일체를 이루는 것임(2000다 5640).
- 가등기상의 권리 이전등기도 가등기에 대한 부기등기의 형식으로 경료될 수 있음(98다24105).
- 근저당권설정등기가 이전된 경우, 말소의 대상적격과 피고적격에 관하여는 추후에 별도로 설명하기로 함

다. 말소등기, 회복등기

1) 목적부동산 & 말소 또는 회복의 대상이 되는 등기의 표시(ⓐ관할

---

94) 근저당권도 피담보채권이 특정되어 확정되면 부종성(피담보채권 소멸시 담보권도 소멸하는 성질)을 가지게 되어 통상의 저당권으로 전환된다. 예컨대 확정 후 새로운 거래관 계로 발생한 원본채권은 그 근저당권에 의해 담보되지 않으며, 다만 확정 전에 발생한 원본 채권에 관하여 확정 후 발생하는 이자 및 지연손해금은 채권최고액 범위에서 여전히 근저 당으로 담보된다(2005다38300).

등기소,[95] ⓑ접수연월일, ⓒ접수번호, ⓓ등기종류) 순으로 기재한다.

2) 등기원인 또는 내용 표시 × → 원시적 실효사유인 무효, 취소, 해제 등

3) 단, 후발적 실효사유에 의한 경우는 표시 ○ → 변제에 의한 저당권의 소멸, 소멸청구에 의한 전세권·지상권의 소멸, 설정계약 해지에 의한 근저당권의 소멸 등 vs 유효한 명의신탁의 해지(이전? 〉말소?)

<참고1> 말소(회복)등기청구와 당사자적격 (★★)

1) 이행의 소와 당사자적격 (원칙)
   - 원칙적으로, 이행청구권자라고 스스로 주장하는 자는 원고적격을 가짐
   - 또한 그로부터 이행의무자로 주장된 자는 '피고적격'을 가짐
   - 결국 당사자적격, 부적격의 문제는 사실상 발생하지 않고, 실체적 이행청구권의 유무는 결국 본안 판단문제로 귀결(피고가 이행의무자 아니라면 → 청구기각)

2) 등기소송(등기말소, 말소회복)과 피고적격 (예외)
   - 등기의무자(등기명의인)만이 '피고적격'을 가짐
   - 등기의무가 없는 자(등기명의인 ×) 상대로 말소등기청구의 소를 제기 → 소 각하
   - 부기등기 의하여 이전된 근저당권(가등기권)에 대한 말소등기청구의 사례(2000다5640)에서 피고적격(당사자적격), 대상적격(소송물) 각 유의!!

<참고2> 압류추심명령등과 원고적격 (★★)
   - 실체법상 권리자가 '소송법상의 관리권을 상실'하면 '원고적격'이 없음
   - 甲(채무자)의 B(제3채무자)에 대한 채권에 대해 A(채권자)가 압류추심명령, 그 후 甲이 B를 상대로 소를 제기한 경우 → 甲 원고적격 ×, 소 각하
   - 甲이 B를 상대로 소송 계속 중, 위와 같은 압류추심권자인 A가 B를 상대로 추심의 소를 제기한 경우 → A 원고적격 ○, 소 적법, 중복소송도 아님(2013다202120 全合)
   - ※ <비교> 만일, A가 압류전부명령을 받은 경우 → 甲 원고적격 ○, but 청구기각! (A에게 실체적 채권귀속)

---

95) 관할 등기소 이름은 부동산등기부의 맨 마지막 부분에 기재되어 있다. 등기부상 기재가 어느 법원의 등기과(또는 등기국)라면 'OO법원'만 기재하면 되고, 법원 소속의 등기소라면 'OO법원 △△등기소'를 모두 기재해야 한다.

<기재례>① 기본형- 원시적 실효사유에 의한 말소등기

원시적 실효사유(무효, 취소, 해제 등)에 의한 소유권이전등기의 말소

1. 피고는 원고에게 ①별지 목록 기재 부동산에 관하여 ②ⓐ대전지방법원 금산등기소 ⓑ2013. 8. 20. 접수 ⓒ제12345호로 마친 ⓓ소유권이전등기 의 말소등기절차를 ③이행하라.

<기재례>② 공유자에 대한 공유지분의 말소

매수인 홍길동(사망), 공동상속인으로 처 甲, 자녀 乙, 丙

1. 원고에게, ①별지 목록 기재 부동산 중,
가. 피고 甲은 3/7 지분에 관하여,
나. 피고 乙, 丙은 각 2/7 지분에 관하여,
②각 2013. 8. 20. 서울중앙지방법원 접수 제12345호로 마친 소유권이 전등기의 말소등기절차를 ③이행하라.

<기재례>③ 기본형- 후발적 실효사유에 의한 말소등기

후발적 실효사유(변제, 해지 등)에 의한 근저당권설정등기의 말소

1. 피고는 원고에게 ①별지 목록 기재 부동산에 관하여 ②청주지방법원 2013. 8. 20. 접수 제23456호로 마친 근저당권설정등기에 대하여 2013. 12. 30. 해지(또는 변제[96])를 원인으로 한 말소등기절차를 ③이행하라.

---

96) 근저당권이므로 '확정채권변제'라 기재해도 무방하다.

\<기재례\>④-1 근저당권이 이전된 경우, 말소의 대상과 피고적격(★★★)

\<원시적 실효사유에 의한 말소\> 부동산 소유권자 원고, 甲이 위조서류에 의해 甲으로 근저당권설정등기(제주지방법원 2010. 8. 5. 접수 제1234호, 등기순위번호 8), 이후 乙에게 위 근저당권의 확정된 피담보채권양도를 원인으로 근저당권이전등기(같은 법원 2010. 9. 8. 접수 제2345호, 등기순위번호 8-1)

1. ⓐ피고(乙)는 원고에게 별지 목록 기재 부동산에 관하여 ⓑ제주지방법원 2010. 8. 5. 접수 제1234호로 마친 근저당권설정등기의 말소등기절차를 이행하라.

\<기재례\>④-1

\<후발적 실효사유에 의한 말소\> 부동산 소유권자 원고, 甲으로부터 1억 원을 빌리면서 甲에게 근저당권설정(제주지방법원 2010. 8. 5. 접수 제1234호, 등기순위번호 8), 이후 乙에게 위 근저당권의 확정된 피담보채권양도를 원인으로 근저당권이전등기(같은 법원 2010. 9. 8. 접수 제2345호, 등기순위번호 8-1), 원고 2013. 12. 30. 위 피담보채무 전액을 乙에게 변제함

1. ⓐ피고(乙)는 원고에게 별지 목록 기재 부동산에 관하여 ⓑ제주지방법원 2010. 8. 5. 접수 제1234호로 마친 근저당권설정등기에 대하여 2013. 12. 30. 확정채권변제를 원인으로 한 말소등기절차를 이행하라.

\<설명\>
- 근저당권 이전의 「부기등기」가 이루어진 경우 근저당권설정등기의 말소청구는 양수인만을 상대로 설정등기의 말소만을 구하면 족하고, 양도인을 상대로 한 말소청구 또는 양수인을 상대로 한 부기등기의 말소청구는 피고적격이 없거나 소의 이익이 없어서 부적법하다(대법원 1995. 5. 26. 선고 95다17109 판결).
- 이러한 결론은 가등기 이전의 「부기등기」가 이루어진 경우 가등기의 말소청구를 할 경우에도 동일하다(대법원 1994. 10. 21. 선고 94다17109 판결).
- ⓐ피고적격자는 양수인으로(양도인으로 소제기하면 피고적격이 없어 '각하'됨), ⓑ말소대상은 주등기인 당초의 근저당권설정등기(부기등기인 근저당권이전등기로 소제기하면 권리보호이익이 없어 '각하'됨)로 해야 한다. 매우 중요!!

<기재례>④-2 근저당권 설정 후 부동산 소유권이 이전된 경우, 말소의 원고적격(★)

1. **<원시적 실효사유에 의한 말소>** 부동산 소유권자 A, 피고가 위조서류에 의해 피고명의 근저당권설정등기(제주지방법원 2010. 8. 5. 접수 제1234호) 후 부동산이 양도되어 소유권자 B

   피고는 원고(B)에게 별지 목록 기재 부동산에 관하여 제주지방법원 2010. 8. 5. 접수 제1234호로 마친 근저당권설정등기의 말소등기절차를 이행하라.

2. **<후발적 실효사유에 의한 말소>** 부동산 소유권자 A, 피고로부터 1억원을 빌리면서 피고에게 근저당권설정(제주지방법원 2010. 8. 5. 접수 제1234호), 이후 B에게 부동산이 양도되어 소유권자 B, 2013. 12. 30. 위 피담보채무 전액이 변제됨(A, B 중 누가 변제했는지는 영향 ×)

   피고는 원고들(A,B)에게 별지 목록 기재 부동산에 관하여 제주지방법원 2010. 8. 5. 접수 제1234호로 마친 근저당권설정등기에 대하여 2013. 12. 30. 확정채권변제를 원인으로 한 말소등기절차를 이행하라.

<설명>
- 근저당설정계약이 무효여서 설정등기가 원인무효인 경우(원시적 실효)는 現 소유자만이 '소유권'에 기해 무효인 근저당권의 말소를 청구할 수 있을 뿐, 前 소유자는 말소청구를 할 수 없다(전 소유자가 원고로서 청구하면 '기각'됨).
- 하지만 근저당권이 설정 후 그 부동산의 소유권이 제3자에게 이전된 경우, 現 소유자는 자신의 '소유권'에 기해 확정된 피담보채무의 소멸(후발적 실효)을 원인으로 근저당권설정등기의 말소를 청구할 수 있음은 물론, 근저당권 설정자인 前 소유자도 '근저당설정계약상의 채권적권리'에 기해 근저당권설정등기의 말소를 구할 수 있다(93다16338 전원합의체 판결).

<기재례>⑤ 피담보채무의 선변제를 조건으로 한 근저당권설정등기의 말소

피고는 원고로부터 50,000,000원을 지급받은 다음 원고에게 별지 목록 기재 부동산에 관하여 부산지방법원 2012. 5. 10. 접수 제5588호로 마친 근저당권설정등기의 말소등기절차를 이행하라.[97]

<기재례>⑥ 위 근저당권설정등기의 말소등기의 회복등기

1. 피고는 원고에게 별지 목록 기재 부동산에 관하여 청주지방법원 2013. 12. 30. 접수 제24567호로 말소등기된 같은 법원 2013. 8. 20. 접수 제23456호로 마친 근저당권설정등기의 회복등기절차를 이행하라.

<기재례>⑦ 순차로 된 여러 등기의 말소등기(★★)[98] '스프레이 방식'

원고 소유의 부동산을 甲이 위조서류에 의해 甲으로 소유권이전등기, 乙에게 매도, 다시 丙에게 매도되어, 현 등기명의는 丙

1. 원고에게, 별지 목록 기재 부동산에 관하여,
   가. 피고 甲은 대전지방법원 금산등기소 2013. 8. 20. 접수 제12345호로 마친 소유권이전등기의,
   나. 피고 乙은 같은 등기소 2013. 10. 8. 접수 제16789호로 마친 소유권이전등기의,
   다. 피고 丙은 같은 등기소 2013. 12. 3. 접수 제21234호로 마친 소유권이전등기의,
   각 말소등기절차를 이행하라.

<기재례>⑧ 대위에 의한 각 말소등기(★★★)[99]

원고는 A소유 부동산을 매수, 원고가 등기를 받기 전 甲이 위조서류에 의해 甲명의로 소유권이전등기, 乙에게 매도, 다시 丙에게 매도되어, 현 등기명의는 丙

1. 별지 목록 기재 부동산에 관하여,
   가. 피고 A에게,
      1) 피고 甲은 대전지방법원 금산등기소 2013. 8. 20. 접수 제12345호로 마친 소유권이전등기의,
      2) 피고 乙은 같은 등기소 2013. 10. 8. 접수 제16789호로 마친 소유권

---

97) 이 경우도 후발적 실효사유에 의한 말소등기를 명하는 것이기는 하나, 이와 같이 선이행을 조건으로 하는 경우 현재로서는 근저당권의 소멸일자를 특정할 수 없으므로 소멸사유를 기재할 수 없다.

98) 피고들이 각 말소등기를 이행할 상대방은 말소의 대상으로 된 등기의 직전 사람이 아니며 모두 원고가 되어야 한다. 이는 말소등기청구권이 당초 소유권자인 원고에게만 있기 때문이다.

이전등기의,

3) 피고 丙은 같은 등기소 2013. 12. 3. 접수 제21234호로 마친 소유권
이전등기의, 각 말소등기절차를 이행하고,

나. 피고 A는 원고에게 2014. 1. 5. 매매를 원인으로 한 소유권이전등
기절차를 이행하라.

<기재례>⑨ 말소등기와 이해관계 있는 제3자의 승낙의 의사표시[100]

원고 소유 부동산, 甲이 위조서류에 의해 甲 명의로 소유권이전등기, 이
후 甲의 금전채권자 피고가 부동산가압류 기입등기

1. 피고는 원고에게 별지 목록 기재 부동산에 관하여 대전지방법원 금산
등기소 2013. 8. 20. 접수 제12345호로 마친 소유권이전등기의 말소등
기에 대하여 승낙의 의사표시를 하라.

<기재례>⑩ 진정명의회복을 원인으로 한 이전등기[101]

[기재례 1] 사례 또는 [기재례 7] 사례를 가정함

1. 피고(丙)는 원고에게 별지 목록 기재 부동산에 관하여 진정명의회복을
원인으로 한 소유권이전등기절차를 이행하라.

---

99) 채권자대위권을 행사하여 말소등기를 청구한 것으로써, 채권자는 원고(매수인, 매
매계약에 따른 소유권이전등기청구권자), 피대위자인 채무자는 A(매도인, 소유권자로서 각
말소등기청구권자)이며, 말소등기의 이행상대방은 피대위자인 A가 된다. 물론 채권자대위
의 피보전채권이 특정채권이므로, A의 무자력은 요하지 않는다.

100) 부동산등기법상 권리의 변경이나 경정의 등기(같은 법 제52조 제5호), 말소등기
(제57조), 회복등기(제59조)를 신청하는 경우에, 그 등기상 이해관계가 있는 제3자가 있을
때에는 그의 승낙서 또는 그에게 대항할 수 있는 재판의 등본을 제출하도록 하고 있다. 따
라서 위 각 경우에 등기신청인이 위 제3자의 승낙을 받지 못할 때는 그 제3자를 상대로 별
도로 소구할 수밖에 없다.

101) 말소등기청구에 갈음하는 진정명의회복을 원인으로 한 소유권이전등기청구의 문
제는 소송법상 매우 중요한 쟁점이어서 사례형문제등으로 다루어질 수 있다. 다만, 민사소
장(기록형) 시험에서 위 청구취지방식은 피고가 일부 생략되므로 출제자가 당초 의도한 쟁
점이 누락될 여지가 있어 택하지 말도록 권하는 것이 일반적이다(예컨대, 변시4회(기록형),
말소등기청구 방식으로 기재). 하지만, 주어진 사례에서 의뢰인이 명시적으로 중간등기명의
자를 피고로 삼지 말아달라고 요구했다면, 반드시 진정명의회복을 원인으로 한 소유권이전
등기청구의 방식으로 기재해야 함은 물론이다(예컨대, 변시6회(기록형), 진정명의회복 소유

<정리> 진정명의회복을 원인으로 한 소유권이전등기청구권(★★)

1) 의의

   진정한 소유자가 그의 진정한 등기명의를 회복하기 위한 방법으로 현재의 등기명의인을 상대로 그 등기의 말소를 구하는 것에 갈음하여 허용되는 것

2) 법적 성격(대법원 2001. 9. 20. 선고 99다37894 판결)

   - 무효등기의 말소등기청구권과 실질적으로 그 목적이 동일하고 두 청구권 모두 소유권에 기한 물권적 방해배제청구권으로서 그 법적 근거와 성질이 동일하므로, 형식의 차이에도 불구하고 그 소송물은 실질상 동일한 것임
   - 소유권이전등기말소청구소송(前訴)에서 패소확정판결을 받았다면 그 기판력은 그 후 제기된 진정명의회복을 원인으로 한 소유권이전등기청구소송(後訴)에도 미침

3) 요건(청구원인 요건사실)

   - ①원고의 소유였다는 점 + ②피고의 소유권이전등기 경료 + ③등기의 원인무효(무효, 취소, 해제 등 포함)
   - ①과 관련, 원고는 i)이미 자기 앞으로 소유권을 표상하는 등기가 되어 있었거나, ii)법률의 규정에 의하여 소유권을 취득한 사실을 주장·입증 要
   - 피고 명의의 소유권이전등기가 원인무효임을 주장·입증

4) 실무에서의 장점과 단점

   - 무효원인에 기초해 순차 이전등기된 경우 → 최종 명의인만 상대로 간편
   - 취소 등으로 말소되어야 하나, 선의의 3자 존재할 경우 → 말소판결은 집행불가
   - 가압류, 근저당, 취득세 등 부담을 그대로 인수됨 → 단점

5) 응용例

   - 명의신탁에서 명의회복
   - 채권자취소에서 원물반환

권이전등기 방식으로 기재).

2. 채권양도에 관한 意思의 진술

<기재례>① 채권양도의 대항요건인 통지(채무자에 대한 대항요건)

1. 피고는 소외 甲(주소: 대구 중구 공평로 88)에게, 별지 목록 기재 채권을 2014. 3. 20. 원고에게 양도하였다는 취지의 통지를 하라.

<설명>
- 채권양도의 통지와 같이 의사 진술의 상대방이 원고가 아닌 제3자인 경우에는 판결의 확정만으로 효력 無, 판결확정 후 원고가 그 판결과 그 확정증명을 제3자인 채무자에게 송부 또는 제시함으로써 양도통지의 효력 有
- 참고로, 중첩된 채권양수인 사이 대항력(제3자에 대한 대항요건으로써 확정일자)의 우열은 통지 또는 승낙에 붙여진 확정일자 선후가 아니라, 확정일자 있는 양도통지가 채무자에게 도달한 일시 또는 승낙의 일시에 선후에 의하여 결정됨(도달시설, 93다24223(全))

<기재례>② 채권양도계약의 취소(사해행위취소), 원상회복(원물반환)

1. 피고(채권양수인)와 소외 甲(채권양도인)사이에 별지 목록 기재 채권에 관하여 2014. 3. 20. 체결된 채권양도계약을 취소한다.
2. 피고(채권양수인)는 소외 甲(채권양도인)에게 별지 목록 기재 채권을 양도하는 의사표시를 하고, 소외 乙(제3채무자)에게 위 채권을 甲에게 양도하였다는 취지의 통지를 하라.

<설명>
- 채권자취소로 인한 원상회복대상이 채권일 경우, 원상회복주문(2.항)에 활용된 사례
- 원상회복 취지로, 채권양도의 의사표시를 명하고 또한 양도통지의 의사표시를 명하는 주문

제3장 제3절 연습문제

▨ **〈제1문〉**

甲은 2009. 3. 8. 乙과 서울특별시 서대문구 홍은동 521번지 잡종지 100㎡를 매매대금 1억 원에 매수하는 매매계약을 체결하였고, 같은 날 위 매매대금을 모두 지급하였으나, 매도인 乙이 소유권이전 등기절차를 협조하지 않고 있다. 한편 위 토지는 현재 미등기 상태로 그 토지대장상 소유명의자는 乙로 기재 되어 있는데, 甲은 미등기 부동산의 등기부상 완전한 소유권을 이전을 받기 위해 乙을 상대로 소송을 제기하려 한다. 매도인 乙의 소유권보존등기 및 甲 으로의 소유권이전등기에 문제가 없도록 하나의 판결로 구하고자 할 때, 소 장의 적절한 청구취지를 작성하라.

〈제1문 답안〉 ‖‖‖‖‖‖‖‖‖‖‖‖‖‖‖‖‖‖‖‖‖‖

미등기 부동산의 매수인

> 1. 피고는 원고에게 서울 서대문구 홍은동 521번지 잡종지 100㎡에 관하여 2009.
>   3. 8. 매매를 원인으로 한 소유권이전등기절차를 이행하라.
> 2. 소송비용은 피고가 부담한다.
> 라는 판결을 구합니다.

<해설>
- 미등기 부동산의 소유자(원시취득자)가 이를 매도한 경우에 매수인에게 소유권이전등기의무를 이행하기 위해선 먼저 자기 명의로 소유권보존등기를 마쳐야 한다.
- 그러나 매수인이 매도인을 상대로 소유권이전등기청구를 함에 있어 그 소유권이전등기 외에 소유권보존등기를 청구할 수는 없고, 오히려 그러한 청구는 소의 이익이 없는 것으로 보아 '각하' 된다.
- 이유는 매수인의 입장에서 소유권이전등기에 관한 승소판결이 확정되면, 그 등기청구권에 터잡아 매도인의 등기신청권을 대위행사하여 얼마든지 단독으로 매도인 명의의 보존등기를 마칠 수 있기 때문이다.

▨▨▨ <제2문>

조용팔은 2012. 5. 12. 청주시 흥덕구 개신동 1821 대지 180㎡를 나운아로부터 매수하고, 매매대금을 모두 지급하였다. 그런데 나운아가 등기를 이전해주지 못한 채 2013. 5. 14. 사망하였고, 망인의 상속인으로는 妻 김수미, 딸 나하나, 아들 나두리가 있다. 현재까지도 위 토지의 소유 명의는 나운아로 되어 있다. 현재 조용팔은 토지에 관한 소유권을 완전히 이전받는 유효한 판결을 얻고 싶다. 소장의 적절한 청구취지를 작성하라.

<제2문 답안> ||||||||||||||||||||||||||||||||||||||||||

공유지분이전등기청구

> 1. 원고에게, 청주시 흥덕구 개신동 1821 대 180㎡ 중,
>   가. 피고 김수미는 3/7 지분에 관하여,
>   나. 피고 나하나, 피고 나두리는 각 2/7 지분에 관하여,
>   각 2012. 5. 12. 매매를 원인으로 한 소유권이전등기절차를 이행하라.
> 2. 소송비용은 피고들이 부담한다.
> 라는 판결을 구합니다.

<해설>
　본 교재 제3장 제3절 1. 가. [기재례 ②-1]

▨ <제3문의 1>

> <기초적 사실관계>
>
> 1) 甲은 별지 목록 기재 토지의 부동산등기부상 소유권보존등기의 명의자이다.
>
> 2) 乙은 2013. 5. 12. 甲으로부터 위 토지를 매매대금 1억 원에 매수하기로 하는 매매예약을 체결하면서 당일 <u>가등기</u>를 경료하여 주었다(청주지방법원 2013. 5. 12. 접수 제1234호, 가등기권자 乙).
>
> 3) 그 후 甲은 2013. 6. 18. 丙에게 위 토지를 다시 매각하고 당일 丙 명의로 <u>소유권이전등기</u>를 경료하여 주었다(청주지방법원 2013. 6. 18. 접수 제1678호).
>
> 4) 다시 丙은 2013. 7. 5. 丁에게 위 토지에 관한 <u>근저당권설정등기</u>를 경료하여 주었다(청주지방법원 2013. 7. 5. 접수 제1890호).
>
> 5) 뒤늦게 이를 확인한 乙은 2013. 7. 28. 甲에게 매매예약 완결권을 행사한다는 의사를 표시하였고, 매매대금 수령을 거부하는 甲을 피공탁자로 하여 매매대금 1억 원을 법원에 변제공탁 하였다.

<u>乙은</u> 별지 목록 기재 토지에 관한 부동산등기부상 완전한 <u>소유권을 이전</u>받기를 원한다. 이에 乙이 적절한 피고(또는 피고들)를 상대로 제기할 소송에서의 청구취지를 기재하라.

<제3문의1 답안> ||||||||||||||||||||||||||||||||

가등기에 기한 본등기청구

> 1. <u>피고(甲)</u>는 원고에게 별지 목록 기재 토지에 관하여 청주지방법원 2013. 5. 12. 접수 제1234호로 마친 가등기에 기하여 2013. 7. 28. 매매예약 완결(또는 매매)을 원인으로 한 소유권이전등기절차(또는 소유권이전의 본등기절차)를 이행하라.
>
> 2. 소송비용은 피고가 부담한다.
>
> 라는 판결을 구합니다.

<해설>

　　본 교재 제3장 제3절 1. 가. [기재례 ③]

　1) 가등기에 기한 본등기를 청구의 상대방: 가등기의무자(피고)를 상대로 행사
　　하여야 한다(가등기 이후 소유권자 명의변경이 있었으므로 전 소유자 甲).

　2) 본등기 후의 절차: 가등기에 기한 본등기가 완료되면, 가등기 이후 후순위
　　등기들은 모두 등기공무원이 직권말소 한다(즉, 후순위 등기인 丙의 소유권이
　　전등기 및 丁의 근저당권설정등기에 관한 말소를 구할 소의 이익 無, 소 각하).

▨ <제3문의 2>

<변경된 사실관계>

1) 위 기초적 사실관계와 같다.

2) 위 기초적 사실관계와 같다.

3) 乙은 2013. 6. 18. 丙에게 위 토지에 관한 가등기를 양도하고 당일 丙 명의로 <u>가등기권의 이전등기</u>를 경료하여 주었다(청주지방법원 2013. 6. 18. 접수 제1678호, 가등기권자 丙).

4) 甲은 2)항의 매매예약이 乙의 甲에 대한 불법도박채무를 담보하기 위한 것이므로, 민법 제103조(반사회질서)에 반하여 원인무효라고 주장한다.

<u>甲</u>은 별지 목록 기재 토지에 관한 부동산등기부상 무효인 <u>가등기 및 그 이전등기가 모두 말소되기를</u> 원한다. 이에 甲이 적절한 피고(또는 피고들)를 상대로 제기할 소송에서의 청구취지를 기재하라.

<제3문의2 답안> ||||||||||||||||||||||||||||||||||||

가등기권 이전등기에 대한 말소청구

1. 피고(丙)는 원고에게 별지 목록 기재 토지에 관하여 <u>청주지방법원 2013. 5. 12. 접수 제1234호로 마친 가등기</u>에 대한 말소등기절차를 이행하라.

2. 소송비용은 피고가 부담한다.

라는 판결을 구합니다.

<해설>

1) 가등기권 이전등기는 부기등기 형식으로 기재되며, 주등기(가등기)의 순번을 따른다(ex: 가등기 순위번호가 '2'라면, 가등기권 이전등기는 '2-1'). 위 부기등기는 기존의 주등기인 가등기에 종속되어 주등기와 일체를 이루는 것이다(98다24105)

2) 이렇게 가등기가 이전된 경우, 말소의 대상적격과 피고적격에 관하여는

주의를 요한다. 즉, 가등기권 이전의「부기등기」가 이루어진 경우 가등기의 말소청구는 양수인(丙)만을 상대로 가등기(주등기)의 말소만을 구하면 족하고, 양도인을 상대로 한 말소청구 또는 양수인을 상대로 한 가등기권 이전등기(부등기)의 말소청구는 피고적격이 없거나 소의 이익이 없어서 부적법하다(대법원 1994. 10. 21. 선고 94다17109 판결).

▨ <제4문>

<기초적 사실관계>

1) 별지 목록 기재 토지의 부동산등기부상 소유자는 甲이다.

2) 甲은 1993. 4. 8. 乙에게 위 토지를 매도하는 매매계약을 체결하였고, 乙은 당일 매매대금을 완납하고 그 날부터 위 토지를 점유·사용하였다(등기이전 ×).

3) 乙은 2004. 8. 10. 丙에게 위 토지를 매도하는 매매계약을 체결하였고, 丙은 당일 매매대금을 완납하고 그 날부터 위 토지를 점유·사용하였다(등기이전 ×).

4) 丙은 2016. 3. 8. 원고에게 위 토지를 매도하는 매매계약을 체결하였고, 원고는 당일 매매대금을 완납하고 그 날부터 위 토지를 점유·사용 중이다(등기이전 ×).

1. 위 원고가 2016. 5. 6. 현재 적절한 피고(또는 피고들)를 상대로 소송을 제기하여 위 부동산의 완전한 소유권이전을 받으려고 할 경우, 그 소장에 기재할 청구취지를 작성하고, 피고들의 예상된 항변(등기청구권의 소멸시효)에 대해서도 간략히 반박하라. <주의> 사안은 직접등기에 관한 관계당사자들 전원의 의사합치가 있다고 볼 특별한 사정이 전혀 없는 경우이므로, 원고가 甲에게 중간생략등기를 구하는 청구형식을 취하지 말 것

2. <변형질문> 만일, 위 <기초사실> 중의 2)번 사실 중 甲과의 매매사실이 입증되기가 어려운 상황인 경우(甲은 乙과의 매매를 부인하며 본인의 소유권을 주장하고 있음, 단 乙의 토지 점유·사용사실은 입증가능), 원고가 2016. 5. 6. 현재 적절한 피고(또는 피고들)를 상대로 소송을 제기하여 위 부동산의 완전한 소유권이전을 받으려고 할 경우, 그 소장의 청구취지를 작성하고, 그 청구원인을 간략히 서술하라.

<제4문 답안> ‖‖‖‖‖‖‖‖‖‖‖‖‖‖‖‖‖‖‖‖‖‖‖‖‖‖‖

대위에 의한 소유권이전등기, 등기청구권의 소멸시효 / 점유취득시효

1.의 답
1. 별지 목록 기재 부동산에 관하여,
   가. 피고 甲은 피고 乙에게 1993. 4. 8. 매매를 원인으로 한,
   나. 피고 乙은 피고 丙에게 2004. 8. 10. 매매를 원인으로 한,
   다. 피고 丙은 <u>원고에게</u> 2016. 3. 8. 매매를 원인으로 한
   각 소유권이전등기절차를 이행하라.
2. 소송비용은 피고들이 부담한다.
라는 판결을 구합니다.

<해설>
1) 채권자대위에 의한 소유권이전등기청구의 주문 유형은 본 교재 제3장 제3
   절 1. 가. [기재례 ④] 참고
   - 위 1.의 가.항, 나.항 부분이 대위청구 ○, 다.항 부분은 대위청구 ×
2) 각 피고들(특히, 피고 甲과 乙)의 예상되는 항변으로써 각 소멸시효완성 항
   변을 검토해 본다.
   - 소유권이전등기청구원의 법적성질은 채권적 청구권이므로, 10년의 소
     멸시효가 적용되고, 그렇다면 일응 매수인 乙, 丙, 원고 모두 각 소멸시효
     10년이 도과된 것처럼 보인다.
   - 다만, 판례에 의할 때 "부동산 매수인이 그 목적물을 인도받아서 이를 사
     용하고 있을 경우에는 그 매수인이 권리 위에서 잠자는 것으로 볼 수 없
     어 소멸시효가 진행되지 않는다(대판(전원합의체) 76다148)"고 할 것이
     다. → 다만 사안의 경우 매수인 丙의 乙에 대한 등기청구권 및 매수인 乙
     의 甲에 대한 등기청구권의 소멸시효 관련해서는 이미 매각해서 현재 점
     유·사용이 없으므로, 점유상실 시점부터 시효가 진행되는 것이 아닌가
     하는 문제가 다시 제기된다.
   - 이와 관련하여 판례는 더 나아가 "부동산의 매수인 그 부동산을 인도받
     은 이상 이를 사용·수익하다가 그 부동산에 대한 보다 적극적인 권리행
     사의 일환으로 다른 사람에게 부동산을 매도하고 그 점유를 승계한 경우

에는 역시 스스로의 점유·사용과 다를 바 없으므로, 역시 그런 매수인 역시 소멸시효는 진행되지 않는다(대판(전원합의체) 98다32175)"고 설시하고 있다. → 결국 매수인 丙의 乙에 대한 등기청구권 및 매수인 乙의 甲에 대한 등기청구권의 소멸시효 모두 진행되지 않는다.

- 결국 위 피고들의 등기청구권 소멸시효 항변은 이유가 없다.

2.의 답
1. 피고는 별지 목록 기재 부동산에 관하여,
　가. 피고 甲은 피고 丙에게 2013. 4. 8. 점유취득시효(완성)를 원인으로 한,
　나. 피고 丙은 원고에게 2016. 3. 8. 매매를 원인으로 한
　각 소유권이전등기절차를 이행하라.
2. 소송비용은 피고가 부담한다.
라는 판결을 구합니다.

(달리 표현하면)
1. 피고(甲)는 원고에게 별지 목록 기재 부동산에 관하여 2016. 3. 8.(또는 위 시점 이후부터 2016. 5. 6. 현재 시점까지의 기간 중 어느 한 시점을 임의로 선택 可) 점유취득시효(완성)를 원인으로 한, 소유권이전등기절차를 이행하라.

<해설>
1) 순차적 매매계약이 부분적으로 입증되지 않으므로, 채권자대위에 의한 소유권이전등기청구는 불가능
2) 따라서 원고로서는 점유취득시효를 원인으로 한 소유권이전등기청구를 차선책으로 생각해 볼 수 있음
 - 점유취득시효의 요건사실은 ①20년간 점유사실, ②자주, 평온, 공연한 점유사실(추정됨)이다.
 - 원고는 민법 제199조(점유의 승계)에 따라 자기의 점유 외에 전 점유자들인 乙, 丙의 각 점유를 선택해 분리 또는 아울러 주장할 수 있다. 사안은 원고가 독자적 점유로는 점유취득시효를 완성하지 못하므로, 전 점유자의 점유를 아울러 주장해야 한다.
 - 그러나 본인점유든 점유승계든, 판례는 원고가 점유기간의 기산점까

지 임의로 정할 수 없도록 하고 있는바, 반드시 '<u>최초 점유를 개시한 시점</u>'이 기산점이 되어야 한다(固定時說). 즉 이 사건은 최초 매수인 乙이 점유를 시작한 1993. 4. 8.이 기산점이 되어야 한다(만일 원고가 丙의 점유승계만 선택하면 그 개시시점으로는 20년이 완성되지 않음). 따라서 원칙적 판례에 따르면 점유취득완성 만기는 2013. 4. 8.이고 그 당시의 시효취득자는 매수인 丙이 될 것이며, 원고는 丙의 위 등기청구권을 대위행사 하게 된다. → <첫 번째 주문>

- 다만, 판례는 점유기간 중 부동산에 대한 소유명의자가 동일하고 그 변동이 없는 경우에는 예외적으로 기산점을 임의로 선택할 수 있다는 입장이므로(예외적 逆算說), 이러한 예외적 판례에 따른다면 이 사건의 원고는 20년의 기간완성이 되는 한 임의의 기산점을 어느 곳이든 선택해 임의의 시점을 취득시효 만기로 정할 수 있다고 할 것이다. → <두 번째 주문>

3) <생각해 볼 점> 취득시효기간 완성 前後로 부동산의 소유명의자가 변동이 있는 경우의 기산점등과 관련된 다양한 판례의 태도를 반드시 확인하라.

▨▨▨ <제5문의 1>

<기초적 사실관계>

1) A는 2010. 11. 8. 甲과 서울특별시 서대문구 홍은동 238 잡종지 150㎡를 매매 대금 1억 원에 매수하는 매매계약을 체결하였고, 같은 달 27.매매대금을 모두 지급하였으나, 위 매도인 甲은 소유권이전등기를 이행하지 않고 있다.

2) 한편 위 토지의 <u>등기부상 소유명의는</u> 乙로 되어 있는 상태인데, 甲과 乙은 부부 사이로서 위 토지의 실제 소유자는 남편 甲이고 다만 등기명의만 처 乙로 해둔 것이다(계약명의신탁 형식으로 매수함).

이와 같은 상황에서 <u>A(원고)는</u> 소송을 통하여 토지에 관한 소유권을 완전히 이전받고 싶다. 소장의 적절한 청구취지를 작성하라.

<제5문의1 답안> ||||||||||||||||||||||||||||||||

'유효한 명의신탁의 해지', 대위에 의한 소유권이전등기

1. 서울 서대문구 홍은동 238 잡종지 150㎡에 관하여,
   가. 피고 乙은 피고 甲에게 <u>이 사건 소장부본 송달일자 명의신탁 해지를 원인으로 한,</u>
   나. 피고 甲은 원고에게 2010. 11. 8. 매매를 원인으로 한
   각 소유권이전등기절차를 이행하라.
2. 소송비용은 피고들이 부담한다.
라는 판결을 구합니다.

<해설>

    <청구원인의 목차구성>

      1. 피고 甲에 대한 소유권이전등기청구

        가. 직접청구(피보전채권)

        나. 매매 요건사실

2. (채권자대위에 의한) 피고 乙에 대한 소유권이전등기청구
  가. 채권자대위권(대위요건)
  나. 명의신탁계약 해지 원인 소유권이전등기청구(피대위채권)
    1) 2자간 명의신탁, 부부 사이의 명의신탁계약은 유효
    2) 명의신택해지를 원인
3. 결론 → 릴레이 방식

≪제5문의 2≫

> **＜변경된 사실관계＞**
>
> 1) A는 2010. 11. 8. 甲과 서울특별시 서대문구 홍은동 238 잡종지 150㎡를 매매대금 1억 원에 매수하는 매매계약을 체결하였고, 같은 달 27.매매대금을 모두 지급하였으나, 위 매도인 甲은 소유권이전등기를 이행하지 않고 있음
>
> 2) 한편 위 토지의 등기부상 소유명의는 甲으로 되어 있는 상태이고, 甲에게는 처 乙이 있음
>
> **＜소송의 경과＞**
>
> 3) 결국 A(원고)는 2010. 12. 20. 甲을 상대로 위 매매계약을 원인으로 한 소유권이전등기를 구하는 소송을 제기함
>
> 4) 매매의 입증책임이 있는 원고가 매매계약서를 증거로 제출하였는데(갑제1호증), 위 서증에 대한 형식적 증거력(문서의 진정성립)이 재판상 문제되고 있음

1. 만일, 피고 甲이 매매계약서 중 매도인란에 기재된 甲이름 옆에 날인된 "인영이 자신의 인장이 아니다(인영부인)"라고 진술한 경우, 위 매매계약서의 진정성립 또는 불성립에 관한 입증책임은 누가 부담하는가.

2. 만일, 피고 甲이 매매계약서 중 매도인란에 기재된 甲이름 옆에 날인된 "인영이 자신의 인장인 것은 맞다(인영인정). 그러나 본인은 이를 날인한 사실이 없고, 매매계약이 체결된 2010. 11. 8.은 미국 출장으로 장기간 외국에 체류 중이었는바, 누군가가 본인의 허락 없이 인장을 도용한 것이다(날인부인, 인장도용의 항변)"고 진술한 경우, 위 매매계약서의 진정성립 또는 불성립에 관한 입증책임은 누가 부담하는가.

3. 만일, 위 2.항과 같이 피고 甲이 매매계약서 중 매도인란에 기재된 甲이름 옆에 날인된 "인영이 자신의 인장인 것은 맞다(인영인정)"는 진술을 하였다가, 추후 재판과정에서 자신의 인장이 아니라고(인영부인) 번복할 수 있는가.

4. 만일, 피고 甲이 매매계약서 중 매도인란에 기재된 甲이름 옆에 날인된 "인

영이 자신의 인장인 것은 맞다(인영인정). 그러나 본인은 이를 날인한 사실이 없고, 매매계약이 체결된 2010. 11. 8.은 미국 출장으로 장기간 외국에 체류 중이었는바, 누군가가 본인의 허락 없이 인장을 도용한 것이다(날인부인, 인장도용의 항변)."고 진술하자, 이에 대하여 원고가 "피고 甲의 처乙이 남편을 대신해 날인하였다(타인날인인정)"고 진술한 경우(또는 그와 같은 사실이 재판상 밝혀진 경우), 위 매매계약서의 진정성립 또는 불성립에 관한 입증책임은 누가 부담하는가(피고는 乙에게 그런 허락을 한 적이 없다고 진술한 상황).

5. 만일, 위 4.항과 같은 상황에서 원고가 재판 중에 매매계약서 작성에 관해 乙의 유권대리만 주장하였을 뿐 표현대리는 주장하지 않았을 경우, 법원이 표현대리 성립여부에 관하여도 판단할 수 있는가.

6. 만일, 위 5.항과 달리 원고가 "설령 乙에게 매매계약체결에 관한 대리권한을 위임받지 않았다고 하더라도, 장기간 외국에 체류 중인 남편 甲을 대신해 자녀를 양육하는 등 국내 일을 대신해 온 처 乙이 남편 甲의 인장과 인감증명서, 위임장, 등기필증 등을 모두 제시하며 甲을 대신해 매매계약을 체결한 이상, 원고는 정당히 수권을 신뢰한 것이니, 민법 제126조 표현대리가 성립된다."고 주장하였고 위 제시된 사실관계 외에 추가 입증은 없이 변론이 종결되었을 경우, 법원이 내릴 결론과 그 논거를 서술하라.

<제5문의2 답안> ||||||||||||||||||||||||||||||||||

매매계약서(사문서)의 형식적 증거력 등

> **1.의 답**
> 원고가 매매계약서의 진정성립을 입증해야 한다. 즉, 형식적 증거력이 인정되지 않는다.

<해설>

<사문서의 진정성립에 대한 입증책임자>

- 판례는 사문서에 있어서 서증인부시 상대방이 그 성립진정을 다툴 경우(부인)는 제출자가 이를 입증하여야 한다고 본다(94다31549).

- 따라서 피고 甲이 인영을 부인하며 매매계약서의 진정성립을 다투는 이상, 이를 증거로 제출해 그 진정성립을 주장한 원고에게 입증책임이 있다.

2.의 답

매매계약서의 진정성립이 인정(추정)되고 있으므로(형식적 증거력 인정), 이를 부정하는 피고가 진정 불성립(타인이 날인했다는 사실)을 입증해야 한다.

<해설>

<인영의 동일성 인정과 2단의 추정>

- 판례는 사문서에서 '인영'의 진정이 인정되면(인영의 동일성 인정) 특단의 사정이 없는 한 '날인'의 진정(날인행위가 작성 명의인의 의사에 의한 것이라는 점)이 추정(사실상 추정, 1단의 추정)되고, 날인의 진정이 추정되면 민소법 제358조[102]에 의하여 그 문서 전체의 진정성립이 추정(증거법칙적 추정, 2단의 추정)된다고 보고 있다(85다카1009).

- 따라서 피고 甲이 매매계약서에 찍혀 있는 인영이 자신의 것임을 인정한 이상 2단의 추정에 의해 매매계약서 전체의 진정성립이 일응 인정(추정)되고 있는바, 이를 다투는 피고 甲이 진정불성립(추정복멸)에 관한 입증책임이 있다.

3.의 답

피고는 원칙적으로 인영의 동일성을 인정(자백)한 기존 입장을 번복할 수 없다.

<해설>

<인영의 동일성에 관한 자백과 그 철회>

- 문서의 진정성립에 관한 인영의 동일성에 관한 사실은 주요사실이 아닌 보조사실에 해당하고 이에 관한 자백(인정) 역시 보조사실에 관한 자백이기

---

102) 민사소송법 제358조(사문서의 진정의 추정) 사문서는 본인 또는 대리인의 서명이나 날인 또는 무인이 있는 때에는 진정한 것으로 추정한다.

는 하다.

- 다만, 판례는 문서의 진정성립에 관한 자백은 보조사실에 관한 자백이기는 하지만 그 취소에 관하여는 다른 간접사실에 관한 자백취소와는 달리 주요 사실의 자백취소와 동일하게 처리해야 한다고 보면서 문서의 진정성립을 인정한 당사자는 자유롭게 이를 철회할 수 없다고 할 것이고, 이는 문서에 찍힌 인영의 동일성을 인정하였다가 나중에 이를 철회하는 경우에도 마찬가지라는 입장이다(2001다5654).

- 따라서 피고는 인영의 진정 또는 동일성을 인정(자백)한 이상, 재판상 자백과 같은 구속력이 발생하므로 원칙적으로 그 철회는 인정되지 않으며, 극히 예외적인 경우(예컨대 진실에 어긋나는 자백으로 그것이 착오로 말미암은 것임을 증명한 때 – 민소법 제288조 단서)만 그 철회가 허용된다고 할 것이다.

4.의 답

원고가 매매계약서의 진정성립을 입증해야 한다. 즉, 형식적 증거력이 인정되지 않는다.

<해설>

<진정성립 추정의 복멸 및 정당한 대리권한에 의한 날인사실의 입증책임>

- 판례는 사문서에서 '인영'의 진정이 인정되면 특단의 사정이 없는 한 '날인'의 진정(날인행위가 작성 명의인의 의사에 의한 것이라는 점)이 추정(사실상 추정)되고, 날인의 진정이 추정되면 그 문서 전체의 진정성립이 추정(증거법칙적 추정)된다는 입장이지만, 역시 판례는 위와 같은 사실상의 추정은 날인행위가 작성명의인 이외의 자에 의하여 이루어진 것임이 밝혀진 경우에는 깨어지는 것이므로(추정복멸), 문서제출자는 그 날인행위가 작성명의인으로부터 위임받은 정당한 권원에 의한 것이라는 사실까지 입증할 책임이 있다고 설시하고 있다(94다41324).

- 따라서 원고가 날인자인 乙이 피고 甲의 정당한 수임인이나 대리인이라는 사실을 입증하지 못하는 한 매매계약서의 진정성립은 인정되지 않게 된다.

> 5.의 답
>   법원은 표현대리 성립여부를 판단할 수 없다.

<해설>

<유권대리 주장 속에 표현대리 주장이 포함되는지 여부>
- 변론주의는 주요사실에 대해서만 인정되고 간접사실이나 보조사실에는 인정되지 않고, 한편 변론주의 하에서 주요사실은 당사자가 주장하지 않은 이상 법원은 판결의 기초로 삼을 수 없다.
- 사안에서 원고는 乙의 유권대리사실만 주장하였을 뿐이므로 결국 원고가 주장하지 않은 표현대리사실이 주요사실인지 여부에 따라 법원의 판단기초가 달라질 수 있는 것인데, 판례에 의할 때 '유권대리와 표현대리의 구성요건 해당사실 즉 주요사실은 서로 다르다고 볼 수밖에 없고 따라서 유권대리에 관한 주장 속에 무권대리에 속하는 표현대리의 주장이 포함되었다고 볼 수 없다'고 판시하였다(全合 83다카1489).
- 따라서 법원은 표현대리를 판단할 수 없다.

> 6.의 답
>   원고의 청구는 기각되어야 한다. 즉, 원고의 표현대리 주장은 인정되지 않는다.

<해설>

<민법 제126조 표현대리>
- 민법 제126조 표현대리의 성립요건은 ①대리인에게 기본대리권이 있을 것, ②대리인이 그 권한 외의 법률행위를 하였을 것, ③제3자가 그 권한이 있다고 믿을 만한 정당한 이유가 있을 것을 요한다.
- 쟁점1) 학설은 대립하나 판례는 민법 제827조 제1항의 부부사이 일상가사대리권이 제126조 표현대리의 기본대리권이 될 수 있다는 입장이다(68다1727).
- 쟁점2) 다만 자기 소유 부동산을 타인에게 근저당권의 설정 또는 소유권이전을 하는 행위에 관하여는 대리권을 수여하는 것이 이례에 속하는 것인 만큼, 일상가사대리권 외에 그 행위에 관한 특별한 대리권을 주었다고 믿을 만한 정당한 객관적 사정이 필요하다고 보고 있다(68다1727).
- 쟁점3) 한편 판례는 남편이 장기간 외국 체류 중 처에게 살림 일체를 맡긴

경우와 같은 특별한 상황에서 처가 <u>남편의 채무에</u> 대하여 남편 소유의 부동산에 근저당권을 설정한 경우에는 그 처에게 대리권이 있다고 믿을 만한 정당한 사유가 있다고 보았으나(64다1244), 본 사안처럼 남편 명의의 부동산을 매각하는 경우까지 대리권한이 있다고 믿은 데에는 정당한 이유를 인정하기는 어려울 것이다.

- 따라서 원고의 표현대리 주장은 인정될 수 없다.

▨ **〈제6문〉**

<기초적 사실관계>

1) 甲은 2012. 10. 27. <u>미등기</u> 토지(토지대장의 표시: 충청북도 괴산군 사리면 수 암리 산30 임야 333,124㎡)를 乙로부터 매수하였으나 소유권이전등기는 마치 지 못함

2) 그러던 중 丙이 관계서류를 위조하여 위 토지에 관하여 丙 명의로 소유권보존 등기를 마침(청주지방법원 2013. 3. 23. 접수 제2345호)

3) 丙은 위 토지를 丁에게 매도하고 丁 명의의 소유권이전등기를 마침(같은 법원 2013. 4. 15. 접수 제3456호)

4) 丁은 2013. 6. 16. 戊로부터 50,000,000원을 차용하면서 그 담보로 근저당권을 설정해 줌(2013. 6. 16. 접수 제4567호, 근저당권자 戊, 채권최고액 70,000,000 원, 채무자 丁)

5) 戊는 2013. 8. 20. 자신의 채권자인 己에게 위 근저당권의 확정된 피담보채권 을 양도하면서 근저당권이전등기 마침(같은 법원 2013. 8. 25. 접수 제5678호)

6) 한편, 丁에 대하여 1억 원의 물품대금채권을 가지고 있던 A는 이를 피보전권 리로 하여 위 토지에 관한 부동산가압류신청을 하여 가압류기입등기를 마침 (같은 법원 2013. 7. 10. 접수 제5000호).

---

1. 뒤늦게 위 사실을 알게 된 원고 甲은 적절한 피고들을 상대로 하여 1개의 소송으로써 등기부상 완전한 토지의 소유명의를 회복하고 싶다. 적절한 청 구취지를 작성하라.

2. <변형질문> 미등기 부동산인 점을 이유로,

   1) 원고(甲)가 매도인 乙의 보존등기를 위해 乙을 상대로 보존등기절차를 이행하라는 청구를 했다면, 법원의 판단은?

   2) 원고(甲)가 자신명의 보존등기를 위해 乙(또는 국가)을 상대로 소유권 확인 청구를 했다면, 법원의 판단은?

<제6문 답안> ||||||||||||||||||||||||||||||||

말소등기 등

1.의 답 - 대위에 의한 각 말소등기

1. 충북 괴산군 사리면 수암리 산30 임야 333,124㎡에 관하여,

가. <u>피고 乙에게</u>,

1) 피고 丙은 청주지방법원 2013. 3. 23. 접수 제2345호로 마친 소유권보존등기의,

2) 피고 丁은 같은 법원 2013. 4. 15. 접수 제3456호로 마친 소유권이전등기의,

3) <u>피고 己는 같은 법원 2013. 6. 16. 접수 제4567호로 마친 근저당권설정등기의</u>[103)]

각 말소등기절차를 이행하고,

4) 피고 A는 <u>위 2)항 기재 소유권이전등기의 말소등기에 대하여</u> 승낙의 의사표시를 하고,

나. <u>피고 乙은 원고에게</u> 2012. 10. 27. 매매를 원인으로 한 소유권이전등기 절차를 이행하라.

2. 소송비용은 피고들이 부담한다.

라는 판결을 구합니다.

<해설1>

1) 채권자대위에 의한 말소등기청구 기재례는 본 교재 제3장 제3절 1. 다. [기재례 ⑧]

2) 근저당권이전 된 경우, 말소의 대상과 피고적격, 본 교재 제3장 제3절 1. 다. [기재례 ④-1]

3) 말소등기와 승낙의 의사표시

   - 제3자가 이해관계인으로서 당해 말소등기에 대하여 승낙을 할 의무가 있는지는 실체법상 권리관계에 의하여 결정된다. 즉, 이 사건에서 원인

---

103) 원인무효의 소유권이전등기에 터 잡고 있는 근저당권자는 이론적으로 보면 '등기상 이해관계 있는 제3자'에 해당하므로 소유권이전등기 말소청구를 하면서 근저당권자를 상대로 이에 대한 승낙의 의사표시를 구하는 방안도 상정 가능하다 할 것이나, 방해배제청구권의 행사로 근저당권설정등기의 말소를 청구하는 것이 실무관행이다.

무효로 말소되어야 하는 소유권이전등기의 명의자인 丁을 상대로 가압류를 한 丁의 채권자 A는 토지소유자인 원고에게 위 丁의 소유권이전등기의 말소등기에 대하여만 승낙할 의무를 질 뿐, 丙명의의 소유권보존등기나 戊명의의 근저당권말소에 관하여는 이해관계 있는 제3자가 아니다.

<해설2>
　<청구원인의 목차구성>
　　1. 피고 乙에 대한 소유권이전등기 청구
　　　가. 직접청구(피보전채권)
　　　나. 매매 요건사실
　　2. 피고 丙에 대한 소유권보존등기 말소등기 청구
　　　가. 채권자대위권(대위요건)
　　　나. 소유권보존등기 원인무효(피대위권리)
　　3. 피고 丁에 대한 소유권이전등기 말소등기 청구
　　　가. 채권자대위권(순차대위)
　　　나. 소유권이전등기 원인무효
　　4. 피고 己에 대한 근저당권설정등기 말소등기 청구
　　　가. 채권자대위권(순차대위)
　　　나. 근저당권설정등기 원인무효
　　　다. 근저당권이 이전된 경우, 말소대상과 피고적격
　　5. 피고 A에 대한 말소등기에 대한 승낙의 의사를 구하는 청구
　　　가. 채권자대위권(순차대위)
　　　나. 말소등기 승낙의 대상은 丁의 소유권이전등기 부분
　　6. 결론

2.의 답
　1) 소 각하 → 소유권이전등기 履行의 訴로써 판결을 받은 다음 그 확정 판결에 의한 채권자대위권을 행사해 보존등기를 신청하고 이전등기를 해야 할 사안임
　2) 모두 소 각하 → 確認의 訴 보충성, 소의 이익 無

▨ <제7문>

<기초적 사실관계>

1) 甲은 2018. 2. 8. 乙로부터 1억 2,000만 원을 차용하였다(변제기는 2019. 2. 7., 이자는 월 5%).

2) 불안한 채권자 乙이 담보를 요구하여 甲은 별지 목록 기재 토지에 관해 근저당권을 설정해 주었다(청주지방법원 2018. 3. 8. 접수 제1234호, 근저당권자 乙, 채권최고액 2억 8,000만 원, 채무자 甲).

3) 甲은 2019. 4. 7. 乙에게 차용금 원금과 이자제한법상 이율 한도에서 이자 및 지연손해금을 <u>모두 변제</u>하였다. 그러나 乙은 당초 약정한 이율만큼 이자를 다 갚지 않았다면서 근저당권 말소를 거부하고 있다.

1. 위와 같을 경우, 甲이 근저당권 말소를 위한 소송에서의 소장에 기재할 적절한 청구취지를 작성하라.

<변형된 사실관계>

1) 위 기초적 사실관계와 같다.

2) 위 기초적 사실관계와 같다.

3) 甲은 2019. 4. 7. 원리금 중 8,000만 원을 <u>일부 변제</u>하였으나, 그 후로는 乙에게 원금 및 이자와 지연손해금을 변제하지 못하고 있다. 그러나 乙은 앞으로도 당초 약정한 이율만큼의 이자까지 다 갚으라며 근저당권 말소를 거부하고 있다.

2. 위와 같다면, 甲이 근저당권 말소를 위한 소송에서의 소장에 기재할 최적의 청구취지를 작성하라.

<제7문 답안> ||||||||||||||||||||||||||||||||||||||

근저당권의 말소등기

> **1.의 답 – 근저당권설정등기 말소 (후발적 실효사유)**
> 1. 피고는 원고에게 별지 목록 기재 토지에 관하여 청주지방법원 2018. 3. 8. 접수 제1234호로 마친 근저당권설정등기에 대하여 <u>2019. 4. 7. 변제를 원인으로 한</u> 말소등기절차를 이행하라.
> 2. 소송비용은 피고가 부담한다.
> 라는 판결을 구합니다.

　　<해설>
　　　　본 교재 제3장 제3절 1. 다. [기재례 ③]
　　　　[참고] 근저당권이므로 '확정채권변제'라 기재해도 무방하다.

> **2.의 답– 근저당권설정등기 말소 (선이행 조건)**
> 1. 피고는 <u>원고로부터 73,600,000원 및 이에 대한 2019. 4. 8.부터 다 갚는 날까지 연 24%의 비율로 계산한 돈을 지급받은 다음</u> 원고에게 별지 목록 기재 토지에 관하여 청주지방법원 2018. 3. 8. 접수 제1234호로 마친 근저당권설정등기의 말소등기절차를 이행하라.
> 2. 소송비용은 피고가 부담한다.
> 라는 판결을 구합니다.

　　<해설1>
　　　　청구취지 → 피담보채무 선이행조건부 근저당권말소청구의 주문은 본 교재 제3장 제4절 2. [기재례 ①]

　　<해설2>
　　　　<청구원인의 목차구성 및 설명>
　　　　1. 피고에 대한 근저당권설정등기 말소청구
　　　　　　- 청구원인 요건사실
　　　　　　- ①근저당설정계약 체결, ②근저당권설정등기 경료, ③근저당권의 소멸 (후발사유인 변제가 문제됨)

2. 원고의 일부변제 및 잔여 피담보채무액(피고의 항변에 대한 검토)

- 피담보채무 일부소멸 – 일부변제 및 변제충당의 문제

  1) 일부변제일 → 2019. 4. 7.(기준일)

  2) 위 기준일 변제 대상채권의 원리금 계산

  ① 원금: 1억 2,000만 원

  ② 이자 및 지연손해금: 합계 3,360만 원 (약정이자 2,880만 원(이자
  제한법 연 24% 한도 유효 = 1억 2,000만 원 × 0.24) + 지연손해금
  480만 원(= 1억 2,000만 원 × 0.24 × 2개월 분))

  3) 일부변제에 의한 변제충당(법정변제충당, 비용→이자→원금 順)

  – 이자 및 지연손해금 3,360만 원 – 변제금 8,000만 원 = –4,640만 원

  – 원금 1억 2,000만 원 – 충당후 남은 변제금 4,640만 원 = 7,360만 원

  4) 변제소멸 후 남은 채권금액

  – 원금 7,360만 원

  – 위 금원에 대한 일부변제일 다음날인 2019. 4. 8.부터 다 갚는 날까
  지 연 24%의 비율로 계산한 지연손해금 발생

3. 결론

– 위 잔여 피담보채무액 선이행조건부 근저당권말소청구

▨ <제8문의 1>

<기초적 사실관계>

甲은 2019. 2. 12. 친구 乙(801212-1234567, 서울특별시 강남구 학동로 426 거주)에게 丙 소유의 서울특별시 서대문구 홍은동 대지 200㎡ 및 그 지상의 건물(1층, 시멘트벽돌조 판넬지붕 점포 100㎡)을 乙 명의로 매수하고 등기명의도 乙 명의로 얼마 동안만 해 달라고 부탁하면서 그 매수대금으로 1억 원을 전달하였고, 위 乙은 친구 甲의 부탁을 승낙하였다. 이후 乙은 甲의 뜻에 따라 2019. 3. 28. 丙으로부터 위 토지 및 건물을 매매대금 1억 원에 매수하는 매매계약을 체결하고 당일 매매대금을 지급한 다음 며칠 후 각 소유권이전등기(서울중앙지방법원 2019. 4. 1. 접수 제1234호)를 마쳤다. 한편 위 매매계약 당시 매도인 丙은 매수인이 乙로 알고 있었다. 그로부터 약 10개월이 지난 후 甲은 乙에게 위 토지 및 건물에 관한 소유명의를 돌려달라고 했으나, 乙이 거부하고 있다. 甲은 위 토지 및 건물의 매수와 관련해 일체의 권리를 실현 받고 싶다.

1. 甲의 입장에서 제기할 소송에서 소장의 적절한 청구취지를 작성하고, 그와 같은 청구취지가 도출된 이유에 대해서도 간략히 서술하라.

2. <변형질문> 만일 위 매매계약 당시 매도인 丙이 실제 매수인이 甲이라는 사실을 알고 있었을 경우, 甲이 乙을 상대로 제기할 소송에서 소장의 청구취지는 어떠한지 기재하고, 그 같은 청구취지가 도출된 이유에 대해서도 간략히 서술하라.

3. <추가질문> 변형질문의 전제사실에 추가하여, 만일 乙이 無資力이라면 위 甲은 누구를 상대로 어떤 소송(청구취지)을 제기하여야 하는가.

<제8문의1 답안> |||||||||||||||||||||||||||||||||||||||||||||

'계약명의신탁'

> 1.의 답
> 1. 피고(乙)는 원고(甲)에게 100,000,000원 및 이에 대한 <u>이 사건 소장부본 송달</u>
>   <u>일 다음날부터</u> 다 갚는 날까지 연 12%의 비율로 계산한 돈을 지급하라.
> 2. 소송비용은 피고가 부담한다.
> 3. 제1항은 가집행 할 수 있다.
> 라는 판결을 구합니다.

<해설>
- 명의신탁의 유형은 계약명의신탁
- 신탁자와 수탁자 사이의 명의신탁계약 무효
- 계약명의신탁에서 매도인이 선의인 경우에는 부동산실명법 제4조 제2항 단서에 따라 물권변동은 유효(매매계약도 유효)
- 부동산의 소유권은 명의수탁자가 유효하게 취득
- 명의신탁자는 명의수탁자에게 부당이득반환청구를 할 수 있는바, 부당이득의 대상은 '매매대금' 상당임(2002다66922)
- 부당이득금에 대한 지연손해금(불확정 기한 채무의 이행지체)은 이행최고를 받은 다음날부터 가산됨, 설문은 최고를 했다는 언급이 없으므로, 소장으로써 최고된 것으로 봄 → <u>계약명의신탁에서 부당이득반환의무의 지체책임 발생시기는 기한의 정함이 없는 채무의 지체책임에 관한 민법 제387조 제2항에 따라 '이행청구를 받은 때(최고 다음날)'이고(명의신탁약정시 × or 매매대금교부시 × or 신탁등기시 ×), 설령 명의수탁자가 기수령한 매수자금이 명의신탁약정에 기하여 지급되었다는 사실을 알았다는 사정만으로는(부실법위반에 의한 무효약정을 안 것이라 단정할 수 없어) 민법 제748조 제2항의 부당이득에 법정이자를 붙여 반환해야 하는 '악의의 수익자'로 단정할 수도 없다(대법원 2010. 1. 18. 선고 2009다24187 판결)</u>
- 결국, 사안에서 명의수탁자 乙은 매수대금부동산의 소유권을 취득하고, 명의신탁자에게 매매대금 1억 원 및 이에 대한 소장부본 송달일 다음 날부터(기한의 정함이 없는 채무의 지체책임에 관한 민법 제387조 제2항에 따라 이행청구를 받은 때로부터, 또는 민법 제749조에 따라 소장부본을 받은 날

악의의 수익자로 간주 기산함으로써) 지연이자를 청구하면 됨

2.의 답

위 1.의 답과 동일

<해설>

- 계약명의신탁에서 매도인이 악의인 경우에는 부동산실명법 제4조 제2항에 따라 물권변동이 무효(매매계약도 무효)
- 부동산의 소유권은 여전히 매도인에게 있음
- 명의신탁자는 매도인과 그 어떤 법률관계도 없어 청구 불가
- 명의신탁자는 수탁자에게 '매매대금' 상당의 부당이득반환청구 가능
- 단, 수탁자가 무자력(보전의 필요성)이라면, 명의신탁자는 수탁자를 대위하여 수탁자가 매도인에게 가지는 부당이득반환청구권을 대위행사 가능
- 자세한 내용은 뒤의 '명의신탁의 법률관계' 도표 참고

3.의 답

1. 피고(丙)는 소외 乙로부터 제1항 기재 부동산에 관하여 서울중앙지방법원 2019. 4. 1. 접수 제1234호로 마친 소유권이전등기의 말소등기절차를 이행받음과 동시에 원고에게(또는 소외 乙에게) 100,000,000원을 지급하라.

<해설>

- 채무자(乙) 무자력에 따른 채권자대위권에 의한 매매대금반환청구 소송의 형태
- 乙과 피고 丙 사이 매매 무효, 채무자(乙) 명의 등기는 원인무효, 말소대상
- 동시이행관계이므로, 지연손해금 미발생

▨ <제8문의 2>[104]

> <기초사실>
> 1) 원고는 피고의 처삼촌이다.
> 2) 원고의 부탁으로 피고는 1989. 4. 24. 소외인(善意)과 별지 목록 기재 부동산 (이하 '이 사건 부동산'이라 한다)을 매수하는 매매계약을 체결한 후, 같은 해 6. 12. 소유권이전등기를 마쳤다.
> 3) 그 후 원고가 이 사건 부동산을 점유해 왔다.
> 4) 한편 피고는 이 사건 부동산에 대한 재산세 납부고지서를 받으면 원고에게 보내 납부를 요구했고, 원고가 그 재산세 등을 2003.까지 계속 납부해 왔다.
> 5) 원고는 2004.부터 피고에게 이 사건 부동산에 관한 소유권이전등기를 넘겨줄 것을 여러 차례 요청했으나, 피고가 불응하고 있다.
> 6) 원고는 이 사건 부동산에 관한 권리를 회복하기 위해 2009. 4. 30. 피고를 상대로 소송을 제기하였다.
> [참고] 부동산실권리자명의등기에관한법률은 1995. 7. 1. 시행됨

1. 원고의 소장 청구취지를 작성하고, 그와 같은 청구취지가 도출된 이유(청구원인)에 대해서도 간략히 서술하라.

2. 위 원고 소장 청구권원에 대하여 피고측은 답변서에서 소멸시효 항변을 하였다. 원고의 청구권원의 성격에 비추어 피고의 위와 같은 항변이 가능한 것인가(단, 아래 원고의 재항변은 고려하지 않는다).

3. 위 피고의 항변에 대하여 원고측이 준비서면을 통해 위 기초사실 3), 4)의 사실에 기초하여 재반박할 수 있는 재항변 사유(소멸시효의 미진행, 소멸시효의 중단, 권리남용 등)를 구성하라.

4. 위 소송의 재판과정에서 위 원고의 소장 청구원인, 피고의 항변, 원고의 재항변이 있었을 경우(위 기초사실은 모두 사실로 증명됨), 대법원 판례에 따라서 원고의 청구에 대한 결론[각하, 청구기각, 청구일부인용, 청구전부인

---

104) 부동산실명법 시행 전의 명의신탁 사례; 대법원 2012. 10. 25. 선고 2012다45566 판결, 대법원 2002. 12. 26. 선고 2000다21123 판결의 응용사례.

용]을 내리고, 그 결론과 관련하여 위 피고의 항변 및 원고의 각 재항변 사유의 타당성을 중심으로 논거를 간략히 서술하라.

<제8문의2 답안> ||||||||||||||||||||||||||||||||||

부동산실명법 시행 전의 '계약명의신탁'

> 1.의 답
> 1. 피고는 원고에게 별지 목록 기재 부동산에 관하여 <u>부당이득반환을 원인으로 한</u> <u>소유권이전등기절차를 이행하라.</u>
> 2. 소송비용은 피고가 부담한다.
> 라는 판결을 구합니다.

<해설>
- 부동산실권리자명의등기에관한법률 시행 전(1995. 7. 1. 시행)에 이른바 계약명의신탁에 따라 명의신탁 약정이 있다는 사실을 알지 못하는 소유자(선의 매도인)로부터 명의수탁자 앞으로 소유권이전등기가 경료되고 같은 법 소정의 유예기간(시행일부터 1년)이 경과하여 명의수탁자가 당해 부동산의 완전한 소유권을 취득한 경우, 명의수탁자가 명의신탁자에게 반환하여야 할 부당이득의 대상은 '당해 부동산 자체'임[大判 2000다21123]
- 부동산실명법 이전의 명의신탁은 대내적 신탁자 소유, 대외적 수탁자 소유(判)
- 유예기간 도과로 부동산실명법이 적용되어 그 시점부터 명의신탁계약은 무효가 되고 수탁자가 소유권을 취득하게 되었으나, <u>명의신탁자는 한때 대내적 소유권자로서 유예기간 중 언제든 명의신탁약정을 해지하고 부동산 소유권을 취득할 수 있었던 자임</u>
- 따라서 수탁자에게 부당이득이 된 대상은 신탁자의 부동산소유권 자체이지, 매매대금이 아님

> 2.의 답
> 소멸시효 항변이 가능하다.

<해설>
- 위와 같은 명의신탁자의 부당이득반환청구로서의 <u>소유권이전등기청구권</u>
  <u>은 채권적 권리</u>로 보는 것이 판례의 태도인바, 10년 소멸시효의 대상
- 소멸시효의 기산점은 부동산실명법 제11조에서 정한 유예기간이 경과함
  에 따라 피고가 완전한 소유권을 취득한 1996. 7. 1. 이므로, 10년 만기는
  2006. 7. 1. (2015다65035 참조)

3.의 답
① 부동산을 점유사용 중이므로 소멸시효가 진행하지 않는다는 재항변
② 채무승인으로 인한 소멸시효 중단되었다는 재항변
③ 소멸시효의 완성을 주장하는 것이 신의칙에 반한 권리남용이라는 재항변

<해설>
① 소유권이전등기청구권자가 부동산을 점유 및 사용하고 있다면, 권리를 실
   질적으로 행사하고 있는 것이어서 소멸시효가 진행되지 않는다는 대법원
   판례(98다32175 전원합의체 판결 등)를 원용
② 수탁자가 재산세등의 납부를 요구하는 등 신탁자의 대내적 소유권을 인정
   하는 행태를 보인 점에 비추어, 이는 부동산에 관한 소유권이전등기의무
   를 승인하였다고 보아야 하므로, 2003.까지 채무승인으로 소멸시효가 중
   단되었다는 주장
③ 친인척 관계로 소유권주장 전혀 없었고, 오히려 오랜 기간 동안 재산세등
   부동산에 관련된 비용을 요구하던 자가 뒤늦게 소멸시효 완성을 주장하는
   것은 현저히 부당하거나 불공평하여 신의성실에 반한 권리남용이라는 주장

4.의 답
청구전부인용

<해설>
피고의 소멸시효 항변 주장에 대해 원고가 재반박한 재항변의 타당성 검토
① 재항변은 부당: 소유권이전등기청구권자가 부동산을 점유 및 사용하면 권
   리를 실질적으로 행사하고 있는 것이어서 소멸시효가 진행되지 않는다는
   판례를 적용하게 되면, 부동산실명법위반자를 보호하는 결과가 되어 부

당하고 법률의 시행 취지에도 맞지 않다(2009다23313).

② 재항변은 타당: 수탁자의 행위는 신탁자의 대내적 소유권을 인정하는 행태를 보인 것이고 신탁자에게 소유권등기를 이전·회복하여 줄 의무를 부담함을 알고 있다는 뜻이 묵시적으로 포함되어 표현되었다고 봄이 타당하므로, 부동산에 관한 소유권이전등기의무를 승인하였다고 보아야 함 (2012다45566)

③ 재항변은 부당: 사안에서 수탁자가 소멸시효를 주장해 채무이행을 거절하는 것이 대법원 판례가 소멸시효항변의 남용으로 설시한 '현저히 부당하거나 불공평하게 되는 특별한 사정'이 있다고 볼 수 없음(위 원심인 서울고법 2010다96630)

▨ <제8문의 3>

> <기초사실>
> 1) 甲은 2011. 5. 13. 친구 乙에게 별지 목록 기재 부동산에 대한 소유명의를 빌려 줄 것을 요청하고 위 乙은 허락함
> 2) 甲은 위 부동산의 소유자인 丙과 2011. 6. 5. <u>매매계약 체결</u>하고 매매대금 1억 원을 모두 지급함
> 3) 다만 甲의 부탁에 따라 매도인 丙은 위 부동산의 소유명의자를 乙로 하는 소유권이전등기절차를 마침(청주지방법원 2011. 8. 3. 접수 제12711호)
> 4) 얼마 후 甲은 乙에게 등기명의를 이전해 달라고 요청했으나, 특별한 이유도 없이 乙이 거부하고 있음

상황이 위와 같을 때, 甲이 위 부동산 매수와 관련하여 적절한 피고(또는 피고들)를 상대로 본인의 권리를 보장 받기 위한 소송을 제기할 경우, 소장에 기재할 적절한 청구취지를 작성하라.

<제8문의3 답안> ||||||||||||||||||||||||||||||||||||||

'3자간 명의신탁', 대위에 의한 말소

> 1. 별지 목록 기재 부동산에 관하여,
>   가. 피고 乙은 피고 <u>丙에게</u> 청주지방법원 2011. 8. 3. 접수 제12711호로 마친 <u>소유권이전등기의 말소등기절차</u>를 이행하고,
>   나. 피고 丙은 <u>원고에게</u> 2011. 6. 5. <u>매매를 원인으로 한 소유권이전등기절차</u>를 이행하라.
> 2. 소송비용은 피고들이 부담한다.
> 라는 판결을 구합니다.

> <해설1>
>   아래 '명의신탁의 법률관계' 도표 참고
>   - 명의신탁의 유형은 3자간 명의신탁

- 신탁자와 수탁자 사이 명의신탁계약 무효
- 신탁자(매수인)와 매도인 사이 매매계약 유효(매도인에게 매매에 따른 소유권이전등기청구권 존재)
- 수탁자(등기명의자)의 등기무효 → 소유권자 매도인(말소등기청구권 존재)
- 결국, 신탁자(매수인)는 위 채권을 피보전채권으로 소유자(매도인)를 대위하여 수탁자(등기명의자)의 소유권이전등기 말소를 구한 후 매매로 인한 이전등기하면 됨

<해설2>

<청구원인의 목차구성>

1. 피고 丙에 대한 소유권이전등기 청구

가. 직접청구(피보전채권)

나. 매매 요건사실

1) 3자간 명의신탁 법리

2) 원고와 丙 사이 법률관계

- 매매계약 유효

2. (채권자대위에 의한) 피고 乙에 대한 소유권이전등기 말소청구

가 채권자대위권(대위요건)

나. 소유권이전등기의 원인무효(피대위권리)

1) 3자간 명의신탁 법리

2) 乙과 丙 사이 법률관계

- 명의신탁계약 무효

- 수탁자 乙의 등기무효

3. 결론

≪중요정리≫ 명의신탁의 법률관계 (★★★★★)

※ 신탁자(甲), 수탁자(乙), 매도인(丙)

※ ① 신탁계약의 유효성(×, 예외적 유효인 신탁계약 사안은 아래 표에 해당 없음),
　② 매매계약의 유효성(△),
　③ 등기의 유효성(△) 및 등기의 소유권자 각 확정!!

		양자간 명의 신탁	3자간 명의신탁	계약명의신탁	
유　형		甲(신탁자·소유자) = 乙(수탁자)	丙(매도인) ↓등기　　＼매매 乙(수탁자) = 甲(신탁자)	丙(매도인) ↓ 매매·등기 乙(수탁자) = 甲(신탁자) 〈위임약정 + 명의신탁약정〉	
				매도인 善意	매도인 惡意
법률관계	신탁자·수탁자 甲-乙	• 신탁해지에 기한 등기청구 × (4①) (이전 or 말소) • 소유권에 기한 등기청구 ○ (4②) (말소 or 진정 명의회복)	• 신탁해지에 기한 등기청구 × • 소유권에 기한 등기청구 × • 甲은 丙에 대한 권리 보전차 丙→乙의 등기청구 대위행사 ○ (무자력 불요)	• 신탁해지에 기한 등기청구 × • 명의신탁뿐 아니라 위임약정도 일부무효 법리로 무효 • 乙 등기 유효 (4②但), 매매유효 • 甲→乙 부당이득반환 〔매매대금 상당〕 ※ 대법원 2000다21123 판결과 비교	• 乙 등기 무효 (4②), 매매무효 • 甲→乙 부당이득반환 〔매매대금 상당〕
	매도인·수탁자 丙-乙		• 소유권에 기한 등기청구 ○ (4②)	• 丙은 권리행사 ×	• 丙은 소유권 혹은 매매무효에 기한 등기청구 ○ • 乙→丙 매매대금 반환청구 ○ • 甲은 乙에 대한 부당이득보전차 乙→丙 청구 대위 ○ (무자력 필요)
	매도인·신탁자 丙-甲		• 명의신탁약정(甲-乙)은 무효, 매매는 유효 (무효사유 없음) • 甲→丙 소유권이전등기 청구 ○	• 甲은 권리행사 × (아무런 법률관계 없음)	• 甲은 권리행사 × (아무런 법률관계 없음)
수탁자의 처분행위 (4③) 〔제3자는 선악 불문 소유권취득〕		• 甲에 대한 관계에서 불법행위 〔처분당시 시가 상당 손해배상〕	• 丙에 대한 관계에서 불법행위 〔시가 상당 손해배상액 - 丙이 수령한 매매대금〕 • 丙의 甲에 대한 소유권이전등기의무 이행불능 〔시가상당의 손해배상〕	• 불법행위 × • 새로운 손해발생 × (여전히 乙은 甲에게 부당이득반환의무만 부담)	• 丙에 대한 관계에서 불법행위〔매매무효로 인한 대금반환액〕 • 손해발생 없음(학설) 〔매매대금반환은 소유권 회복과 동시이행인데, 처분행위로 동시이행이 이행불가능〕
※형사책임		• 유죄(횡령) • 부실법 7② 위반	• 무죄(횡령), 소습 • 부실법 7② 위반	• 무죄(횡령, 배임), 判 • 부실법 7② 위반	• 무죄(횡령, 배임), 判 • 부실법 7② 위반
※수탁자의 사해행위 (to 수탁자의 채권자)				• 수탁자의 책임재산 ○ • 사해행위 ○ (2007다74874)	• 수탁자의 책임재산 × • 사해행위 × (99다55069)

제**4**절 특수한 유형의 이행을 구하는 청구취지

1. 장래이행청구

가. 이행기가 장래에 도래하는 이행청구권에 관한 소에 대한 청구

나. '미리 청구할 필요'가 있는 경우에 한하여 허용(민소법 제251조)

다. 금전청구시 소촉법상 지연손해금 청구 ×

라. 가집행선고 ○ (원칙) → 성질상 불가하면 ×

미리 청구할 필요

- 채무이행기 전부터 채무자가 채무의 존재 및 범위를 다투는 경우(92다43128)
- 물건의 불법점유시 물건인도시까지의 차임상당 부당이득(74다1184)
- 정기금 지급 판결 확정 후 액수산정의 기초사실 변경(민소법 252조)

<기재례>① 변제기 미도래 (2016. 10. 9. 1억 원 대여, 변제기 2018. 10. 8., 이자 연 12%)

1. 피고는 <u>2018. 10. 8.이 도래하면</u> 원고에게 100,000,000원 및 이에 대한 2016. 10. 9.부터 다 갚는 날까지 연 12%의 비율로 계산한 돈을 지급하라.

<기재례>② 물건의 불법점유일부터 향후 인도일까지 차임 상당의 금원청구[105]

1. 피고는 원고에게 <u>2013. 4. 5.부터 별지 목록 기재 건물의 인도 완료일까지</u> 월 (매월, 각 월) 1,000,000원의 비율로 계산한 돈을 지급하라.

<기재례>③ 가압류집행 해제조건부 인용판결을 구하는 청구(★)

원고 건물 매수인, 피고 매도인, 금전채권자 甲(가압류채권자)이 원고(가압류채무자)의 피고(제3채무자)에 대한 소유권이전등기청구권을 가압류함(청

---

105) 청구원인: 부당이득반환청구 또는 손해배상청구.

주지법 2013. 1. 2. 2013카합321 가압류결정),[106] 피고는 위 가압류를 이유
로 이전등기 거부 중

1. 피고는 별지 목록 기재 건물에 관하여 원고와 소외 甲[107] 사이의 광주지방법
   원 2008. 5. 6.자 2008카합456 소유권이전등기청구권 가압류결정에 의한 집
   행이 해제되면 원고에게 2014. 3. 3. 매매를 원인으로 한 소유권이전등기절
   차를 이행하라.

<(가)압류채무자가 제3채무자를 상대로 급부를 구하는 이행소송 가능여부>

- 判例는 소유권이전등기청구 소송에서 '소유권이전등기청구권에 가압류'가 있
  는 경우, 소유권이전등기를 명하는 판결은 의사의 진술을 명하는 판결로서
  만일 이것이 확정되면 별도의 집행절차 없이 채무자(원고)는 일방적으로 이
  전등기를 신청할 수 있고 제3채무자(피고)는 이를 저지할 방법이 없으므로
  이와 같은 경우에는 가압류의 해제를 조건으로 하지 아니하는 한 법원은 이
  를 인용하여서는 안 된다고 보고 있다(대법원 92다4680 판결 등). → '가압류
  집행 해제조건부 장래이행판결(해제조건부 청구인용설)', 위 [기재례 ③] 참고

- 判例는 이와 달리 금전지급청구 소송에서 '채권(금전채권등)에 대한 가압류'
  가 있는 경우, 위 가압류는 채무자(원고)가 제3채무자(피고)로부터 현실로
  급부를 추심하는 것만을 금지하는 것이므로 채무자는 제3채무자를 상대로
  그 이행을 구하는 소송을 제기할 수가 있고, 법원은 가압류가 되어 있음을
  이유로 이를 배척할 수 없는 것으로 보고 있다(왜냐하면 채무자로서는 제3
  채무자에 대한 그의 채권이 가압류되어 있다 하더라도 채무명의를 취득할
  필요가 있고 또는 시효를 중단할 필요도 있는 경우도 있을 것이며 또한 소
  송 계속 중에 가압류가 행하여진 경우에 이를 이유로 청구가 배척된다면 장
  차 가압류가 취소된 후 다시 소를 제기하여야 하는 불편함이 있는데 반하여
  제3채무자로서는 이행을 명하는 판결이 있더라도 집행단계에서 이를 저지하
  면 될 것이기 때문, 대법원 2001다59033 판결 등). → '단순이행판결(무조건
  청구인용설)', 아래 [기재례] 참고

---

106) <만일, 원고가 소유권이전등기의 단순이행만 구했음에도 법원은 선이행판결을
할 수 있는지>
  · 쟁점1. 처분권주의와 일부인용의 허용여부(可) → 일부인용을 하는 것이 원고의 통
    상의 의사에 맞고 응소한 피고의 이익보호나 소송제도의 합리적 운영에도 부합한다.
  · 쟁점2. 현재이행의 소에서 장래이행판결 가능성(可) → '미리 청구할 필요'가 있고 원
    고의 의사에 반하는 것이 아닌 한 가능하다. 즉 단순이행청구에 선이행청구가 포함
    되어 있다고 봄(96다33938).
107) 해제조건인 가압류결정만의 특정으로 족하므로, 소외 채권자 甲의 주민등록번호
나 주소등 특정은 불필요하다.

> <예> 원고는 피고에게 2019. 10. 9. 1억 원 대여, 변제기 2020. 10. 8., 이자
> 연 10%, 원고의 채권자A 위 대여금채권에 대해 채권가압류 상태, 피고
> 가 위 가압류를 이유로 변제 거부 중
> "피고는 원고에게 1억 원 및 이에 대한 2019. 10. 9.부터 이 사건 소장부
> 본 송달일까지는 연 10%, 그 다음날부터 다 갚는 날까지는 연 12%의 각
> 비율로 계산한 돈을 지급하라."

<기재례>④ 不作爲를 명하는 판결[108]

1. 피고는 별지 목록 기재 대지 중 별지 도면 표시 1,2,3,4,1의 각 점을 차례로 연결한 선내 ㉮ 부분 100㎡에 대한 원고의 통행을 방해하는 일체의 행위를 하여서는 아니 된다.

2. 선이행청구(선이행조건부 이행청구)

가. 판결주문 유형상 '선이행판결'로서, 先履行義務의 내용을 명시

나. '장래이행판결' 일종으로 '미리 청구할 필요'가 있는 경우에 한하여 허용

다. 금전청구시 소촉법상 지연손해금 청구 ×

라. 가집행선고 ○ (원칙) → 성질상 불가하면 ×

<기재례>① 피담보채무 선변제를 조건으로 근저당권설정등기의 말소청구(★)[109]

1. 피고는 <u>원고로부터 100,000,000원을 지급받은 다음</u> 원고에게 별지 목록 기재 부동산에 관하여 청주지방법원 2013. 8. 20. 접수 제23456호로 마친 근저당권설정등기의 말소등기절차를 이행하라.

---

108) 장래이행판결의 일종으로 부작위의 내용을 구체적으로 기재한다.

109) <만일, 원고가 근저당권 말소의 단순이행청구만 구했음에도 법원이 선이행판결을 할 수 있는지>
· 쟁점1. 처분권주의와 일부인용의 허용여부(可).
· 쟁점2. 현재이행의 소에서 장래이행판결 가능성(可).

<기재례>②

원고는 피고에게 대여금 1억 원 지급청구의 본소, 피고는 원고에게 피담보
채무소멸을 원인으로 근저당권설정등기의 말소등기청구의 반소 → 판결문
주문(원고의 본소 전부인용, 피고의 반소 일부인용: 원고완승!)

1. 피고(반소원고)는 원고(반소피고)에게 100,000,000원 및 이에 대한 …부터
   …까지 … 비율로 계산한 돈을 지급하라.
2. 원고(반소피고)는 피고(반소원고)로부터 제1항 기재 금원을 지급받은 다음
   피고(반소원고)에게 별지 목록 기재 부동산에 관하여 … 마친 근저당권설정
   등기의 말소등기절차를 이행하라.
3. 피고(반소원고)의 나머지 반소청구를 기각한다.
4. 소송비용은 피고(반소원고)가 부담한다.
5. 제1항은 가집행 할 수 있다.

3. 동시이행청구(상환이행청구)

가. 원고의 청구와 원고의 의무가 동시이행관계에 있을 경우

나. 실무상은 원고가 처음부터 동시이행청구를 하기보다는 단순이행청구
   를 하면, 피고가 동시이행항변을 하는 형태로 진행

다. 금전청구시 소촉법상 지연손해금 청구 ×

라. 가집행선고 ○ (원칙) → 성질상 불가하면 ×

<정리> 동시이행관계 (★★★)

1) 실체법적 효과
   - 이행지체 불성립(항변권 행사하지 않아도 존재자체로, 존재효과설), 지연
     손해금 ×
   - 자동채권으로 상계 ×

2) 소송법적 효과
   - 반드시 항변을 해야 함(변론주의)
   - 상환이행판결(동시이행판결) 선고

3) **適用例** (법률 or 판례에 의한 확장)
 - 쌍무계약에서 대가관계에 있는 각 의무
 - 계약해제에 따른 각 원상회복의무(손해배상의무 포함)
 - 무효·취소에서 각 부당이득반환의무
 - 임대차관계 종료시 각 반환의무
 - 원인채무와 관련하여 어음(수표)이 교부된 경우 원인채무의 이행의무와 어음(수표) 반환의무 상호간

<기재례>①-1 특정물인도와 동시이행

<동산매매, 매수인 원고>
1. 피고는 <u>원고로부터 50,000,000원을 지급받음과 동시에</u> 원고에게 별지 목록 기재 자동차를 인도하라.

<임대차보증금, 임대인 원고>
1. 피고는 <u>원고로부터 100,000,000원을 지급받음과 동시에</u> 원고에게 별지 목록 기재 건물을 인도하라.

<기재례>①-2 유치권항변에 기한 동시이행판결[110]

1. 피고는 <u>소외 甲(주소: 서울 동대문구 이문동 11)로부터</u>[111] 50,000,000원을 지<u>급받음과 동시에</u> 원고에게 별지 목록 기재 자동차(건물 등)을 인도하라.

<기재례>② 부동산 매매계약의 이행

<매수인이 원고>
1. 피고는 <u>원고로부터 100,000,000원을 지급받음과 동시에</u> 원고에게 별지 목록 기재 부동산에 관하여 2014. 3. 8. 매매를 원인으로 한 소유권이전등기절차를 이행하라. ※ 가집행 ×

---

110) 유치권항변이 정당한 경우 실무상 동시이행판결을 내리는바, 이유는 원고청구를 단순 기각하는 것보다 동시이행(상환이행)판결을 내리는 것이 원고의사에 부합하기 때문이다(처분권주의의 완화).

111) 공사대금등을 지급할 자가 제3자여서 원고가 채무를 부담할 이유가 없는 사안에서도, 실무상은 '원고로부터' 채권금을 지급받음과 동시에 인도를 명하는 상황이행판결을 내리기도 한다.

<매도인이 원고>

1. 피고는 <u>원고로부터 별지 목록 기재 부동산에 관하여 2014. 3. 8. 매매를 원인</u> <u>으로 한 소유권이전등기절차를 이행받음과 동시에</u> 원고에게 100,000,000원을 지급하라.   ※ 가집행 ○

<기재례>③ 부동산 매매계약의 이행, 중도금의 이행지체(★)

<u>원고(매도인)</u> 2013. 8. 18. 부동산 매매계약 체결 계약금 1,000만 원 수령, 중도금 4,000만 원의 지급기일 같은 해 10. 18., 잔금 5,000만 원의 지급기일 같은 해 11. 18., 현재 피고(매수인)는 중도금 및 잔금을 지체하고 있음

1. 피고는 원고로부터 별지 목록 기재 부동산에 관하여 2013. 8. 18. 매매를 원인으로 한 소유권이전등기절차를 이행받음과 동시에 원고에게 90,000,000원 및 위 돈 중 40,000,000원에 대한 2013. 10. 19.부터 2013. 11. 18.까지 연 5%의 비율로 계산한 돈[112]을 지급하라.

<설명>

매수인의 중도금지급의무는 선이행의무이므로 지급기일 다음날부터 지연손해금이 발생한다. 다만, 그 상태로 잔대금 지급기일이 도래하면 매수인의 중도금 및 잔금 지급의무와 매도인의 소유권이전의무가 동시이행관계에 놓이게 되므로(매수인의 동시이행항변권 행사도 不要) 그 때부터는 이행지체 책임을 지지 않는다(97다54604).

<기재례>③-1 부동산 매매계약의 이행, 근저당말소와 소유권이전

<u>원고(매도인)</u> 2013. 8. 18. 부동산 매매계약 체결 계약금 1,000만 원 수령, 잔금 9,000만 원의 지급기일 같은 해 11. 18., 한편 위 매도 부동산에는 피담보채무액 2,000만 원의 저당권등기(저당권자 甲)가 설정되어 있고 말소되지 않은 상태임

1. 피고(매수인)는 원고(매도인)로부터 별지 목록 기재 부동산에 관하여 2013. 8. 18. 매매를 원인으로 한 소유권이전등기절차를 이행받음과 <u>동시에</u> 원고에게 90,000,000원을 지급하되, <u>그 중(위 돈 중)</u> 20,000,000원은 위 부동산에 관하여 청주지방법원 2012. 8. 20. 접수 제23456호로 마친 저당권 설정

---

112) 중도금에 대한 위 지체기간 지연손해금을 직접 계산하여 9,000만 원에 합산해도 된다.

등기를 말소받음과 동시에 지급하라.

<설명1>

　매수인의 잔대금지급의무는 매도인의 소유권이전등기의무와는 물론 근저당권말소의무와도 동시이행관계에 있다(91다23103). 나아가 그 지급거절의 한도는 근저당권의 피담보채권액의 한도가 될 것이다(민법 제588조, 매매 목적물에 권리주장자가 있을 경우 매수인의 대금지급거절권)

<설명2>

　다만, 등기절차상의 말소의무자는 매도인이 아니므로 주문에 '저당권설정등기의 말소등기절차를 이행받음'이란 표현은 ×

<생각해 볼 점>

　만일 위 사례에서 원고가 매수인이라면 주문은 어떻게 달라질까?

　→ 피고(매도인)는 원고(매수인)로부터 70,000,000원을 지급받음과 동시에 원고에게 …에 관하여 … 소유권이전등기절차를 이행하라.

<기재례>④ 부동산 매매계약의 取消, 부당이득반환

원고(매수인) 2013. 8. 18. 매매대금 1억 원 지급, 같은 날 등기 및 점유이전, 2014. 1. 2. 계약취소

1. 피고는 원고로부터 별지 목록 기재 부동산에 관하여 대전지방법원 금산등기소 2013. 8. 18. 접수 제12345호로 마친 소유권이전등기의 말소등기절차를 이행받음(&위 부동산을 인도받음)과 동시에 원고에게 100,000,000원을 지급하라.

<설명>

　– 쌍무계약이 취소된 경우, 선의의 매수인(원고)에게는 민법 제201조가 적용되어 과실취득권이 인정되는 이상(매도인은 매수인을 상대로 부동산 사용이익 상당의 부당이득반환 ×), 선의의 매도인(피고)에게도 민법 제587조[113]가 유추적용 되어 매매대금의 운용이익 내지 법정이자의 반환을 인정하지 않도록 하는 것이 형평성에 맞다 할 것이므로, 결국 원고(매수인)는 피고(매수인)을 상대로 매매대금의 지급일(또는 이행최고한 때)로부터의 법정이자(연 5%)를 부당이득반환으로 청구할 수 없게 된다(92다45025).

---

113) 제587조(과실의 귀속, 대금의 이자) 매매계약 있은 후에도 인도하지 아니한 목적물로부터 생긴 과실은 매도인에게 속한다. 매수인은 목적물의 인도를 받은 날로부터 대금의 이자를 지급하여야 한다. 그러나 대금의 지급에 대하여 기한이 있는 때에는 그러하지 아니하다

- 정리하면, 매매계약이 취소된 경우, '매도인'과 '매수인' 쌍방은 상대방에게 부당이득반환으로 원금(또는 원물) 이외에 법정이자 또는 사용이익 상당의 임료를 청구할 수 없다.

<기재례>⑤ 부동산 매매계약의 解除, 원상회복(부당이득반환) (★)

<u>원고(매수인)</u> 2019. 8. 18. 매매대금 1억 원 지급, 같은 날 등기 및 점유이전, 2020. 1. 2. 계약해제

1. 피고는 원고로부터 별지 목록 기재 부동산에 관하여 대전지방법원 금산등기소 2013. 8. 20. 접수 제12345호로 마친 소유권이전등기의 말소등기절차를 이행받음(&위 부동산을 인도받음)과 <u>동시에</u> 원고에게 <u>100,000,000원 및 이에 대한 2013. 8. 18.부터 다 갚는 날까지 연 5%의 비율로 계산한 돈을 지급하라.</u>

<설명1>

- 쌍무계약이 해제된 경우 원상회복(부당이득반환 성질)을 해야 하는바, 그 것이 금전(원금)반환일 경우는 민법 제548조 제2항[114]에 의하여 받은 날로부터 이자를 가산하여야 한다. 한편, 이러한 이자도 원상회복으로써 일종의 부당이득반환의 성질을 가지는 것이지 이행지체로 인한 손해배상은 아니라고 할 것이므로, 위 이자에는 소촉법에 의한 법정이율(연 12%)을 적용할 수는 없다(2001다76298).
- 즉, 아래와 같이 주문은 잘못된 표현이다.
   "피고는 원고로부터 별지 목록 기재 부동산에 관하여 대전지방법원 금산등기소 2013. 8. 20. 접수 제12345호로 마친 소유권이전등기의 말소등기절차를 이행받음(&위 부동산을 인도받음)과 동시에 원고에게 100,000,000원 및 이에 대한 2013. 8. 18.부터 이 사건 소장부본 송달일까지는 연 5%의, 그 다음날부터 다 갚는 날까지는 연 12%의 각 비율로 계산한 돈을 지급하라." → ×

<설명2>

- 단, 위 판례는 이행지체가 성립되지 않는 동시이행관계일 때(존재효과설, 항변 불요) 한정하여 이해해야 하며, 동시이행관계가 아니어서 일방의 원상회복의무가 이행지체에 빠진 것이 명백한 상황이라면 당연히 지연손해금(지연이자)이 발생하고 그 지연손해금엔 소촉법 이율도 적용될 수 있다는 점을 유의하라(2011다50509).

---

114) 제548조(해제의 효과, 원상회복의무) ① (생략) ②<u>전항의 경우에 반환할 금전에는 그 받은 날로부터 이자를 가하여야 한다.</u>

<설명3>
- 한편, 판례에 따르면 매매계약이 해제된 경우, <u>매도인은 원상회복으로써 원물의 반환 이외에 원물 사용이익(객관적 임료, 이자) 상당의 부당이득반환도 청구하는 것이 가능하다고 본다.</u>
- 그 이유는 매매계약이 해제될 경우, 매수인은 민법 제548조 제2항에 의해 매도인을 상대로 기 지급한 금원(원금) 이외에 이자도 가산하여 지급받을 수 있으므로, 위 민법 규정의 취지에 비추어 볼 때, 매수인도 원물을 점유 사용한 경우라면 매도인에게 계약해제로 원물을 반환하면서 그 점유한 날로부터 이를 사용함으로써 얻은 이익을 부가하여 반환하도록 하는 것이 형평의 요구에 부합하기 때문이다(74다1383 등).
- 위 판례에 따르면, 결과적으로는 계약해제의 경우는 민법 제201조 제1항(선의의 점유자의 과실취득권)이 적용되지 않는 결론이 나온다.
- 정리하면, 매매계약이 해제된 경우, '매도인'과 '매수인' 쌍방은 각 상대방에게 부당이득반환으로 원금(또는 원물) 이외에 이자 또는 사용이익 상당의 임료를 각 청구할 수 있게 된다.

<기재례>⑥ 임대차계약의 終了(기간도과, 해지), 기본형

<임대인이 원고>
1. 피고는 <u>원고로부터 100,000,000원을 지급받음과 동시에</u> 원고에게 별지 목록 기재 건물을 인도하라. ※ 가집행 ○

<임차인이 원고>
1. 피고는 <u>원고로부터 별지 목록 기재 건물을 인도받음과 동시에</u> 원고에게 100,000,000원을 지급하라. ※ 가집행 ○

<기재례>⑦ 임대차계약의 終了(기간도과, 해지), 응용기본형 (★★★)

원고(건물 임대인) 2011. 8. 1. 임대차보증금 1억 원 수령, 월 임료 100만 원(매달 말일 지급), 임차인 2012. 6. 30.까지 월차임 지급 후 연체 중, 계약 종료일 2013. 7. 31.

1. 피고는 <u>원고로부터 ①100,000,000원에서 ②2012. 7. 1.부터 별지 목록 기재 건물의 인도 완료일까지 월 1,000,000원의 비율로 계산한 금액을 공제한 ③나머지 돈을 지급받음과 동시에</u> 원고에게 위 건물을 인도하라.[115] (①-②=③)

<비공제방식으로 달리 표현하면,>
1. 피고는 원고에게,
   가. 원고로부터 ①100,000,000원을 지급받음과 <u>동시에</u> 별지 목록 기재 건물을 인도하고,
   나. ②2012. 7. 1.부터 위 건물 인도 완료일까지 월 1,000,000원의 비율로 계산한 돈을 지급하라.[116]

<설명>
- ①임대차보증금은 임대차계약 종료에 따라 목적물을 인도할 때까지 임대차와 관련해 발생하는 임차인의 모든 채무(②연체차임, 차임상당 부당이득금 + 관리비, 전기료, 수도료 + 기타 손해배상금 등)를 담보하는 것이므로, 당연 공제되는 것이며, 결국 임차인은 위 금액을 공제된 잔액에 관하여만 반환청구권이 있다.
- 따라서 사례에서 손해배상금등(ex: 건물훼손 보수손해 1,000만 원)이 특정되어 있을 경우, 위 금액은 ①임대차보증금에서 미리 공제하면 족하다(ex: 잔여보증금 9,000만 원).

<기재례>⑧ 토지 임대차계약의 終了와 건물매수청구권 행사, 심화형 (★★)

<u>원고는 토지의 소유자 겸 임대인(건물 소유 목적의 토지임대차 ○)</u>, 2012. 3. 8. 토지 임대차기간 개시, 토지 임차인 甲은 위 토지 지상에 건물을 신축한 건물소유자,[117] 토지의 전부가 건물의 부지(대지)로 사용되고 있음, 위 甲으로부터 건물을 임차한 乙, 위 토지 임대차기간 2014. 3. 7. 만료(연체된 임료 없음), 원고는 임대차보증금 2,000만 원을 甲에게 반환하지 않은 상태, 토지 임차인 甲이 2012. 3. 12. 건물매수청구권 행사, 토지 약정임료는 월 200만 원, 건물의 시세는 8,000만 원

1. 원고에게,
   가. <u>피고 甲은</u>,
      1) 원고로부터 80,000,000원을 지급받음과 동시에 별지 목록 기재 **건물**에 관하여 2012. 3. 12. 매매를 원인을 한 <u>소유권이전등기절차를 이행</u>[118]하고, 위 <u>건물을 인도</u>[119]하고,[120][121]

---

2) 2014. 3. 8.부터 별지 목록 기재 토지의 인도 완료일까지 월 2,000,000원의 비율로 계산한 돈을 지급[122]하고,

나. 피고 乙은 위 가.의 2)항 기재 건물을 인도[123]하라.

〈정리〉 소송촉진 등에 관한 특례법의 적용

1. 소촉법이 적용되는 경우(같은 법 제3조)
   - 금전이행판결에 대해 이행지체에 따른 지연이자 연 12%
   - 원고 전부승소: 소장부본 송달일 다음날부터 다 갚는 날까지 연 12% (제1항)
   - 원고 일부승소: 판결 선고일 다음날부터 다 갚는 날까지 연 12% (제2항)
2. 소촉법이 적용되지 않는 경우
   - 장래이행판결, 선이행판결, 상환이행판결: 이행기가 장래이거나 조건 또는 동시이행조건으로 이행되는 것이므로, 이행지체가 발생하지 않음
   - 형성판결에 기초한 금전이행판결(예컨대, 사해행위 취소에 따른 가액배상판결, 이혼에 따른 재산분할판결 등): 이행기 도래가 판결확정 이후임이

---

117) 지상물매수청구권은 지상물 소유 목적으로 토지임대차계약을 체결하면 족하므로, 부속물매수청구권과 달리 반드시 임대인의 동의를 얻어 건물을 신축할 필요는 없다(93다34589). 또한 행정관청의 허가를 얻지 못한 무허가 불법건물이라도 상관없다(97다37753). 반면, 토지 임차인의 차임연체, 무단전대 등 채무불이행으로 계약이 해지된 경우는 지상물매수청구권이 인정되지 않는다는 점을 유의하라(민법 제643조).

118) 청구원인: 토지 임대차계약종료에 따른 토지임차인의 건물매수청구권행사로 인해 건물에 관한 매매계약이 성립됨 → 건물 매매계약에 기한 건물 소유권이전등기청구(건물의 매매대금지급과 동시이행관계, 피고는 건물의 소유자이자 매도인 甲).

119) 청구원인: 토지 임대차계약종료에 따른 토지임차인의 건물매수청구권행사로 인해 건물에 관한 매매계약이 성립됨 → 건물 매매계약에 기한 건물 인도청구(건물의 매매대금지급과 동시이행관계, 피고는 건물의 소유자이자 매도인 甲).

120) 이와 같이 '토지의 전체가 건물의 부지(대지)로만 사용되고 있다고 가정한다'는 전제로 사실관계가 주어졌다면, 소장 청구취지(주문)는 '건물인도청구 및 건물의 점유사용이익 상당 부당이득반환청구'만 구하는 것으로 족하며, 토지의 인도청구(×, 청구기각) 및 토지의 점유사용 부당이득반환청구(×, 청구기각)는 중복되고 불필요한 청구이어서 사실상, 법리상 불가능하다.

121) 피고 甲은 임대차보증금 2,000만 원에 관하여 반소로써 2,000만 원의 지급을 구할 수 있다. 이 경우 원고는 토지인도청구권으로 동시이행항변하는 것은 가능하다.

122) 청구원인: 토지 임대차종료에 따른 토지사용이익 상당의 부당이득반환청구 또는 불법행위로 인한 손해배상청구(피고는 건물소유 자체로 토지를 점유·사용하는 건물소유자 甲).

123) 청구원인: 원고는 아직 건물 소유자가 아니므로 원고가 피고 甲에 대한 건물 인도청구권을 보전하기 위하여 피고 甲이 피고 乙에 대해 가지는 인도청구권을 대위행사.

명백하기 때문에 그 전에 이행지체가 발생하지 않으며, 판결 확정 이후부터 민사법정이자(연 5%)를 구하는 것으로 족함

<정리> 가집행의 선고

1. 가집행선고를 할 수 있는 경우(민소법 제213조 제1항 본문 + 실무)
   - 재산권의 청구에 관한 판결
   - 실무상 원칙적으로는 협의의 집행력을 가지는 이행판결의 경우에 限定
   - 장래이행판결, 선이행판결, 동시이행판결(상환이행판결), 대상청구에 대한 판결에도 원칙적으로는 가집행 可(동시이행 관계에 있는 반대급부의 이행은 집행개시의 요건이고(민집법 제41조 제1항), 선이행관계에 있는 반대급부의 이행은 조건에 해당하므로 집행문부여의 요건이 됨) → 단, 이행을 구하는 마지막 부분이 성질상 허용되지 않는 경우라면 不可
   - 형성판결임에도 예외적으로 가집행을 붙일 수 있는 경우 有: 청구이의의 소 또는 제3자이의의 소에서 잠정처분의 인가, 변경, 취소결정 및 강제집행정지결정(민집법 제47조 제2항 등 명문규정)
2. 가집행선고가 허용되지 않는 경우
   - 이혼청구 등 신분상의 청구와 같은 비재산권에 관한 청구
   - 재산권에 관한 의사의 진술을 명하는 판결(특히, 등기절차의 이행을 명하는 판결): 확정되어야만 의사의 진술이 있는 것으로 간주됨
   - 확인판결: 집행이 불가하기 때문
   - 형성판결: 판결이 확정되어야 비로소 형성의 효과가 발생하기 때문
   - 형성판결에 기초한 장래이행판결(예컨대, 사해행위취소에 따른 가액배상판결, 이혼에 따른 재산분할판결 등): 이행기 도래가 판결이 확정된 이후임이 명백하기 때문
   - 가압류, 가처분 판결: 확정을 기다릴 필요 없이 당연히 집행력 발생
   - 결정, 명령: 즉시 집행력이 발생

<공통된 사실관계>

1) 甲은 2015. 2. 10. 본인 소유의 별지 목록 기재 부동산에 관하여 乙에게 1억 원에 매도하는 매매계약을 체결하였다(계약금 1,000만 원은 계약체결 당일 수령, 중도금 4,000만 원의 지급기일은 2015. 3. 10., 잔금 5,000만 원의 지급기일은 2015. 5. 10., 잔금의 지급과 동시에 소유권이전등기를 경료하기로 함, 중도금 및 잔금 지급 지체시 월 2%의 지연손해금 가산하기로 각 약정).

2) 이후 乙은 중도금의 지급기일에 甲에게 중도금을 지급하지 않았고, 그러던 중 잔금의 지급기일까지 도과되었으며, 결국 乙은 현재 중도금 및 잔금을 지급하지 않은 상태이다.

<u>매도인 甲</u>이 매매대금을 지급받기 위한 소송을 제기할 경우 전부승소 할 수 있도록 소장의 청구취지를 작성하라.

<제1문의1 답안> ||||||||||||||||||||||||||||||

매매계약의 이행 및 동시이행(중도금의 이행지체)

1. 피고(乙)는 원고(甲)로부터 별지 목록 기재 부동산에 관하여 2015. 2. 10. 매매를 원인으로 한 소유권이전등기절차를 이행받음과 **동시에** 원고에게 90,000,000원 및 / <u>위 돈 중 40,000,000원</u> 대한 2015. 3. 11.부터 2015. 5. 10.까지 연 24%의

<u>비율로 계산한 돈을</u> / 지급하라.

2. 소송비용은 피고가 부담한다.

3. 제1항은 가집행할 수 있다.

라는 판결을 구합니다.

<해설>

   본 교재 제3장 제4절 3. [기재례 3]

   – 중도금 부분은 선이행의무가 있으므로 지급기일 이후 지연손해금이 발생
     하나(이행지체 ○), 잔금 지급기일 이후부터는 동시이행관계에 있으므로
     지연손해금 미발생(이행지체 ×)

   – 밑줄 친 부분을 계산한 다음(160만 원), 위 9,000만 원에 합산해도 무방함
     (9,160만 원)

▨ <제1문의 2>

> \<추가된 사실관계>
>
> 1) 위 공통된 사실관계와 같음
>
> 2) 위 공통된 사실관계와 같음
>
> 3) 한편, 甲은 2015. 1. 20. 丙으로부터 5,000만 원을 차용하면서 그 담보로 별지 목록 기재 부동산에 근저당권을 설정하여 준 적이 있는데(청주지방법원 2015. 1. 20. 접수 제2345호, 채권최고액 7,500만 원, 채무자 甲, 근저당권자 丙), 아직 위 근저당권설정등기가 존재하며, 현재 시점 기준 甲의 丙에 대한 위 차용금 원리금 채무는 3,500만 원이다.
>
> 4) 현재 매수인 乙은 위 근저당권등기가 말소되지 않는 한 甲에게 중도금 및 잔금을 지급하지 않겠다고 이행을 거부하고 있다.

<u>매도인 甲이</u> 매매대금을 지급받기 위한 소송을 제기할 경우 전부승소 할 수 있도록 소장의 청구취지를 작성하라.

<제1문의2 답안> ||||||||||||||||||||||||||||||

매매계약의 이행 및 동시이행(중도금의 이행지체+근저당권 말소와 소유권이전)

> 1. 피고(乙)는 원고(甲)로부터 별지 목록 기재 부동산에 관하여 2015. 2. 10. 매매를 원인으로 한 소유권이전등기절차를 이행받음과 **동시에** 원고에게 90,000,000원 및 / 위 돈 중 40,000,000원 대한 2015. 3. 11.부터 2015. 5. 10.까지 연 24%의 비율로 계산한 돈을 / <u>지급하되</u>, // 그 중(위 돈 중) 35,000,000원은 원고로부터 <u>위 부동산에 관하여 청주지방법원 2015. 1. 20. 접수 제2345호로 마친 근저당권설정등기를 말소받음과</u> **동시에** 지급하라. //
>
> 2. 소송비용은 피고가 부담한다.
>
> 3. 제1항은 가집행할 수 있다.
>
> 라는 판결을 구합니다.

<해설>

본 교재 제3장 제4절 3. [기재례 3] 동시이행 + [기재례 3-1] 동시이행 2개 주문이 복합된 형태

- 매매계약 이행 및 동시이행에 있어 중도금 부분에 관한 이행지체(지연손해금) 기재법은 위 해설 참고
- 매수인의 매매잔대금 지급의무는 매도인의 근저당권말소 및 소유권이전등기의무와 동시이행관계임, 기재표현 주의 '말소등기절차를 이행받음과 동시에' (×)

▨▨▨ <제1문의 3>

<변경된 사실관계>

1) 위 공통된 사실관계와 같음

2) 위 공통된 사실관계와 같음

3) 한편, 乙에 대한 대여금 1억 원의 채권자인 丁은 위 매매계약 체결 사실을 알게 되자 2015. 3. 20. 위 대여금을 청구채권으로 乙의 甲에 대한 위 매매계약에 따른 소유권이전등기청구권에 가압류 결정을 받았고(청주지방법원 2015카단234호 가압류결정, 채무자 乙, 제3채무자 甲), 그 가압류결정문이 같은 달 23. 甲과 乙에게 각 송달되었다.

4) 乙은 잔금 지급기일인 2015. 5. 10.경 미지급한 중도금은 물론 잔금을 지급하려 했으나, 현재 매도인 甲은 위 丁의 가압류 때문에 이전등기를 해줄 수는 없다며 이행을 거부하고 있다.

매수인 乙이 소유권이전등기를 받기 위한 소송를 제기할 경우 전부승소 할수 있도록 소장의 청구취지를 작성하라.

<제1문의3 답안> ‖‖‖‖‖‖‖‖‖‖‖‖‖‖‖‖‖‖‖‖‖‖‖‖‖

매매계약의 이행 및 동시이행(중도금의 이행지체)+장래이행(가압류집행해제 조건부 소유권이전

1. 피고(甲)는 원고(乙)로부터 90,000,000원 및 / 위 돈 중 40,000,000원 대한 2015. 3. 11.부터 2015. 5. 10.까지 연 24%의 비율로 계산한 돈을 지급받음과 **동시에** // 별지 목록 기재 부동산에 관하여 원고와 소외 丁 사이의 청주지방법원 2015. 3. 20.자 2015카단234 소유권이전등기청구권 가압류결정에 의한 **집행이 해제되면**, // 원고에게 2015. 2. 10. 매매를 원인으로 한 소유권이전등기절차를 이행하라.

2. 소송비용은 피고가 부담한다.

라는 판결을 구합니다.

<해설>

 본 교재 제3장 제4절 3. [기재례 3] 동시이행 + 제3장 제4절 1. [기재례 3] 장래이행 2가지 주문이 복합된 형태

 - 매매계약 이행 및 동시이행에 있어 중도금 부분에 관한 이행지체(지연손해금) 기재법은 위 해설 참고
 - 소유권이전등기청구의 소에서 소유권이전등기청구권에 대해 가압류가 되어 있는 경우 반드시 가압류가 해제됨을 조건으로 이전등기를 명해야 함.
 - 왜냐하면 조건 없이 등기절차이행을 명하는 판결(의사진술을 명하는 판결)이 확정되면 가압류채무자(원고)는 일방적으로 이전등기를 즉시 신청할 수 있어 제3채무자(피고)로서는 채무자의 일방적인 등기를 저지할 방법이 없기 때문임 vs 이에 반해 일반 금전채권 이행청구의 소에서 금전채권에 대해 가압류되어 있는 경우 가압류집행해제조건부 이행판결이 필요가 없는바 (단순이행판결), 이는 가압류채무자(원고)가 단순이행판결로 집행해 오더라도 제3채무자(피고)가 그 집행절차단계 중 위 가압류를 이유로 저지를 할 수 있기 때문임
 - 마지막 부분 등기절차이행을 구하는 것이므로 가집행 ×

▨▨▨ **＜제2문의 1＞**

<공통된 사실관계>

1) 甲은 2020. 1. 9. 본인 소유의 별지 목록 기재 토지에 관하여 乙에게 1억 원에 매도하는 매매계약을 체결하였다(계약금 1,000만 원 당일 수령, 중도금 2,000 만 원의 지급기일은 2020. 2. 9., 잔금 7,000만 원의 지급기일은 2020. 8. 9., 위약금약정은 없음).

2) 乙은 2020. 2. 9. 중도금 2,000만 원을 지급했으나, 이후 잔금 지급을 지체하고 있다.

3) 甲은 乙에게 소유권이전등기를 해 줄 준비가 되어 있다고 알리며 매매잔금 지급의 이행을 독촉하였고, 여의치 않자 매매계약을 해제하는 내용증명을 발송해 그 통지가 2021. 1. 9. 乙에게 도달하였다. → **등기이전 ×, 토지인도 ×**

4) 이에 乙은 2021. 1. 10. 甲에게 기 지급한 매매대금 반환을 요구하였으나, 甲은 乙의 귀책으로 매매계약이 해제된 것이니 기 지급된 매매대금을 돌려주지 않겠다고 답변하였다.

매도인 甲의 해제가 적법한 것일 때, 매수인 乙 입장에서 자신의 권리를 최대한 구제받기 위한 소송(기 지급한 대금 원상회복)에서 전부승소를 할 수 있도록 소장의 청구취지를 작성하라.

＜제2문의1 답안＞ ‖‖‖‖‖‖‖‖‖‖‖‖‖‖‖‖‖‖‖‖‖‖‖

매매계약의 해제, 일방의 원상회복

1. 피고는 원고에게 30,000,000원 및 위 돈 중(그 중) 10,000,000원에 대하여는 2020. 1. 9.부터, 20,000,000원에 대하여는 2020. 2. 9.부터, 각 이 사건 소장부본 송달일까지는 연 5%, 그 다음날부터 다 갚는 날까지는 연 12%의 각 비율로 계산한 돈을 지급하라.

2. 소송비용은 피고가 부담한다.

3. 제1항은 가집행할 수 있다.

라는 판결을 구합니다.

<해설1>

매매계약의 해제와 일방 원상회복

- 사안은 계약이 해제되었으나 매수인인 원고는 원상회복할 것이 없으므로 동시이행청구를 구할 필요가 없고, 단순 금전이행청구로 족하다.
- 주의할 점은, 본 사안에서 원고(매수인)의 귀책사유로 계약이 해제되었으나, 위약금약정(손해배상액의 예정)이 없었으므로, 피고가 원고의 채무불이행으로 인한 실제 손해액을 입증하지 못하는 한, 계약금(임의해제금 성격)을 함부로 위약금이라 주장하여 몰취(공제)할 수는 없다.

<해설2>

계약해제와 금전반환(민법 제548조 제2항)

- 계약해제로 인한 원상회복은 부당이득반환의 성격을 가진다. 다만, 그 회복 대상이 '금전(원금)'일 경우는 받은 날로부터 '이자(법정이자)'를 가산하여 지급하게 되는데(민법 제548조 제2항), 위 민법상 이자도 일종의 '부당이득 반환의 성질'로 보는 것이 판례이다. → 위 민법이자 = 법정이자 O, 부당이득금 O vs 지연손해금(지연이자) ×
- 다만, 본 사례의 경우는 계약해제로 인한 원상회복이 쌍방 동시이행관계에 있지 않으므로, 위 부당이득반환(원금(+이자)에 그치지 않고, 지연손해금도 발생할 수 있으므로, 민법은 물론 소촉법상의 법정이율이 적용되는 구간이 발생하였다.

(1) 계약금(원금) 1,000만 원

    * 법정이자(부당이득이자) (시기: 금전 받은 날 2020. 1. 9., 만기: 대금반환청구(최고)일 2021. 1. 10., 위 기간이자에 대한 약정이율은 無, 민법상 법정이율 적용. 연 5%)

    * 지연손해금① (시기: 대금반환청구(최고)일의 다음날 2021. 1. 11., 만기: 소장부본 송달일, 지연이자에 대한 약정이율은 無 & 기간이자에 대한 약정이율도 無, 민법상 법정이율 적용. 연 5%)

    * 지연손해금② (시기: 소장부본 송달일 다음날, 만기: 다 갚는 날, 지연이자에 대한 약정이율은 無 & 기간이자에 대한 약정이율도 無, 소촉법상 법정이율 연 12%보다 낮으므로, 소촉법상 법정이율 적용. 연 12%)

(2) 중도금(원금) 2,000만 원

    * 법정이자(부당이득이자) (시기: 금전 받은 날 2020. 2. 9., 만기: 대금

<u>반환청구(최고)일</u> 2021. 1. 10., 위 기간이자에 대한 약정이율은 無, 민법상 법정이율 적용. 연 5%)

* 지연손해금① (시기: 대금반환청구(최고)일의 다음날 2013. 1. 11., 만기: 소장부본 송달일, 지연이자에 대한 약정이율은 無 & 기간이자에 대한 약정이율도 無 , 민법상 법정이율 적용. 연 5%)

* 지연손해금② (시기: 소장부본 송달일 다음날, 만기: 다 갚는 날, 지연이자에 대한 약정이율은 無 & 기간이자에 대한 약정이율도 無, 소촉법상 법정이율 연 12%보다 낮으므로, 소촉법상 법정이율 적용. 연 12%)

→ 마지막으로 위 각 원금에 대한 각 이자의 분설 내용을 간결하게 축약하면 끝.

▨ <제2문의 2>

> <변경된 사실관계1>
>
> 1) 위 공통된 사실관계와 같음
>
> 2) 乙은 2020. 2. 9. <u>중도금 2,000만 원을 지급</u>하였고, 甲은 같은 날 乙에게 토지에 관한 <u>소유권이전등기를 미리 경료</u>해 주었다(청주지방법원 2020. 2. 9. 접수 제 1234호). → **등기이전 ○, 토지인도** ×
>
> 3) 믿었던 乙은 매매잔금 지급을 지체하였고, 甲은 乙에게 매매잔금 지급의 이행을 독촉한 후 여의치 않자 매매계약의 해제 및 원상회복을 구하는 내용증명을 발송해 그 통지가 <u>2021. 1. 11. 乙에게 도달</u>하였다.

1. 매도인 甲의 해제가 적법한 것일 때, <u>매도인 甲 입장</u>에서 자신의 권리를 최대한 구제받기 위한 소송(<u>기 이행한 소유권이전등기의 원상회복</u>)에서 전부승소를 할 수 있도록 소장의 청구취지를 작성하라.

2. 만일, 매수인 乙이 위 부동산을 재매각한 경우를 3가지의 사례로 가정하여 ①<u>2021. 1. 5. 악의(惡意)의 A에게</u>, ②<u>2021. 1. 15. 선의(善意)의 A에게</u>, ③ 2014. 1. 15. 악의의 A에게, 각각 1억2,000만 원에 매도하여 당일 매매대금 전액을 지급받고 소유권등기를 이전하여 주었다고 가정할 경우(각 청주지방법원 2021. 1. 20. 접수 제2345호, 단 점유이전은 ×), 또한 매도인 甲의 위 해제가 적법한 것일 때, 위 ①,②,③의 사례에서 <u>매도인 甲 입장</u>에서 자신의 권리를 구제받기 위하여 적절한 피고(피고들)를 상대로 한 소장의 청구취지를 작성하라.

<제2문의2 답안> ‖‖‖‖‖‖‖‖‖‖‖‖‖‖‖‖‖‖‖‖‖‖‖‖‖

매매계약의 해제, 쌍방의 원상회복(동시이행), 제3자 보호범위

> 1.의 답- 매매계약의 해제, 쌍방의 원상회복(동시이행)
>
>   1. 피고는 <u>원고로부터 30,000,000원 및 위 돈 중(그 중) 10,000,000원</u>에 대하여

는 2020. 1. 9.부터, 20,000,000원에 대하여는 2020. 2. 9.부터, 각 이 사건 소장부본 송달일까지 연 5%의 비율로 계산한 돈을 지급받음과 동시에 원고에게 별지 목록 기재 토지에 관하여 청주지방법원 2020. 2. 9. 접수 제1234호로 마친 소유권이전등기의 말소등기절차를 이행하라.

2. 소송비용을 피고가 부담한다.

라는 판결을 구합니다.

<해설>

매매계약의 해제와 쌍방 원상회복 및 동시이행, 본 교재 제3장 제4절 3. 동시이행청구 [기재례5]

– 계약해제로 인한 원상회복이 금원(원금=부당이득반환의 성질)의 반환일 경우 민법 제548조 제2항에 의해 금원을 받은 날로부터 이자(이자=부당이득반환의 성질)를 가산해야 하는바, 동시이행관계에 있을 경우 이행지체(지연손해금)는 발생할 여지가 없으므로, 위 이자에 소촉법에 의한 이율(12%)을 적용할 수 없다(2011다50509).

– <주의> '… 10,000,000원 및 2013. 1. 9.부터 이 사건 소장부본 송달일까지는 연 5%의, 그 다음날부터 다 갚는 날까지는 연 12%의 각 비율에 의한 금원을 지급받음과 동시에 …' → ×

2.의 답 – 매매계약의 해제와 제3자 보호범위

<질문 ①,②>

1. 피고(乙)는 원고에게 90,000,000원(재매각금 1억2,000만 원 – 기 수령금 3,000만 원) 및 이에 대한 ①2021. 1. 5.부터(②번 질문은 2021. 1. 15.부터) 이 사건 소장부본 송달일까지는 연 5%, 그 다음날부터 다 갚는 날까지는 연 12%의 각 비율로 계산한 돈을 지급하라.

2. 소송비용은 피고가 부담한다.

3. 제1항은 가집행할 수 있다.

라는 판결을 구합니다.

<질문 ③>

1. 별지 목록 기재 토지에 관하여, 원고에게,

가. 피고 乙은 원고로부터 30,000,000원 및 위 돈 중(그 중) 10,000,000원에 대하여는 2020. 1. 9.부터, 20,000,000원에 대하여는 2020. 2. 9.부터 각 다 갚는 날까지 연 5%의 비율로 계산한 돈을 지급받음과 동시에 별지 목록 기재 토지에 관하여 청주지방법원 2020. 2. 9. 접수 제 1234호로 마친 소유권이전등기의,

나. 피고 A는 청주지방법원 2021. 1. 20. 접수 제 2345호로 마친 소유권이전 등기의,

각 말소등기절차를 이행하라.

2. 소송비용은 피고가 부담한다.

라는 판결을 구합니다.

<해설>

민법 제548조 제1항 단서(제3자 권리 해하지 못함, 대항불가)의 의의

1) 제3자의 의미 → 해제된 계약으로부터 생긴 법률적 효과를 기초로 하여 새로운 이해관계를 가졌을 뿐만 아니라 등기·인도등으로 완전한 권리를 취득한 자(判)

2) 해제의 의사표시 前(선, 악 불문) vs 해제의 의사표시 後(선의)

3) 따라서 질문①,②의 경우
  - 모두 제3자인 A는 보호되며, 결과적으로 A를 피고로 삼을 수 없고 정답에 차이가 없다.
  - 정리하면, 매도인 甲은 매수인 乙을 상대로만 계약해제에 따른 원상회복청구를 할 수 있는데(민법 제548조에 따른 부당이득반환 성질), 다만 본 사안은 재매각 처분으로 원상회복의무로써의 원물반환이 불가능(이행불능)하게 된 경우이므로, 부당이득으로써 원상회복은 금액반환이 되어야 한다. 또한 그 반환할 금액은 특별한 사정이 없는 한 '재매각 처분 당시의 목적물의 대가 또는 그 시가 상당액(= 처분대가 1억2,000만 원 - 기수령 한 계약금·중도금 합계 3,000만 원) 및 그 처분으로 얻은 이익에 대한 그 이득일부터의 법정이자를 가산한 돈'이 된다(대법원 2013다14675 판결).
  - 물론, 위 원상회복으로써 위 금액 상당의 반환 경우도 동시이행관계의 사례가 아닌 이상 청구(최고) 시점 이후는 지연손해금이 발생할 수 있다(이 사건은 소장부본 송달을 청구시점으로 볼 수 있음).

4) 그러나 <u>질문③의 경우</u>

– 제3자인 A는 보호받지 못한다. 당연히 말소등기의 직접 피고가 된다(동시이행항변도 ×).

– 乙에 대한 동시이행 말소등기 주문은 앞 3.의 답과 같다.

▧ **〈제2문의 3〉**

> 〈변경된 사실관계2〉
> 1) 위 공통된 사실관계와 같음
> 2) 乙은 2020. 2. 9. <u>중도금 2,000만 원을 지급</u>하였고, 甲은 같은 날 乙에게 토지에 관한 <u>소유권이전등기를 미리 경료해 주고</u>(청주지방법원 2020. 2. 9. 접수 제1234호), 역시 같은 날 위 <u>토지를 인도해 주었다</u>. → **등기이전 ○, 토지인도 ○**
> 3) 믿었던 乙은 매매잔금 지급을 지체하였고, 甲은 乙에게 매매잔금 지급의 이행을 독촉한 후 여의치 않자 매매계약의 해제 및 원상회복을 구하는 내용증명을 발송해 그 통지가 2021. 1. 11. 乙에게 도달하였다.
> 4) 위 토지에 관한 객관적 임료는 월 100만 원이다.

매도인 甲의 해제가 적법한 것일 때, <u>매도인 甲 입장에서 자신의 권리를 최대한 구제받기 위한 소송</u>(<u>기 이행한 소유권이전등기의 원상회복, 기 이행한 점유의 원상회복 및 그 사용이익 상당의 부당이득반환</u>)에서 완전히 승소를 할 수 있는 적절한 청구취지를 작성하라.

〈제2문의3 답안〉 ||||||||||||||||||||||||||||||

매매계약의 해제, 쌍방의 원상회복(동시이행)

> 1. 피고는 <u>원고로부터 30,000,000원 및 위 돈 중(그 중) 10,000,000원에 대하여는 2020. 1. 9.부터, 20,000,000원에 대하여는 2020. 2. 9.부터 각 다 갚는 날까지 연 5%의 비율로 계산한 돈을 지급받음과 동시에</u> 원고에게,
>   가. 별지 목록 기재 토지에 관하여 청주지방법원 2020. 2. 9. 접수 제1234호로 마친 소유권이전등기의 말소등기절차를 이행하고,
>   나. 1) 위 가.항 기재 토지를 인도하고,
>   2) 2020. 2. 9.부터 위 토지의 인도 완료일까지 월 1,000,000원의 비율로 계산한 돈을 지급하라.
> 2. 소송비용을 피고가 부담한다.

3. 제1의 나.항은 가집행할 수 있다.
라는 판결을 구합니다.

<해설>

매매계약의 해제와 <u>쌍방 원상회복 및 동시이행</u>
- 매매대금(원금 및 이자)반환 vs 소유권이전등기말소, 토지(원물)인도 및 사용이익(이자) 반환
- 한편, 판례에 따르면 매매계약이 해제된 경우, <u>매도인은 원상회복으로써 원물반환 이외에 원물 사용이익(객관적 임료, 이자) 상당의 부당이득반환도 청구하는 것이 가능하다고 본다.</u>
- 그 이유는 매매계약이 해제될 경우, 매수인은 민법 제548조 제2항에 의해 매도인을 상대로 기 지급한 금원(원금) 이외에 이자도 가산하여 지급받을 수 있으므로, 위 민법 규정의 취지에 비추어 볼 때, 매수인도 원물을 점유 사용한 경우라면 매도인에게 계약해제로 원물을 반환하면서 그 점유한 날로부터 이를 사용함으로써 얻은 이익을 부가하여 반환하도록 하는 것이 형평의 요구에 부합하기 때문이다(74다1383 등).
- 위 판례에 따르면, 결과적으로는 계약해제의 경우는 민법 제201조 제1항(선의의 점유자의 과실취득권)이 적용되지 않는 결론이 나온다.
- 정리하면, 매매계약이 해제된 경우, '매도인'과 '매수인' 쌍방은 각 상대방에게 <u>부당이득반환으로 원금(또는 원물) 이외에 이자 또는 사용이익 상당의 임료를 각 청구할 수 있게 된다.</u>

▨ ⟨제3문⟩

<기초적 사실관계>

1) 16세의 甲은 2012. 5. 6. 자신소유의 별지 목록 기재 부동산을 乙에게 1억 원에 매도하는 매매계약을 체결한 후 소유권이전등기를 경료 해 주었다(청주지방법원 2012. 5. 9. 접수 제2145호). 甲은 위 매매대금으로 수령한 1억 원 중 5,000만 원을 유흥비로 탕진하였다.

2) 이후 乙은 2013. 3. 20. 丙에게 재차 위 부동산을 매도하여 소유권이전등기를 경료해 주면서(청주지방법원 2013. 3. 20. 접수 제1567호) 매매대금 1억2,000만 원을 수령하였다.

3) 한편, 甲이 법정대리인 모친 A는 2014. 1. 8. 자신의 동의 없이 한 甲의 1)의 행위를 취소한다는 의사를 乙에게 표시하였다.

위와 같다면, 甲(법정대리인 A)이 전부승소 할 수 있도록 적절한 피고(또는 피고들)를 상대로 제기할 소에서 소장의 청구취지를 작성하라(피고의 예상되는 제3자보호주장 및 동시이행항변등을 고려할 것).

⟨제3문 답안⟩ ‖‖‖‖‖‖‖‖‖‖‖‖‖‖‖‖‖‖‖‖‖‖

취소 및 원상회복(동시이행), 순차로 된 여러 등기의 말소

1. 원고에게, 별지 목록 기재 부동산에 관하여,
   가. 피고 乙은 원고로부터 50,000,000원을 지급받음과 동시에 청주지방법원 2012. 5. 9. 접수 제2145호로 마친 소유권이전등기의,
   나. 피고 丙은 같은 법원 2013. 3. 20. 접수 제1567호로 마친 소유권이전등기의
   각 말소등기절차를 이행하라.
2. 소송비용은 피고들의 부담으로 한다.
라는 판결을 구합니다.

<해설1>

매매계약 취소와 원상회복(부당이득반환)은 동시이행관계

- 쌍무계약이 취소된 경우 선의의 매수인에게 민법 제201조가 적용되어 과실취득권이 인정되는 이상, 선의의 매도인에게도 민법 제587조가 유추적용 되어 매매대금의 운용이익 내지 법정이자의 반환을 인정하지 않는 것이 형평에 맞다 할 것이므로, 원고는 매매대금의 지급일(또는 이행최고한 때)로부터의 법정이자(연 5%)를 구할 수 없다(92다45025).

<해설2>

미성년자의 법률행위 취소

- 법정대리인의 동의 없이 한 행위는 취소(예외 有)
- <u>절대적 효력을 가지는 취소(제3자 보호 ×)</u>
- <u>취소에 따라 미성년자는 '현존이익 범위'에서 반환 足(민법 제141조 단서 특칙, 단 현존이익은 추정됨)</u> (비교) 제748조 ①항 善意의 수익자는 그 받은 이익이 현존하는 한도에서 반환책임, ②항 惡意의 수익자는 그 받은 이익에 이자를 붙여 반환하고 손해가 있으면 이를 배상

<해설3>

<참고> 계약파기와 제3자의 보호범위 – 피고들의 항변

- 무효 [절대적 무효(의사무능력, 제103·104조 등) vs 상대적 무효(제107조 제2항, 제108조 제2항)]
- 취소 [절대효 취소(제한능력을 이유로 하는 취소) vs 상대효 취소(착오나 사기·강박 취소)]
- 해제 [해제의사표시 전(선악 불문 대항불가) vs 해제의사표시 후(선의만 대항불가)]

◆ <제4문>

<공통된 사실관계>

1) 甲은 별지 목록 기재 토지의 소유자인바, 2005. 1. 1. 乙에게 위 토지를 임대하였다(임대기간 5년, 임대보증금 1억 원, 월세 100만 원, 월세 매월 말일 지급).

2) 甲은 위 토지에 임차인 乙이 건물을 소유하며 사용할 수 있도록 허락해 2005. 5. 5. 별지 목록 기재 건물의 신축이 완료되었다.

3) 위 토지 지상 건물의 소유자인 乙은 2006. 5. 5. 위 건물을 丙에게 임대하여(임대기간 2년, 임대보증금 5천만 원, 월세 50만 원, 월세 매월 말일 지급) 그 무렵부터 丙이 건물을 점유사용 중이다.

4) 甲과 乙의 토지 임대차, 乙과 丙의 건물 임대차는 최근까지 각각 계속 갱신되어 왔다.

5) 甲과 乙의 토지 임대차는 갱신된 기간이 2010. 1. 1. 만료되고, 그 후부터 乙이 토지 사용료를 전혀 내지 않고 있다.

1. 甲이 표수정 변호사를 찾아와 자신의 토지 소유권의 완전한 회복을 원한다고 읍소하고 있다. 위 변호사가 적절한 모든 피고들을 상대로 소송을 제기하려 할 때 적절한 청구취지를 작성하라(乙이 보증금반환의 항변을 할 것이 명확히 예상되고 있음을 전제할 것).

<소송의 경과>

6) 위 소송이 제기되자, 피고측에서 2011. 4. 8. 건물매수청구권을 행사하고, 동시에 시가감정을 신청해 건물에 대한 시가가 8,000만 원으로 감정되었다.

7) 한편, 원고측은 乙의 무단한 불법 토지형질변경으로 그 복구비로 1,000만 원이 소요된다는 주장을 하였고, 이는 객관적으로 입증되었다.

8) 또한 원고측은 임료감정을 신청하여 법원감정인은 2010. 1. 2.부터 현재까지 객관적 토지임료를 월 150만 원으로 감정하였다.

9) 법원의 석명권행사(처분권주의와 **釋明義務說**, 대법(全) 94다34265)로 원고는 건물철거청구 부분을 상환이행청구로 소변경하였다(물론 위 복구비 및 감정된 임료등을 반영하여 다른 청구부분도 변경함).

2. 위와 같은 사실관계나 주장 외에는 다른 변동사항이 없는 상태로 변론이 종결되었을 경우, 판결문의 주된 주문을 작성하라(乙이 보증금반환의 항변을 할 것이 명확히 예상되고 있음을 전제할 것).

<제4문 답안> ||||||||||||||||||||||||||||||||||||||||

임대차와 동시이행

1.의 답 - 토지 임대차계약의 종료, 원상회복과 동시이행 등
   1. 원고에게,
      가. 피고 乙은, 원고로부터 100,000,000원에서 2010. 1. 2.부터 별지 목록 기
         재 토지의 인도 완료일까지 월 1,000,000원의 비율로 계산한 금액을 공
         제한 나머지 돈을 지급받음과 동시에 별지 목록 기재 건물을 철거하고,
         위 토지를 인도하고,
      나. 피고 丙은 별지 목록 기재 건물로부터 퇴거하라.
   2. 소송비용은 피고들이 부담한다.
   3. 제1항은 가집행할 수 있다.
   라는 판결을 구합니다.

   <비공제방식으로 달리 표현하면(위 1.의 가.항)>
   1. 원고에게,
      가. 피고 乙은
         1) 원고로부터 100,000,000원을 지급받음과 동시에 별지 목록 기재 건
            물을 철거하고, 별지 목록 기재 토지를 인도하고
         2) 2010. 1. 2.부터 위 1)항 기재 토지의 인도 완료일까지 월 1,000,000
            원의 비율로 계산한 돈을 지급하고,
      나. 피고 丙은 위 가.의 1)항 기재 건물로부터 퇴거하라.
   2. 소송비용은 피고들이 부담한다.
   3. 제1항은 가집행할 수 있다.
   라는 판결을 구합니다.

<해설>

　　본 교재 제3장 제4절 3. 동시이행청구(상환이행청구) [기재례7] 응용, 교재
제3장 제2절 후반부에 정리된 [부동산인도등 청구취지의 사례별 정리] 참고

2.의 답 - 토지 임대차계약의 종료, 건물매수청구권 등

  1. 원고에게,

    가. 피고 乙은

      1) 원고로부터 <u>80,000,000원을 지급받음과 동시에 별지 목록 기재 건물</u> 에 관하여 <u>2011. 4. 8. 매매를 원인을 한 소유권이전등기절차를 이행</u> 하고, <u>위 건물을 인도하고,</u>

      2) 원고로부터 90,000,000원에서 2010. 1. 2.부터 별지 목록 기재 토지의 인도완료일까지 월 1,500,000원의 비율로 계산한 돈을 공제한 나머지 돈을 지급받음과 동시에 위 토지를 인도하고,

    나. 피고 丙은 별지 목록 기재 <u>건물을 인도</u>하라.

  2. 소송비용은 피고들이 부담한다.

  3. <u>제1항의 가.의 1)항 중 건물인도 부분 및 2)항, 나.항</u>은 가집행할 수 있다.

<비공제방식으로 달리 표현하면(위 1.의 가.의 2)항)>

  1. 원고에게,

    가. 피고 乙은

      1) 원고로부터 <u>80,000,000원을 지급받음과 동시에 별지 목록 기재 건물</u> 에 관하여 <u>2011. 4. 8. 매매를 원인을 한 소유권이전등기절차를 이행</u> 하고, <u>위 건물을 인도하고,</u>

      가) 원고로부터 90,000,000원을 지급받음과 동시에 별지 목록 기재 토지를 인도하고,

      나) 2010. 1. 2.부터 별지 목록 기재 토지의 인도 완료일까지 월 1,500,000원의 비율로 계산한 돈을 지급하고,

    나. 피고 丙은 별지 목록 기재 <u>건물을 인도</u>하라.

  2. 소송비용은 피고들이 부담한다.

  3. <u>제1항의 가.의 1)항 중 건물인도 부분 및 2)항, 나.항</u>은 가집행할 수 있다.

<해설1>

    본 교재 제3장 제4절 3. 동시이행청구(상환이행청구) [기재례8] 응용, 교재 제3장 제2절 후반부에 정리된 [부동산인도등 청구취지의 사례별 정리] 참고

    - 임대차보증금은 임대차계약 종료에 따라 목적물을 인도할 때까지 임대차 와 관련해 발생하는 임차인의 모든 채무(차임, 부당이득금, 공과금, 손해배

상 등)를 담보하는 것이므로, 임차인은 위 금액을 공제된 잔액에 관하여만 반환청구권이 있다. 위 사안은 손해배상금 및 객관적 임료상당의 부당이득금을 공제해야 한다.

– 건물소유를 목적으로 한 토지임차인은 임대차계약이 종료되면 임대인에게 건물매수청구권을 행사할 수 있다. 행사한 날이 매매계약 성립일이 되고, 건물에 대한 소유권이전등기 및 인도의무는 매매대금지급의무와 동시이행관계에 있다.

– <생각해 볼 점> 만일, 법원의 소변경 석명에도 불구하고 원고가 건물철거청구에서 건물매매의 상환이행청구로 소변경을 하지 않았다면, 법원의 판단은? → 청구기각, 처분권주의에 관한 대법원(全) 94다34265 판결 참고

<해설2>

<청구원인의 목차구성>

1. 피고 乙에 대한 청구

　가. 건물에 관한 소유권이전등기 청구 및 건물인도 청구

　　1) 토지임대차계약 및 그 종료

　　2) 피고 乙의 건물매수청구권 행사 및 그 효과

　　3) 소결(건물매매대금채권과 동시이행관계)

　나. 부당이득반환 또는 손해배상 청구 등(보증금반환과 동시이행관계)[124]

2. 피고 丙에 대한 건물인도 청구

　가. 피고 乙이 피고 丙에 대해 가지는 건물인도청구권 대위행사

　나. 피고 丙의 주장에 대한 반박

3. 결론

---

124) 乙의 불법 토지형질변경에 따른 복구비 1,000만 원을 보증금에서 공제하였다.

제**5**절 확인판결을 구하는 청구취지

1. 의의

가. 다툼이 있는 현재의 권리·법률관계의 확인

나. 소의 이익

1) 대상적격: 현재(예외: 매매계약무효확인의 소) + 권리·법률관계(예외: 證書眞否確認의 訴 - 민소법 제250조)

2) 확인의 이익: ①법률상 이익(사실상·경제상 이익 ×) + ②현존하는 불안(상대방이 다투는 경우 ○) + ③불안제거에 유효·적절한 수단(확인의 소의 補充性〈 이행의 소가 우선,125) 소극적 확인〈 積極的 확인 우선126))

다. 법원이 확인을 선언하는 형태

- 피고는 ×, 원고에게 ×
- (원고와 피고 사이에서) ⋯을 확인한다. ○

라. 확인대상의 특정

- 확인의 대상이 된 권리 또는 법률관계를 특정 위하여 그 종류, 범위, 발생원인 등을 명확히 기재, 목적물도 특정하여 표시
- 청구취지의 무색·투명·간결의 원칙과 충돌

마. 가집행 ×

---

125) 예컨대, 원고가 채권의 지급을 구하는 이행의 소를 제기하지 않고 채권금의 존재 확인을 구할 수 없다. 참고로, 동일한 권리관계에 기한 이행의 소에 대해 채무부존재확인의 반소 청구는 × → 반소는 독립한 소이므로 본소에 대한 방어방법 이상의 적극적 내용이 포함되어야하기 때문임(결국 반소의 이익이 없어 부적법 각하) vs 채무부존재확인의 본소 중에 동일한 권리관계에 기한 이행의 반소가 있었다면 반소의 소의 이익이 유지되는 것과는 비교.

126) 예컨대, 자기의 소유권을 상대방이 다투는 경우 자기에게 소유권이 있다는 적극적 확인을 구할 것이고 상대방에게 소유권이 없다는 소극적 확인을 구할 수 없다.

2. 기본형

<기재례>① 물권의 확인

<물권의 존재 확인>
1. (원고와 피고 사이에서) 별지 목록 기재 부동산이 원고의 소유임을 확인한다.
1. 원고 甲과 피고 乙 사이에서,[127] 별지 목록 기재 부동산이 원고 甲의 소유임을 확인한다.
1. 별지 목록 기재 부동산에 관하여 원고의 유치권이 존재함을 확인한다.

<물권의 부존재 확인>
1. 별지 목록 기재 부동산에 관하여 피고의 유치권이 존재하지 아니함을 확인한다.

<기재례>② 채권(채무)의 확인

<채권의 존재 확인>
원고(임차인)와 피고(임대인) 주택임대차계약 체결, 임대기간 2012. 8. 28. ~ 2014. 8. 27., 월차임 100만 원, 현재 원고는 묵시적 갱신 주장중(피고는 계약종료 주장중)

1. (원고와 피고 사이에서) 별지 목록 기재 부동산에 관하여 피고는 임대인, 원고는 임차인, 임대차기간 2014. 8. 28.부터 2016. 8. 27.까지, 임대차보증금 15,000,000원, 차임 월 1,000,000원으로 하는 원고의 임차권이 존재함(임차권이 원고에게 있음)을 확인한다.

<채무의 부존재 확인>
1. 원고의 피고에 대한 2012. 3. 3. 금전소비대차계약에 의한 채무(원금 10,000,000원 및 이에 대한 이자채무)는 존재 하지 아니함을 확인한다.

<채권(채무)의 일부 부존재 확인>
1. 원고의 피고에 대한 2012. 3. 3. 금전소비대차계약에 기한 채무는 50,000,000원 및 이에 대하여 2013. 3. 2.부터 다 갚는 날까지 연 7%의 비율로 계산한 돈을 초과하여서는 존재하지 아니함을 확인한다.

---

127) '원고와 피고 사이에'란 표현은 보통 생략하나, 원고와 피고가 복수이고 그 중 일부 당사자들 사이에 확인을 하는 경우에는 특정 당사자를 반드시 명시해야 한다.

<기재례>③ 법률관계의 확인

1. 피고가 2013. 7. 5. 임시총회에서 홍길동을 이사로 선임한 결의는 무효임을 확인한다.
1. 피고가 원고에게 대하여 한 2011. 8. 31.자 해고는 무효임을 확인한다.
1. 원고와 피고 사이에 친생자관계가 존재하지 아니함을 확인한다.

<기재례>④ 불확지 공탁에 따른 공탁금출급청구권 확인

<상대적 불확지 공탁>
채권양도계약의 효력에 다툼이 있자, 채무자 甲이 양도인 또는 양수인을 피공탁자로 하여 채무금액을 공탁한 경우 → 피공탁자들이 원고, 피고가 됨

1. 소외 甲이 2015. 10. 1. 서울중앙지방법원 2015금제4321호로 공탁한 100,000,000원에 대한 공탁급출급청구권이 원고에게 있음을 확인한다.

<절대적 불확지 공탁>
수용대상토지의 진정한 소유자가 누구인지 모르자, 기업자(채무자 甲, 피고)가 불확지 공탁한 경우 → 보상금수령권이 있다고 주장하는 자(원고)

1. 피고(甲)가 2015. 10. 1. 서울중앙지방법원 2015금제4321호로 공탁한 100,000,000원에 대한 공탁급출급청구권이 원고에게 있음을 확인한다.

<정리> 미등기 부동산에 관한 등기방법 (★★)

소유권보존등기를 신청할 수 있는 자는 ①토지대장, 임야대장, 건축물대장에 최초의 소유자로 등록되어 있는 자 또는 그 상속인, ②확정판결에 의하여 자기의 소유권을 증명하는 자, ③수용으로 인하여 소유권을 취득하였음을 증명하는 자, ④특별자치도지사, 시장, 군수 또는 구청장의 확인에 의하여 자기의 소유권을 증명하는 자(건물의 경우에 한정함)이다. (부동산등기법 제65조)

1. 미등기 토지의 정당한 소유자 - 소유권확인과 확인의 이익(피고적격)

<설명> '미등기 토지'에 대한 소유권확인
- 토지대장이나 임야대장상 **소유명의자로 잘못 등록되어 있는 자가 있는 경우**는 그 **'명의자'**를 상대로 소유권확인판결을 받아 소유권보존등기를 할 수 있으므로, 국가를 상대로 한 소유권확인을 구할 이익이 없다(부적법 각하, 94다27649).

- 예외적으로, ①대장상 등록명의자가 없는 경우, **②등록명의자가 있으나 누구인지 알 수 없는 경우**, ③국가가 등록명의자의 소유관계를 다투면서 국가의 소유임을 주장하는 경우에는 '**국가**'를 상대로 소유권확인을 구할 확인의 이익이 있다(94다27649).

2. 미등기 건물의 정당한 소유자 - 소유권확인과 확인의 이익(피고적격)

　　<설명> '미등기 건물'에 대한 소유권확인 - 不可

- 어떤 경우에도 '국가'를 상대로 소유권확인을 구할 이익이 없다(부적법 각하, 99다2188). 건축물관리대장의 관리업무는 지자체의 고유사무일 뿐 국가사무가 아니기 때문이다.

3. 미등기 부동산(토지, 건물)의 소유자(매도인 甲)로부터 승계취득한 채권자(매수인 乙)

　　<설명> '미등기 부동산'에 대한 소유권이전등기청구

- 매수인 乙은 **매도인 甲에 대한 소유권이전등기** 청구의 승소확정판결을 취득하게 되면 매도인 甲을 대위하여 등기관에게 매도인 甲명의의 소유권보존등기를 신청할 수 있다(단독신청이 가능하므로 매도인 甲의 협조 없이도 소유권보존등기를 낼 수 있다는 의미임).
- 따라서 소유권보존등기 청구, 소유권확인 청구 → 소익이 없어 부적법 각하

(참고) 타인 명의로 원인무효의 소유권보존등기가 이루어진 경우 부동산의 정당한 소유자

　　<설명> 소유권보존등기말소 청구

- 정당한 소유자가 보존등기를 하고 소유권을 찾기 위하여는, '**명의자**'를 상대로 소유권보존등기의 말소를 청구해야 한다. '명의자'를 상대로 소유권보존등기말소청구를 하여 승소확정판결을 받게 되면 그 승소확정판결에 기하여 '명의자' 명의의 소유권보존등기를 말소함과 동시에 정당한 소유자(원고) 명의의 소유권보존등기를 낼 수 있다(미등기부동산의 소유권보존등기 신청인에 관한 업무처리지침 개정 2013. 2. 22. [등기예규 제1483호, 시행 2013. 2. 22.]).

제3장 제5절 연습문제[128)]

▧ **＜제1문의 1＞**

＜기초적 사실관계＞

> 1) 별지 목록 기재 부동산은 <u>미등기 토지</u>로서 일제강점기인 1914. 8. 15. '김갑동'
> 이 사정(査定)을 받아 원시취득 했고(토지조사부), 위 '김갑동'은 1963. 2. 3. 사
> 망하여 '<u>김을서</u>'가 단독상속 하였다.
> 2) 한편, 1950. 6·25 한국전쟁 중 멸실되어 1960.경 복구된 <u>토지대장</u>에는 소유자가
> '<u>이병남</u>'으로 잘못 등재되어 있다(이병남의 이름 및 주소등이 표시되어 있음).

이와 같은 상황에서 이 사건 토지에 관한 <u>진정한 소유자(상속인)</u> '김을서'는
소송을 통하여 자기의 소유권을 증명하여 위 미등기 토지를 본인명의로 소유
권보존등기를 경료하려고 한다(부동산등기법상 위 김을서의 피상속인 망 '김
갑동'명의의 보존등기절차는 불필요하다). 위 소장의 '피고'란에 기재될 자를
적시하고, '청구취지'란을 작성하라.

---

128) 원고가 미등기 토지에 관하여 소유권보존등기(소유권확인)를 경료하기 위한 사례들
이다.

<제1문의1 답안> ||||||||||||||||||||||||||||||||||||||||||||||

미등기 토지에 관한 소유권확인(피고적격, 확인의 이익)

피고 이병남

1. 별지 목록 기재 부동산이 원고의 소유임을 확인한다.
2. 소송비용은 피고가 부담한다.

라는 판결을 구합니다.

<해설>

- 소유권보존등기를 신청할 수 있는 자는 ①토지대장, 임야대장, 건축물대장에 최초의 소유자로 등록되어 있는 자 또는 그 상속인, ②확정판결에 의하여 자기의 소유권을 증명하는 자, ③수용으로 인하여 소유권을 취득하였음을 증명하는 자, ④특별자치도지사, 시장, 군수 또는 구청장의 확인에 의하여 자기의 소유권을 증명하는 자(건물의 경우에 한정함)이다. (부동산등기법 제65조)
- 토지대장이나 임야대장상 소유자로 등록되어 있는 자가 있는 경우는 그 '명의자'를 상대로 소유권확인판결을 받아 소유권보존등기를 할 수 있으므로, 국가를 상대로 한 소유권확인을 구할 이익이 없다(부적법 각하).

▨▨▨ <제1문의 2>

<변경된 사실관계>

> 1) 위 기초적 사실관계와 같음
> 2) 한편, 1950. 6·25 한국전쟁 중 멸실되어 1960.경 복구된 <u>토지대장에는 소유자가 '김갑동'으로 등재되어 있으나 단지 이름만 표시되어 있어, 위 토지대장상의 김갑동이 김을서(단독상속인)의 부친 김갑동(피상속인)과 동일인인지 명확히 구별되지 않는다(한 때 이로 인해 지적공부 소관청이 토지대장 소유자의 주소등 기입신청을 거부한 사실도 있음).</u>

이와 같은 상황에서 이 사건 토지에 관한 <u>진정한 소유자(상속인) '김을서'</u>는 소송을 통하여 자기의 소유권을 증명하여 위 미등기 토지를 본인명의로 소유권보존등기를 경료하려고 한다(부동산등기법상 위 김을서의 피상속인 망 '김갑동'명의의 보존등기절차는 불필요하다). 위 소장의 '피고'란에 기재될 자를 적시하고, '청구취지'란을 작성하라.

<제1문의2 답안> ||||||||||||||||||||||||||||||||||||||||||

미등기 토지에 관한 소유권확인(피고적격, 확인의 이익)

> <u>피고 대한민국</u>
> 1. 별지 목록 기재 부동산이 원고의 소유임을 확인한다.
> 2. 소송비용은 피고가 부담한다.
> 라는 판결을 구합니다.

<해설>
  - 토지대장이나 임야대장상 소유자로 등록되어 있는 자가 있는 경우는 그 명의자를 상대로 소유권확인판결을 받아 소유권보존등기를 할 수 있으므로, 국가를 상대로 한 소유권확인을 구할 이익이 없다(부적법 각하).
  - 단, 대장상 등록명의자가 없는 경우, <u>등록명의자가 있으나 누구인지 알</u>

<u>수 없는 경우</u>, 국가가 등록명의자의 소유관계를 다투면서 국가의 소유임을 주장하는 경우에는 '<u>국가</u>'를 상대로 소유권확인을 구할 소의 이익이 있다.

▨▨▨ <제2문의 1>

<기초적 사실관계>

> 1) 별지 목록 기재 부동산은 <u>미등기 토지</u>로서 일제강점기인 1914. 8. 15. '김갑동'
>   이 사정(査定)을 받아 원시취득 했고(토지조사부), 위 '김갑동'은 1963. 2. 3. 사
>   망하여 '<u>김을서</u>'가 단독상속 하였다.
> 2) 한편, 1950. 6·25 한국전쟁 중 멸실되어 1960.경 복구된 <u>토지대장</u>에는 소유자가
>   '<u>김갑동</u>'으로 제대로 등재되어 있다(김갑동의 이름 및 주소등이 표시되어 있음).
> 3) 위 토지의 소유자(상속인) '김을서'는 <u>2000. 8. 3.</u> '박정북'에게 토지를 매도하
>   <u>는 매매계약을 체결</u>하였으나, 매수인 박정북은 매매대금을 모두 지급하고도
>   아직 토지대장이나 등기상 소유자명의를 이전받지 못하고 있다.
> 4) 2017. 4. 20. 현재 위 토지는 이을서 명의의 보존등기 없이 여전히 미등기 상태
>   이다(한편, 매매 이후부터 토지의 점유사용은 매수인 박정북이 하고 있기 때
>   문에, 혹여 매도인 김을서가 등기청구권의 소멸시효완성 항변을 제기할 가능
>   성은 없는 상황이다).

이와 같은 상황에서 <u>미등기 토지의 매수인</u> '박정북'은 소송을 통해 매도인 '김
을서' 명의의 소유권보존등기를 경료한 다음 본인 명의의 소유권이전등기를
경료하려고 한다(부동산등기법상 위 김을서의 피상속인 망 '김갑동'명의의 보
존등기절차는 불필요하다). 위 소장의 '피고'란에 기재될 자를 적시하고, '청
구취지'란을 작성하라.

<제2문의1 답안> ||||||||||||||||||||||||||||

미등기 토지의 매수인, 소유권보존등기 및 이전등기

> <u>피고 김을서</u>
> 1. 피고는 원고에게 별지 목록 기재 부동산에 관하여 2000. 8. 3. 매매를 원인으로
>   한 소유권이전등기절차를 이행하라.
> 2. 소송비용은 피고가 부담한다.
> 라는 판결을 구합니다.

<해설>

- 부동산등기법 제65조
- 원고는 매수인에 불과하며 소유권자 × → so 원고 명의 보존등기 不可
- 한편, 원고의 소유권이전등기에 앞서 <u>피고(김을서) 명의로 보존등기</u>가 선행되어야 하나, 그 보존등기절차는 신청권자(김을서) 단독으로 할 수 있는 것이어서 등기청구권의 대상이 아니다. 따라서 위 피고를 상대로 한 '소유권보존등기절차 이행청구'를 하면, 권리보호이익이 없어 부적법 '각하'된다.
- 결론적으로, 매수인인 원고는 매도인이자 소유자인 피고(김을서)을 상대로 '소유권이전등기절차 이행'의 승소확정판결 다음, 위 확정판결로써 위 피고 명의의 보존등기를 대위신청하고 곧이어 원고 명의의 이전등기를 경료하면 된다.

▨ ＜제2문의 2＞

＜변경된 사실관계＞

---

1) 위 기초적 사실관계와 같음

2) 한편, 1950. 6·25 한국전쟁 중 멸실되어 1960.경 복구된 <u>토지대장에는 소유자가 '김갑동'으로 등재되어 있으나 단지 이름만 표시되어 있어, 위 토지대장상의 김갑동이 김을서(단독상속인)의 부친 김갑동(피상속인)과 동일인인지 명확히 구별되지 않는다(한때 이로 인해 지적공부 소관청이 토지대장 소유자의 주소등 기입신청을 거부한 사실도 있음).</u>

3) 위 기초적 사실관계와 같음

4) 위 기초적 사실관계와 같음

이와 같은 상황에서 <u>미등기 토지의 매수인</u> '박정북'은 소송을 통해 매도인 '김을서' 명의의 소유권보존등기를 경료한 다음 본인 명의의 소유권이전등기를 경료하려고 한다(부동산등기법상 위 김을서의 피상속인 망 '김갑동'명의의 보존등기절차는 불필요하다). 위 소장의 '피고'란에 기재될 자를 적시하고, '청구취지'란을 작성하라.

＜제2문의2 답안＞ ▮▮▮▮▮▮▮▮▮▮▮▮▮▮▮▮▮▮▮▮▮▮▮▮▮

미등기 토지에 관한 소유권확인(피고적격, 확인의 이익) + 미등기 토지의 매수인

<u>피고 대한민국, 김을서</u>

1. 원고와 피고 대한민국 사이에서, 별지 목록 기재 부동산이 피고 김을서의 소유임을 확인한다.

2. 피고 김을서는 원고에게 별지 목록 기재 부동산에 관하여 2000. 8. 3. 매매를 원인으로 한 소유권이전등기절차를 이행하라.

3. 소송비용은 피고들이 부담한다.

라는 판결을 구합니다.

<해설>

1) 미등기 토지에 관하여 국가를 상대로 소유권확인이 필요한 경우
   - 토지대장이나 임야대장상 소유자로 등록되어 있는 자가 있는 경우는 그 명의자를 상대로 소유권확인판결을 받아 소유권보존등기를 할 수 있으므로, 국가를 상대로 한 소유권확인을 구할 이익이 없다(부적법 각하).
   - 단, 대장상 등록명의자가 없는 경우, 등록명의자가 있으나 누구인지 알 수 없는 경우, 국가가 등록명의자의 소유관계를 다투면서 국가의 소유임을 주장하는 경우에는 '국가'를 상대로 소유권확인을 구할 소의 이익이 있다.
   - 한편, 이 사안은 원고(채권자)가 피고 김을서(채무자)의 소유권보존등기를 위해 위 김을서를 대위하여 피고 대한민국(제3채무자)을 상대로 토지 소유권확인을 구하는 채권자대위소송의 형태이다.

2) 미등기 토지의 매수인의 보존등기 및 소유권이전등기 방법
   - 피고 김을서를 상대로 한 '소유권보존등기절차 이행청구'를 하면, 권리보호이익이 없어 부적법 '각하'
   - 따라서 매수인인 원고는 매도인이자 소유자인 피고(김을서)을 상대로 '소유권이전등기절차 이행'을 구하는 것으로 족하고, 위 소유권확인 및 위 소유권이전등기 확정판결로써 위 김을서 명의의 보존등기를 대위신청하고 곧이어 원고 명의의 이전등기를 경료하면 된다.

〈제3문〉

〈기초적 사실관계〉

> 1) 별지 목록 기재 부동산은 <u>미등기</u> 토지로서, <u>토지대장은 진정한 소유자(원시취</u>
> <u>득자)인 甲으로 등재</u>되어 있었다.
>
> 2) 그런데 甲이 장기간 외국으로 떠나 위 토지의 관리를 소홀히 한 사정을 기화로,
> 乙은 <u>허위서류를 이용</u>하여 자신이 실제 소유자인양 소유권보존등기를 경료하
> 였고(청주지방법원 1994. 4. 8. 접수 제2345호), 그 무렵부터 위 토지를 점유하
> 였다.
>
> 3) 乙은 위 토지를 丙에게 매도하여 丙은 2000. 10. 2. 매매를 원인으로 한 소유권
> 이전등기를 경료하고(같은 법원 2001. 10. 3. 접수 제5678호), 그 무렵부터 위
> 토지를 점유하였다.
>
> 4) 丙은 위 토지를 다시 丁에게 매도하여 丁은 2009. 8. 3. 매매를 원인으로 한 소
> 유권이전등기를 경료하고(같은 법원 2010. 8. 5. 접수 제6789호), 그 무렵부터
> 위 토지를 점유하였다.

1. 이와 같은 상황에서 <u>甲의 입장에서</u> 소송을 통해 위 토지에 관하여 정당한
   소유권을 확인받아 완전히 소유권을 회복하고 싶다. 적합한 피고(들)를 지
   정하여 제기한 적절한 소장의 청구취지를 작성하라(①<u>진정명의회복 소유</u>
   <u>권이전등기 형태의 주문을 구하지 않는다. ②피고들의 예상되는 항변이나</u>
   <u>그 정당성도 전혀 고려할 필요도 없다</u>).

2. 〈변형질문〉 甲이 위 1.항과 같은 소송은 제기하지 않은 채 소유권을 주장
   하며 乙, 丙, 丁에게 각각 등기의 말소를 요구하고 있을 경우, 逆으로 <u>丁의</u>
   <u>입장에서</u> 적극적으로 위 법적 분쟁을 해결하기 위해 <u>2017. 4. 5.</u> 현재 甲을
   상대로 제기할 수 있는 소송에서 소장 청구취지를 작성하고, 그 청구원인
   을 간략히 서술하라.

<제3문 답안> ||||||||||||||||||||||||||||||||||||||||

소유권보존등기등 말소청구, 소유권 확인

1.의 답
  1. 원고에게, 별지 목록 기재 부동산에 관하여,
    가. 피고 乙은 청주지방법원 1994. 4. 8. 접수 제2345호로 마친 소유권보존
      등기의,
    나. 피고 丙은 같은 법원 2001. 10. 3. 접수 제5678호로 마친 소유권이전등기의,
    다. 피고 丁은 같은 법원 2010. 8. 5. 접수 제6789호로 마친 소유권이전등기의,
    각 말소등기절차를 이행하라.
  2. 소송비용은 피고들이 부담한다.
  라는 판결을 구합니다.

      <해설>
- 부동산등기법 제65조
- 사안의 경우, 원고는 토지대장상 등록자 乙을 피고로 하여 소유권보존등기
  말소청구(말소이행청구의 선결문제로 소유권확인이 포함됨)를 제기한 다
  음 그 승소확정판결을 증명서류로 제출하여 소유권보존등기를 신청 → 각
  말소등기 이행의 소로 해결하며 선결문제인 소유권확인은 不要
- 참고로, 실제 위 소송에서 피고 丁의 입장에서는 등기부취득시효를 주장하
  며 실체적 권리관계에 부합하는 등기라는 항변이 가능할 수 있는 상황임은
  물론이다(원고가 패소할 가능성이 높음).

2.의 답
  1. 별지 목록 기재 부동산이 원고의 소유임을 확인한다.
  2. 소송비용은 피고들이 부담한다.
  라는 판결을 구합니다.

      <해설>
        1) 등기의 원인무효사유가 있으므로 원칙적으로는 乙, 丙, 원고(丁)의 등기는
          각각 순차적으로 무효이고, 또한 등기에 공신력이 인정되지 않으므로 피

고들의 선의는 고려대상이 아니다.

2) 다만 원고(丁)는 등기부취득시효에 의한 소유권 주장이 가능하다.

- 등기부취득시효 요건사실은 ①10년간 점유 및 등기사실, ②자주, 평온,
공연한 점유사실, ③선의, 무과실 점유사실 이다.

- 특히, ①요건사실과 관련하여 원고(丁)의 점유 및 등기만으로는 현재 10
년에 미달하나, 민법 제199조 제1항에 의할 때 丙의 점유승계가 인정되
고, 판례에 의할 때 등기의 승계도 인정되므로(87다카2176) 10년 요건이
충족된다(전 점유자의 하자도 각 승계되므로, 악의점유인 乙의 점유기간
을 승계할 이유는 없다). 한편 ②요건사실 전부, ③요건사실 중 선의점유
는 각 추정되며, ③요건사실 중 무과실은 판례상 원고가 입증해야 하지
만(94다22651) 위 사안에서 특별히 원고에게 과실이 있다는 점을 발견
할 수 없다.

- 결국, 丙의 등기시점 2001. 10. 3. 기산점으로 2011. 10. 3.경 등기 및 점
유 10년 만기가 되므로, 위 시점에 원고(丁)는 등기부취득시효를 완성하
였다.

3) 확인의 이익도 인정된다. 현재의 권리·법률관계(대상적격)의 다툼이고, 피
고(甲)가 소유권을 다투고 있는 이상 그 법적 불안을 제거할 필요가 있다.

제6절 형성판결을 구하는 청구취지

1. 의의

가. 일정한 권리 또는 법률관계를 형성(발생·변경·소멸)하는 판결을 구하는 것

나. 근거규정이 있는 경우에 한하여 제기 가능

다. 법원이 형성효과의 발생을 선언하는 형태

    – 피고는 ×, 원고에게 ×

    – (원고와 피고 사이에서) … 분할(이혼, 취소, 강제집행을 불허)한다. ○

라. 형성판결에 기초한 금전지급청구시(장래이행판결) 소촉법상 지연손해금 청구 ×

마. 가집행 ×

2. 종류

<기재례>① 이혼[129)]

1. 원고와 피고는 이혼한다.

<기재례>② 주주총회결의 취소

1. 피고의 주주총회가 2013. 8. 8.에 한 별지 기재 결의를 취소한다.

---

129) 위자료, 재산분할 등이 추가된 이혼소송의 청구취지는 교재 제2장 제2절 다. 가집행 [기재례 ⑫] 참고.

<기재례>③ 공유물분할

별지 목록 기재 토지를, 별지 도면 표시 1,2,5,6,1의 각 점을 순차로 연결한 선내 ㉮부분 100㎡는 원고의 소유로, 같은 도면 표시 2,3,4,5,2의 각 점을 순차로 연결한 선내 ㉯부분 100㎡는 피고의 소유로 분할한다.

<기재례>④ 청구이의

1. 피고의 원고에 대한 서울중앙지방법원 2013. 8. 5. 선고 2013가합4567 판결에 기초한 강제집행을 불허한다.
1. 피고의 원고에 대한 공증인가 법무법인 명장이 2012. 4. 4. 작성한 2012년 증서 제1234호 금전소비대차계약 공정증서에 기초한 강제집행을 불허한다.

<기재례>⑤ 제3자이의

1. 피고의 소외 甲에 대한 서울중앙지방법원 2013. 8. 5. 선고 2013가합4567 판결의 집행력 있는 정본에 기초하여 2014. 1. 4. 별지 목록 기재 동산에 대하여 한 강제집행을 불허한다.

<기재례>⑥ 배당이의

1. 서울중앙지방법원 2013타경1234호 부동산강제경매 사건에 관하여 위 법원이 2013. 12. 14. 작성한 배당표 중 피고에 대한 배당액 10,000,000원을 5,000,000원으로, 원고에 대한 배당액 3,000,000원을 8,000,000원으로 각 경정한다.

3. 사해행위취소

<정리> 채권자취소소송(★★★★★)

1) 의의
   채무자가 채권자를 해함을 알면서 일반채권자의 공동담보가 되는 채무자의 총재산을 감소하게 하는 법률행위를 한 경우, 그 감소행위의 효력을 부인하여 채무자의 재산을 원상으로 회복함으로써, 채권의 공동담보를 유지·보전하게 하려는 채권자의 소송 → <u>일반채권자 공평의 원칙에서 출발(누구도 우선변제권 無, 차별 ×)!!!</u>

2) 소송요건 → 본안 전 판단
   - 피고적격: 수익자 또는 전득자 ○, 채무자 ×
   - 대상적격(권리보호 이익): 채무자와 수익자의 행위 ○, 수익자와 전득자의 행위 ×
   - 제척기간(제소기간): 취소원인을 안 날로부터 1년, 법률행위 있는 날로부터 5년

3) 본안요건 → 본안 판단
   ① 피보전채권의 발생
      - 금전채권
      - 성립시기: 사해행위 이전 (예외) 성립의 기초발생+고도의 개연성+실제로 채권성립
   ② 사해행위 존재
      - 재산상의 법률행위
      - 사해행위(일반채권자들을 해하는 공동담보소멸 행위 + 채무자의 무자력)[130]
        "<u>이미 채무초과상태에서 적극재산(일반채권자들의 공동담보재산)을 감소시키는 행위(채무초과상태의 심화행위)</u>"
        "<u>당해 처분으로 채무초과상태를 야기하는 행위</u>"
   ③ 사해의사
      - 채무자 악의 입증책임: 원고 (예외) 단 유일재산 매각 또는 증여행위는 악의 추정
      - 수익자, 전득자 악의 입증책임(채무자의 사해의사 증명 → 수익자, 전득자 악의 추정)

4) 효과(취소 및 원상회복)
   ① 취소판결의 효력
      - 相對效: 소송 당사자 사이에서만 무효
      - 채무자, 취소의 상대방이 되지 않은 수익자 또는 전득자에게 미치지 않음, 그들 사이 관계는 유효
        참고) 기판력, 중복제소의 문제[131]
   ② 원상회복의 방법
      - 원물반환(원칙)
      - 가액반환(원물반환이 불가능하거나 현저히 곤란,[132] 공평에 반하는 경우[133])
        참고) 원상회복 집행의 효과 → 사실상 일반채권자 모두에게 효력(소

의 이익 문제)
③ 가액배상의 범위

---

130) 총재산의 감소가 없는 경우 사해행위 판단의 문제(判例)
- 정당한 가격의 매각(유일재산이라면 ○).
- 변제(원칙 불성립, 단 일부채권자와 통모 또는 미도래의 채권을 변제하는 행위를 입증하면 ○).
- 대물변제(일부채권자와 통모 또는 일부채권자의 채권액을 초과하는 내용으로 한 대물변제 또는 이미 채무초과에 빠진 채무자가 특정 부동산을 일부채권자에게 대물변제로 넘겨주면 ○) → 이미 채무초과상태에서 특정채권자 일방에게만 유리한 대물변제행위(일반채권자들 위한 공동담보재산을 불공평하게 감소시키는 행위)는 사해행위 성립.
- 물적 담보제공행위(○) → 단, 이미 채무초과상태에서 신규자금융통과 담보제공(×).
- 통정허위표시(○), 명의신탁행위(○) → 수익자가 처분시 제3자가 보호될 우려가 있으므로 무효인 행위더라도 취소의 실익이 있음.
    131) <대법원 2008.04.24. 선고 2007다84352 판결>[1] 채권자취소권의 요건을 갖춘 각 채권자는 고유의 권리로서 채무자의 재산처분 행위를 취소하고 그 원상회복을 구할 수 있는 것이므로 여러 명의 채권자가 동시에 또는 시기를 달리하여 사해행위취소 및 원상회복청구의 소를 제기한 경우 이들 소가 중복제소에 해당하지 아니할 뿐만 아니라, 어느 한 채권자가 동일한 사해행위에 관하여 사해행위취소 및 원상회복청구를 하여 승소판결을 받아 그 판결이 확정되었다는 것만으로는 그 후에 제기된 다른 채권자의 동일한 청구가 권리보호의 이익이 없게 되는 것은 아니고, 그에 기하여 재산이나 가액의 회복을 마친 경우에 비로소 다른 채권자의 사해행위취소 및 원상회복청구는 그와 중첩되는 범위 내에서 권리보호의 이익이 없게 된다.[2] 여러 명의 채권자가 사해행위취소 및 원상회복청구의 소를 제기하여 여러 개의 소송이 계속 중인 경우에는 각 소송에서 채권자의 청구에 따라 사해행위의 취소 및 원상회복을 명하는 판결을 선고하여야 하고, 수익자(전득자를 포함한다)가 가액배상을 하여야 할 경우에도 수익자가 반환하여야 할 가액을 채권자의 채권액에 비례하여 채권자별로 안분한 범위 내에서 반환을 명할 것이 아니라, 수익자가 반환하여야 할 가액 범위 내에서 각 채권자의 피보전채권액 전액의 반환을 명하여야 한다.<대법원 2005.11.25. 선고 2005다51457 판결>여러 개의 소송에서 수익자가 배상하여야 할 가액 전액의 반환을 명하는 판결이 선고되어 확정될 경우 수익자는 이중으로 가액을 반환하게 될 위험에 처할 수 있을 것이나, 수익자가 어느 채권자에게 자신이 배상할 가액의 일부 또는 전부를 반환한 때에는 그 범위 내에서 다른 채권자에 대하여 청구이의 등의 방법으로 이중지급을 거부할 수 있을 것이다.
    132) 예컨대, 목적물의 멸실, 일반재산에 혼입되어 특수성을 상실한 경우, 양도 후 수용된 경우, 양도 후 선의 전득자가 소유권이나 근저당권을 취득한 경우.
    133) 예컨대, 저당권이 설정된 부동산이 양도된 후 변제에 의해 저당권이 소멸한 경우.

<기재례>① 매매계약의 취소, 원물반환

1. 피고와 소외 甲[134] 사이에 별지 목록 기재 부동산에 관하여 2013. 7. 7. 체결된 매매계약을 취소한다.[135]
2. 피고는 甲에게 별지 목록 기재 부동산에 관하여 서울북부지방법원 2013. 7. 9. 접수 제1234호로 마친 소유권이전등기의 말소등기절차를 이행하라.

<설명>
 - 1.항은 매매계약취소 형성판결을 구하는 청구취지
 - 2.항은 사해행위취소 형성판결에 기초한 단순이행(등기의사진술)판결의 일종

<기재례>② 근저당권설정계약의 취소, 원물반환

1. 피고와 소외 甲 사이에 별지 목록 기재 부동산에 관하여 2013. 7. 7. 체결된 근저당권설정계약을 취소한다.
2. 피고는 소외 甲에게 별지 목록 기재 부동산에 관하여 서울북부지방법원 2013. 7. 9. 접수 제1234호로 마친 근저당권설정등기의 말소등기절차를 이행하라.

---

134) 사해행위취소청구의 청구취지에서는 소외인 채무자의 특정(주소 등의 기재)이 불필요한데, 이는 소외인에게 기판력 미치지 않기 때문이다. 해제조건인 가압류결정의 특정만으로 족하여 가압류채권자 소외인 주소등 기재가 불필요한 경우도 마찬가지다. 반면, 청구취지 주문에서 소외인(제3자)이 등장할 때 기판력등 범위의 필요성 때문에 소외인을 특정하는 경우가 있는데(주소나 주민등록번호를 기재), 정리하면 아래와 같고, 이미 교재 제3장 제3절 1. 가. 기재례④의 마지막 각주에서 자세히 설명한 바 있다. ①채권자대위청구에서 피대위자인 소외 채무자(기판력이 미침 ○, 주소 및 주민등록번호 기재), ②저당권 또는 근저당권설정등기에서 소외 채무자(등기부에 기재되기 때문, 주소 기재), ③소외 채무자에게 채권양도 통지의 의사 진술을 명하는 경우(통지할 주소를 특정해야 함, 주소 기재), ④유치권 항변에 따른 상환이행판결 주문에서 피담보채권의 소외 채무자를 기재할 경우(주소 기재).

135) 원물반환의 경우 가액배상과 달리 '-원 한도 내에서 취소한다'라고 기재하지 않음에 주의.

<기재례>③ 채권양도계약의 취소, 원물반환

1. 피고(채권양수인)와 소외 甲(채권양도인)사이에 별지 목록 기재 채권에 관하여 2014. 3. 20. 체결된 채권양도계약은 취소한다.
2. 피고는 소외 甲(채권양도인)에게 별지 목록 기재 채권을 양도하는 의사표시를 하고, 소외 乙(제3채무자)에게 위 채권을 甲에게 양도하였다는 취지의 통지를 하라.

<설명>
   - 1.항은 채권양도계약취소 형성판결을 구하는 청구취지
   - 2.항은 채권자취소로 인한 원상회복대상이 채권일 경우 원상회복 주문, 피고에게 채권양도의 의사표시를 명하고(원물반환의미) 또한 그 양도통지의 의사표시를 명하는 주문 형태

<기재례>④ 매매계약의 취소, 가액배상 (★★★)

1. 피고와 소외 甲 사이에 별지 목록 기재 부동산에 관하여 2013. 7. 7. 체결된 매매계약을 1) 100,000,000원의 한도 내에서 취소한다.
2. 피고는 ㉮원고에게 100,000,000원 및 이에 대한 ㉯이 판결 확정일 다음날부터 다 갚는 날까지 ㉰연 5%의 비율로 계산한 돈을 지급하라.

<설명1>
   - 1.항은 매매계약 일부취소 형성판결을 구하는 청구취지
   - 2.항은 사해행위취소 형성판결에 기초한 장래이행(금전지급)판결의 일종

<설명2> 가액배상의 범위 등
   1) ①채권자의 피보전채권액 vs ②사해행위의 목적물이 가지는 공동담보가액(변론종결일 당시 부동산가액 - (우선변제권 있는 근저당권의 실제 피담보채무액+우선변제권 있는 임차보증금채권액 등)) vs ③수익자나 전득자가 취득한 이익[136] 중 가장 적은 금액이 각 피고별 취소 및 가액배상 한도가 됨
   ㉮ 사해행위취소로 인한 원상회복을 가액배상으로 하는 경우 그 이

---

136) 엄밀히 따지면, 위와 같이 ①채권자의 피보전채권액, ②사해행위의 목적물이 가지는 공동담보가액, ③수익자나 전득자가 취득한 이익 중 적은 금액 한도로 가액배상을 해야 하지만, 일반적인 사례는 수익자와 전득자가 소유자인 경우로 ②와 ③이 일치하여 ①,② 만 계산하면 족하다. 그러나 만일 수익자나 전득자가 근저당권자인 경우는 위 ①②③ 모두가 달라질 수 있다.

행의 상대방은 채권자(2007다84352).

㉯ 사해행위취소로 인한 가액배상금 지급의무는 그 전제인 사해행위 취소란 형성판결이 확정될 때 비로소 발생하므로, 판결확정일까 지 지연손해금이 미발생

㉰ 사해행위취소소송에서 가액배상은 장래이행을 구하는 것이므로, 지연손해금에 소촉법상 이자 12%가 적용되지 않고 민사법정이율 에 의해야 함

2) 가액배상을 구하는 청구취지를 작성할 경우 주의할 점은 다음과 같 다: 가령 피보전채권액이 3억 원이고 채무자가 무자력인 상태에서 1 억 원의 부동산(변론종결일 당시)을 수익자에게 3,000만 원에 매도하 였고 그 이후 수익자가 선의의 전득자에게 근저당권을 설정해 준 경 우, 선의의 전득자로 인해 원물반환이 현저히 곤란하므로 채권자는 수 익자를 상대로 가액배상의 방법에 따라 원상회복을 구해야 한다. 이때 가액배상의 범위는 피보전채권액인 3억 원과 수익자가 실제 취득한 이익인 1억 원(7,000만 원이 아님에 주의할 것) 중 적은 금액인 1억 원이 된다. 제시된 사례에서 사해 목적 부동산의 가액이 1억 원이므로 이 경우 사실상 매매계약 전부를 취소하는 것이므로 1.항에 "1억 원의 한도 내에서"라는 기재가 불필요하다고 여겨질 수 있다. 그러나 이러 한 경우에도 "1억 원의 한도 내에서"를 기재하는 것이 실무이므로 생 략하지 않도록 주의해야 한다.

<기재례>⑤ 채무자도 공동피고로 하여 병합청구를 한 경우

채무자 甲에게 금전청구, 수익자 乙에게 사해행위취소 및 원상회복(가액배상)

1. 피고 甲은 원고에게 100,000,000원 및 이에 대한 이 사건 소장부본 송달일 다음날부터 다 갚는 날까지 연 12%의 비율로 계산한 돈을 지급하라.
2. 원고와 피고 乙 사이에서,[137]
   가. 피고 乙과 피고 甲 사이에 별지 목록 기재 부동산에 관하여 2013. 7. 7. 체결된 매매계약을 100,000,000원의 한도 내에서 취소한다.
   나. 피고 乙은 원고에게 100,000,000원 및 이에 대한 이 판결 확정일 다음날 부터 다 갚는 날까지 연 5%의 비율로 계산한 돈을 지급하라.

---

137) 형성의 소에 있어서 판결의 효력은 이행의 소나 확인의 소와 달리 대세효가 있음 이 일반적이나 사해행위취소의 경우 상대적 효력이 있으므로 판결의 효력도 당사자 사이에 서만 발생한다. 따라서 사해행위취소의 소의 경우 원고나 피고가 여러 명이 있으며 반드시 취소의 효과가 미치는 당사자의 범위를 특정하여야 한다. 만일 이를 생략하면 원고 전원 및 피고 전원에 대하여 취소의 효과가 미친다고 해석되므로 기판력의 주관적 범위를 잘못

≪**중요정리**≫ **사해부동산에 설정된 근저당권과 관련하여 (★★★)**

1) (채무자의) 사해행위 以前 (채무자가 설정한) 근저당권이 사해행위 이후에
   도 존속 → 무시(단, 만일 다른 사유로 가액배상을 해야 할 경우라면 위 근
   저당권 피담보채무액은 가액배상범위에서 공제함)
2) 사해행위 以前 근저당권이 사행행위 후 (수익자 등에 의해) 말소 → 가액배
   상(위 근저당권 피담보채무액은 가액배상범위에서 공제함)
3) (채무자의) 사해행위 以後 (수익자가) 근저당권을 설정 → 전득자가 악의인
   경우: 사해행위로 인한 원상회복 대상(전득자를 상대로 근저당권 말소청구)
   / 전득자가 선의인 경우: 현실적으로 원물반환이 불가능한 것으로 보아 수
   익자를 상대로 가액배상을 구하는 것이 합리적-이 경우에 위 근저당권의
   피담보채무액은 가액배상 범위에서 공제할 필요가 없음
4) (채무자의) 사해행위 以後 (수익자가) 근저당권을 설정한 이후 다시 말소 →
   무시

지정한 것이 된다.

▧ **〈제1문〉**

〈공통된 사실관계〉

> 1) 채권자 甲은 乙(주민등록번호: 600125-1382114, 주소: 충청북도 청원군 오창읍 구룡6길 72-7)에 대한 대여금 채권자인바, 乙을 상대로 "1억 원 및 이에 대한 2015. 2. 4.부터 다 갚는 날까지 연 20%의 비율로 계산한 돈을 지급하라"는 판결을 이미 받았다.
>
> 2) 그런데 乙(채무자)은 위 소송에 관한 재판이 진행 중이던 2015. 8. 17. 유일한 소유재산인 별지 목록 기재 부동산에 관하여 자신의 아들 丙(주민등록번호: 850712-1234567, 주소: 충청북도 청주시 흥덕구 산남로 62번길 31)에게 위 날짜 매매예약을 체결하고 그 무렵 매매예약을 원인으로 한 가등기를 경료하였다(청주지방법원 2015. 8. 19. 접수 제2345호).
>
> 3) 이후 위 丙(수익자)은 2015. 10. 1. 丁(주민등록번호: 941012-2345678, 주소: 서울특별시 서초구 서초중앙로 157)과 위 부동산에 관한 가등기권 양도약정을 체결하여 그 약정을 원인으로 한 가등기의 부기등기(가등기의 이전등기)를 경료하였다(청주지방법원 2015. 10. 2. 접수 제2567호).

1. 위와 같은 상황을 최근에 확인한 甲이 채권자로서 채무자의 위 부동산에 경료된 가등기 및 그 부기등기를 말소하기 위한 사해행위취소소송(사해행위취소 및 원물반환)을 제기하려고 한다. 위 소송의 피고로 삼아야 할 사람을 특정하여 위 소송의 소장에 기재할 당사자 중 '피고(또는 피고들)'란을 작성하라.

2. 甲이 위와 같이 제기할 사해행위취소소송(계약취소 및 원물반환)에서의 소장의 '청구취지'란을 작성하라. 〈주의〉 ①먼저, 사해행위취소소송에서 취

소대상에 유의하라. ②이와 함께, 사해행위취소로 인한 원상회복이 원물반환으로써 가등기(주등기) 및 그 이전등기(부기등기)의 말소청구이므로, 그 피고적격자와 말소대상(권리보호이익)도 함께 고려해야 한다.

<추가된 사실관계>

4) 이후 丁(전득자)은 2015. 12. 20. <u>가등기에 기한 소유권이전등기의 본등기</u>를 마쳤다(청주지방법원 2015. 12. 22. 접수 제4567호).

5) 한편 위 부동산에는 위 가등기 이전부터 이미 A은행의 근저당권부 대출채권 7,000만 원의 근저당권이 설정되어 있었는데(청주지방법원 2013. 3. 8. 접수 제2345호, 채권최고액 1억 원, 채무자 乙, 근저당권자 A은행), 위와 같은 경위로 소유권이전등기를 경료 한 丁은 2015. 12. 24. 위 근저당권 담보대출채무의 원리금 9,000만 원을 전액 변제하고 위 근저당권을 말소하였다.

6) 위 丁(전득자)의 본등기로 가등기말소의 원물반환이 현저히 곤란하게 되었고, 또한 丁은 乙(채무자)과 丙(수익자) 사이의 사해행위에 대하여 선의였을 가능성이 매우 높아 피고로 삼을 실익이 없다.

7) 위 부동산의 시세는 1억 6,000만 원이고 수년째 변동이 없다.

---

3. 위와 같은 상황에서 <u>甲이</u> 전부승소하기 위한 <u>사해행위취소소송(계약취소 및 가액배상)</u>을 구하려고 할 때, 그 소장의 '<u>청구취지</u>'란을 작성하라.

<제1문 답안> ||||||||||||||||||||||||||||||||||||

채권자취소소송

1.의 답- 채권자취소소송과 피고적격

피고 丁
　　　서울 서초구 서초중앙로 157

<해설>

　　1) 사해행위의취소소송의 취소대상은 채무자와 수익자의 행위이고 또한 그

피고적격자는 채무자(乙)가 아니라, 수익자(丙) 또는 전득자(丁)이다.

2) 다만, 채권자취소소송에서 원고가 반드시 수익자와 전득자 모두를 공동피고로 삼을 필요는 없고(채권자취소판결의 상대적 효력) 각각을 상대로 별개의 소송을 제기하는 것도 가능하다는 점을 고려하고, 동시에 이 사건은 사해행위취소로 인한 원상회복이 원물반환으로써 가등기(주등기) 및 그 이전등기(부기등기)의 말소등기를 위한 청구인 점을 함께 고려한다면, 관련 판례가 가등기의 말소대상의 피고적격자를 가등기의 이전등기(부기등기)의 명의자인 양수인(丁)로 보고 있으므로(물론 말소의 대상은 丙명의의 가등기 주등기), 굳이 수익자(丙)까지 피고로 삼을 필요가 없다.

3) 충북 청주시 ×, 서울특별시 또는 서울시 ×

2.의 답- 채권자취소소송과 취소대상, 가등기가 이전된 경우 말소의 대상(원물반환)

1. 소외 丙과 소외 乙 사이에 별지 목록 기재 부동산에 관하여 <u>2015. 8. 17.</u> 체결된 매매예약을 취소한다.

2. <u>피고 丁</u>은 소외 乙에게 제1항 부동산에 관하여 <u>청주지방법원 2015. 8. 19. 접수 제2345호로</u> 마친 (소유권이전등기청구권)가등기의 말소등기절차를 이행하라.

3. 소송비용은 피고들이 부담한다.

라는 판결을 구합니다.

<해설>

1) 주문 1.항 관련, 사해행위의취소소송의 취소대상은 채무자(乙)와 수익자(丙)의 행위이지, 수익자(丙)와 전득자(丁)의 행위가 아니다.

2) 주문 2.항 관련, 이 사건은 사해행위취소로 인한 원상회복이 원물반환으로써 가등기(주등기) 및 그 이전등기(부기등기)의 말소등기를 위한 청구인 바, 이 때 판례는 말소대상을 가등기(주등기)로 삼아야 하되, 그 피고적격자를 가등기의 양수인(丁)로 보고 있다는 점에 유의하라.

3.의 답- 채권자취소소송과 일부취소 및 가액배상, 가등기가 이전된 경우 수익자의 피고적격

1. 피고(丙)와 소외 乙 사이에 별지 목록 기재 부동산에 관하여 2015. 8. 17. 체결된 매매예약을 70,000,000원의 한도 내에서 취소한다.

2. 피고(丙)는 원고에게 70,000,000원 및 이에 대한 이 판결 확정일 다음날부터 다 갚는 날까지 연 5%의 비율로 계산한 돈을 지급하라.

3. 소송비용은 피고가 부담한다.

라는 판결을 구합니다.

<해설>

1) 사해행위의취소의 원상회복방법이 공평에 반하는 경우로 가액배상이 되는 사례이다.

2) 취소 및 가액배상의 범위

- ①채권자의 피보전채권액 vs ②사해행위의 목적물이 가지는 공동담보가액(변론종결일 당시 부동산가액 – (우선변제권 있는 근저당권의 실제 피담보채무액+우선변제권 있는 임차보증금채권액 등)) 중 가장 적은 금액이 취소 및 가액배상의 범위이다.

- 구체적으로 계산하면, ①채권자의 채권 1억 원 및 이에 대한 지연손해금 vs ②변론종결일 전 단계이므로 7,000만 원(=최근 부동산시가 1억 6,000만 원 – 변제된 근저당실채무 9,000만 원) 중 적은 금액인 7,000만 원이 취소 및 가액배상 한도가 된다.

3) 판례는 사해행위인 매매예약에 기하여 수익자(丙) 앞으로 소유권이전청구권가등기를 마친 후 전득자(丁) 앞으로 그 가등기 이전의 부기등기를 마치고 나아가 그 가등기에 기한 본등기까지 마친 경우에, 채권자가 수익자(丙)를 상대로 매매예약의 취소와 원상회복으로서 가액배상을 청구할 수 있는지 여부에 관하여 논란이 있었다.

종전의 판례에 의하면 채무자와 사해행위를 하고 그에 기하여 소유권이전청구권가등기를 마친 수익자가 자신 앞으로 본등기를 마치지 아니한 채 가등기상 권리를 전득자에게 양도하고 그에 따라 전득자에게 가등기 이전의 부기등기를 마쳐준 경우에는 그 수익자는 공동담보의 부족을 초래한 사해행위의 당사자임에도 사해행위취소에 따른 원물반환의무도, 가액배상의무도 모두 부담하지 아니하였다. 나아가 가등기 이전의 부기등기를

마친 전득자가 선의인 경우에는 취소채권자는 전득자를 상대로도 권리구제를 받을 수 없으므로, 결국 이러한 경우 취소채권자는 어느 누구를 상대로도 사해행위취소에 의한 권리구제를 받을 길이 없는 결과가 되는데, 이에 대한 비판이 있어 왔다.

대법원 2015. 5. 21. 선고 2012다952 전원합의체판결은 사해행위인 매매예약에 기하여 수익자 앞으로 소유권이전청구권가등기를 마친 후 전득자 앞으로 그 가등기 이전의 부기등기를 마치고 나아가 그 가등기에 기한 본등기까지 마친 경우에는 취소채권자는 수익자를 상대로 그 매매예약의 취소를 구할 수 있고, 특별한 사정이 없는 한 수익자는 원상회복의무로서 가액배상의무를 진다고 판시함으로써 종전 판례를 변경하였다. 이로써 가등기를 이용한 사해행위와 관련하여 수익자를 상대로 권리구제를 받지 못해 왔던 채권자는 앞으로 전득자 앞으로 가등기 이전의 부기등기 및 본등기가 마쳐진 경우라도 수익자를 상대로 가액배상을 구할 수 있게 되었다.

▨ **〈제2문의 1〉**

<공통된 사실관계>

1) 甲(주민등록번호: 720101-1234567, 주소: 서울특별시 서초구 서초중앙로 157)은 건설업자인바, 2018. 4. 2. 자신의 사업자금 조달을 위해 사채업자 B에게 1억 원을 빌렸고(변제기 2019. 4. 1., 이자 월 2%), 그 대여금채무를 친구 A가 연대보증 하였다.

2) 그 후 甲은 사업부진 때문에 사채업자에게 월 이자도 갚지 못하고 있었다.

3) 그런데 甲은 ①2019. 2. 1. 甲소유의 토지(충청북도 괴산군 사리면 수암리 산 30 임야 3,210㎡, 이하 '제1부동산'이라 한다)를 자신의 처남 乙에게 물품대금채무 8,000만 원의 변제조로 위 날짜 대물변제를 원인으로 한 소유권이전등기를 마쳐 주었고(청주지방법원 2019. 2. 1. 접수 제1234호), ②같은 달 5. 甲 구분소유의 상가건물의 2층 점포(충청북도 청주시 상당구 용담동 234번지, 철근콘크리트조 슬래브지붕, 2층 점포, 100㎡, 이하 '제2부동산'이라 한다)를 역시 乙에게 매매대금 2억 원의 위 날짜 매매를 원인으로 한 각 소유권이전등기를 마쳐 주었다(같은 법원 2019. 2. 5. 접수 제1289호).

4) 이후 乙은 2019. 3. 1. 위와 같이 매수한 제2부동산에 관하여 丙에게 같은 날짜 근저당권설정계약을 원인으로 한 채권최고액(피담보채권액) 3,000만 원의 근저당권을 설정해 주었다(같은 법원 2019. 3. 1. 접수 제3456호).

5) 한편 甲은 2019. 3. 15.경 어음부도로 사업채무 변제불능 상태가 되었고, 2019. 4. 1. A는 甲의 사채업자 B에 대한 대여금채무의 연대보증인으로서 대여금 1억 원의 원리금(1억2,400만 원)을 B에게 대위변제 하였다.

6) 대위변제에 의한 구상채권자인 A는 그 후로 甲이 아무런 변제의 성의를 보이지 않자 가압류할 甲의 재산을 탐색하던 중인 2019. 8. 1. 등기부를 통해 위와 같이 위 부동산들이 처분된 사실을 확인했으나 당시 특별한 조치는 하지 않았고, 2020. 5. 1. 위 부동산들은 甲이 소유한 재산 전부임을 알게 되었다.

위와 같은 상황에서, A는 이후 계속 고민하다가 로스쿨을 다니는 조카 나열공에게 소장 작성을 문의하였다. 로스쿨생 나열공은 <u>사해행위취소 소송(채권자취소 소송)</u>을 제기하기 위하여 아래와 같은 청구취지가 기재된 소장을 작성했고(채무자 甲을 상대로 대위변제로 인한 구상금 청구 소송은 이 사건에

서 제기하지 않기로 함), 다만 A명의로 <u>2021. 4. 1.</u> 청주지방법원에 <소장>을 접수하기 전에 이진욱 변호사를 찾아와 혹시 잘못된 부분은 없는지 최종 확인을 부탁했다. 위 변호사 입장에서 잘못된 부분이 수정된 <u>피고란 및 청구취지를 재작성하고, 그와 같이 수정(삭제 또는 변경)된 이유에 대해서도 간략히 설명하라(단, 현재 시점에서는 채권자취소소송에서 원물반환 외에 가액배상여부는 고려하지 않는다).

소　장

원고　A
　　청주시 …
피고 1. 甲
　　서울 …
　　2. 乙
　　충북 청원군 …
　　3. 丙
　　청주시 …

사해행위취소 청구의 소

청구취지

1. 별지 목록 기재 제1부동산에 관하여,
　가. 피고 甲과 피고 乙 사이에 2019. 2. 1. 체결된 대물변제계약을 취소하고,
　나. 피고 乙은 피고 甲에게 청주지방법원 2019. 2. 1. 접수 제1234호로 마친
　　　소유권이전등기의 말소등기절차를 이행하라.
2. 별지 목록 기재 제2부동산에 관하여,
　가. 1) 피고 甲과 피고 乙 사이에 2019. 2. 5. 체결된 매매계약을,
　　　2) 피고 乙과 피고 丙 사이에 2019. 3. 1. 체결된 근저당권설정계약을　각

취소하고,

나. 피고 甲에게,

1) 피고 乙은 청주지방법원 2019. 2. 5. 접수 제1289호로 마친 소유권이
전등기의,

2) 피고 丙은 같은 법원 2019. 3. 1. 접수 제3456호로 마친 근저당권설
정등기의

각 말소등기절차를 이행하라.

3. 소송비용은 피고들이 부담한다.

라는 판결을 구합니다.

청구원인

1. 기초사실

위 <공통된 사실관계>

2. 채권자취소 요건 성립

3. 채권자취소 및 원상회복

4. 결론

입증방법

(생략)

첨부서류

(생략)

2021. 4. 1.

위 원고 A (인)

청주지방법원 귀중

<제2문의1 답안> ||||||||||||||||||||||||||||||||||||||

채권자취소소송과 피고적격, 대상적격

피고 1. 乙

　　　충북 청원군 …

　　2. 丙

　　　청주시 …

사해행위취소 청구의 소

청구취지

1. 별지 목록 기재 제1부동산에 관하여,

　가. 피고 乙과 소외 甲 사이에 2019. 2. 1. 체결된 대물변제계약을 취소하고,

　나. 피고 乙은 <u>소외 甲에게</u> 청주지방법원 2019. 2. 1. 접수 제1234호로 마친 소유권이전등기의 말소등기절차를 이행하라.

2. 별지 목록 기재 제2부동산에 관하여,

　가. 피고 乙과 소외 甲 사이에 2019. 2. 5. 체결된 매매계약을 취소하고,

　나. <u>소외 甲에게</u>,

　　1) 피고 乙은 청주지방법원 2019. 2. 5. 접수 제1289호로 마친 소유권이전 등기의,

　　2) 피고 丙은 같은 법원 2019. 3. 1. 접수 제3456호로 마친 근저당권설정등기의

　　각 말소등기절차를 이행하라.

3. 소송비용은 피고들이 부담한다.

라는 판결을 구합니다.

<해설>

　피고적격, 취소대상

　- 채권자취소소송의 피고적격은 수익자 또는 전득자이고, 채무자가 아니다 (각하).

　- 채권자취소의 대상은 채무자와 수익자의 법률행위이고, 수익자와 전득자 의 행위를 취소대상으로 삼을 경우는 소의 이익이 없어 부적법하다(각하).

▨ 〈제2문의 2〉

그런데 위 법학전문대학원생 나열공(원고 A측)은 소를 제기하기 전 아래와 같은 향후 소송절차 진행과 관련된 몇 가지 걱정거리가 있었고 또한 채권자취소소송과 관련하여 평소 공부를 하면서 개인적인 궁금증들이 있었다(채권자취소소송의 소송요건과 관련된 원고 A측의 의문점들). 나열공(원고 A측)은 이를 이진욱 변호사에게 질문을 하였는바, 위 변호사가 설명해 줄 올바른 답변 내용을 기재하고, 그 이유도 간략히 설명하라.

1) A의 소송은 채권자취소소송의 제척기간을 준수하지 못했으므로 각하되는 것 아닌가?

2) 주변에 알아보니 '채무자 甲에게 물품대금 1억 원을 받지 못한 채권자 B가 있는데, B가 2019. 12. 1. A가 제기할 소송과 동일한 내용의 채권자취소소송을 먼저 제기해 그 소송이 진행 중에 있다'고 한다. 그렇다면 A의 소송은 중복소송으로 각하되는 것 아닌가?

3) 만일 곧 위 B의 채권자취소 소송이 원고승소로 확정되어 그 확정된 취소판결에 따라 일반채권자들을 위한 공동담보재산 전부가 원상회복이 완료되었다면, A의 소송은 소의 이익이 없어 부적법 각하되는 것 아닌가? 만일 위 B의 채권자취소 소송이 원고승소로 확정되었으나 원상회복을 마치지는 않은 상태라면 A의 소송의 소의 이익은 어떠한가?

4) A의 채권자취소 소송에서 '채무자와 수익자 사이의 계약의 취소'는 구하면서도 '수익자(또는 전득자)에게 원상회복(원물반환 또는 가액배상)'은 청구하지 않는 것이 가능한가? 그 역은 어떠한가? 취소판결 이후 후행 원상회복청구소송에도 별개의 제척기간 제한을 받는가?

5) A의 채권자취소 소송(전득자 丙은 피고로 삼지 않았다)에서 '채무자 甲과 수익자 乙 사이의 매매계약의 취소 및 수익자 乙의 소유권이전등기말소'의 승소판결이 선고되어 확정되었을 경우, 이후 다시 전득자 丙을 상대로 한 근저당권설정등기말소를 구하는 소송(전득자를 상대로 한 원상회복)을 할 때에도 '채무자 甲과 수익자 乙 사이의 매매계약의 취소'까지 다시 별도로 청구해야 하는가? 이 경우 후행소송은 별개의 제척기간 제한을 받는가?

6) 만일 채권자 A가 심리도중 피보전채권인 대여금채권의 입증이 곤란하여(물론

본 사안은 실제 그럴 가능성은 없다), 위 소제기 후 약 1년이 지나서 또 다른 채권인 매매대금반환채권을 피보전채권으로 '소변경' 한 경우, 제척기간을 도과한 것인가?

<제2문의2 답안> |||||||||||||||||||||||||||||||||||

채권자취소소송과 제척기간 등

> **1)의 답**
> 제척기간(제소기간)을 준수한 적법한 소이므로, 각하되지 않는다.

<해설>

채권자취소소송의 제척기간

- 채권자취소권은 채권자가 취소원인을 안 날로부터 1년, 법률행위 있는 날로부터 5년 이내에 행사해야 하고(민법 제406조 제2항), 이는 제척기간이자 제소기간이다.

- "채권자가 취소원인을 안 날"이라 함은, 단순히 ①채무자가 법률행위를 한 사실을 아는 것만으로는 부족하고, ②그 법률행위가 일반채권자를 해한다는 것(사해행위), ③채무자에게 사해의사가 있었음을 모두 아는 것을 의미한다(99다53704).

- 사안의 경우, 원고가 채무자의 처분행위를 안 것은 2019. 8. 1.경이나, 그 것이 채무자의 유일한 재산처분이어서 사해행위가 된다는 것을 안 것은 2020. 5. 1.경이므로, 그로부터 1년 이내에 소가 제기된 이상 제척기간이 도과되지 않은 것이다.

> **<생각해 볼 점 1>**
> 만일, 채권자인 원고가 2019. 8. 1.경 채무자의 부동산에 '가압류'를 해 두었다면 상황은 달라지는가? → 아니다. 채권자의 가압류조치 그 자체만으로 채권자가 채무자의 채무초과상태를 알 수 있었다고 단정할 수 없기

때문이다(判).

<생각해 볼 점 2>

만일, 채권자인 원고가 2019. 8. 1.경 수익자 乙이 매수한 부동산에 사해행위를 원인으로 한 원상회복청구채권을 피보전채권으로 '처분금지 가처분'을 해 두었다면 상황은 달라지는가? → 그렇다. 이 경우는 1년의 제척기간이 도과된 소제기로서 부적법 각하될 것이다.

---

2)의 답
중복소송이 아니어서, 각하되지 않는다.

<해설>

채권자취소소송의 경합, 중복제소 문제

- 채권자취소권의 요건을 갖춘 각 채권자는 '고유의 권리'로서 채무자의 재산처분행위를 취소하고 그 원상회복을 구할 수 있는 것이므로, 각 채권자가 동시 또는 이시에 채권자취소소송을 제기한 경우 이들 소송은 중복제소가 아니며, 따라서 법원은 채권자별로 독립하여 사해행위취소 여부를 판단해야 한다(2001다49043).

---

3)의 답
전자는 권리보호이익이 없어 각하, 후자는 권리보호이익이 있어 적법하다.

<해설>

채권자취소소송의 경합, 기판력, 원상회복 완료와 권리보호이익

- 어느 한 채권자가 동일한 사해행위에 관하여 채권자취소 및 원상회복청구를 하여 승소판결을 받아 그 판결이 확정되었다는 것만으로, 그 후에 제기된 다른 채권자의 동일한 청구가 권리보호이익이 없어 부적법한 것이 아니고 또한 각 채권자가 고유의 권리를 행사하는 것이므로 기판력이 미쳐 부적법해 지는 것도 아니다.

- 다만, 어느 한 채권자의 선행소송 확정판결에 의해 채무자의 재산이나 가액의 원상회복이 마쳐진 경우에는(일반채권자들을 위한 채권자취소소송결

과가 완성된 것이므로) 다른 채권자의 채권자취소 및 원상회복청구는 <u>그와 중첩되는 범위 내에서 권리보호의 이익이 없어져 부적법</u> 해지게 된다(2003다19558).

- 본 사안 첫 번째 질문의 경우, 다른 채권자 B에 의해 채무자 甲의 유일한 재산이자 일반채권자들의 공동담보재산 전부가 원상회복 되었다는 것을 전제로 질문을 하고 있으므로, A의 채권자취소소송과는 전체가 중첩되는 것이어서, 전부 권리보호이익이 없게 된다.

---

4)의 답

전자는 가능, 후자는 불가능, 별개의 제척기간 제한을 받지 않는다.

<해설>

사해행위취소청구와 원상회복청구의 병합과 분리

- 채권자취소를 구하는 채권자는 사해행위의 취소만을 먼저 청구한 다음 원상회복을 나중에 청구할 수 있다(2001다14108).
- 그러나 원상회복의 전제가 되는 사해행위의 취소가 없는 이상 원상회복청구권은 인정되지 않으므로 사해행위의 취소를 구함이 없이 원상회복청구만을 구할 수는 없다(2007다69162).
- 한편, 동일 피고를 상대로 제척기간 내에 채권자취소만을 구했다면(<u>사안은 취소판결이 있었으므로 제척기간 충족</u>), 나중에 원상회복청구는 <u>제척기간이 도과된 후에도 제기가능하다(2001다14108)</u>.

---

5)의 답

'채무자 甲과 수익자 乙 사이의 매매계약의 취소'까지 별도로 청구해야 하고, 이 경우 전득자 丙을 상대로 한 후행소송은 별개의 제척기간 제한을 받는다.

<해설>

채권자취소의 相對效, 수익자·전득자에 대한 이시·분리행사 가능여부

1) 취소의 효과는 채권자와 취소의 상대방인 수익자 또는 전득자 사이에서만 미친다. 즉, 취소소송의 당사자 사이에서만 사해행위를 무효로 만들 뿐, 채무자 및 취소의 상대방이 되지 않은 수익자 또는 전득자에 대한 관계에서

는 각자의 법률행위가 유효하게 존속하게 된다.

2) 따라서 채권자는 선택에 따라서 수익자만을 피고로 하여 피고로 하거나, 전득자만을 피고로 하여 혹은 사안에 따라서는 수익자, 전득자를 모두 피고로 하여 사해행위청구 및 원상회복청구를 할 수 있다.

3) 결국 상대적 무효설에 따르면, 수익자를 상대로 한 취소판결의 효력은 전득자에게는 효력이 없으므로, 나중에 전득자를 상대로 원상회복을 구하기 위해서는 전득자에 대해서도 채무자와 수익자 사이의 법률행위에 대한 사해행위취소를 별도로 구해야 하고 나아가 수익자를 상대로 선행소송에서 제척기간 내에 제소하여 승소판결을 받았다고 하더라고 전득자를 상대로 한 후행소송에서는 다시 별개의 제척기간의 제한을 받게 된다(2004다 17535).

---

6)의 답

제척기간이 도과된 것이 아니다.

<해설>

피보전채권의 교환적 변경과 제척기간

- 채권자가 사해행위의 취소를 청구하면서 그 보전하고자 하는 채권을 추가하거나 교환하는 것은 그 사해행위취소권을 이유 있게 하는 공격방법에 관한 주장을 변경하는 것일 뿐이지 소송물 또는 청구 자체를 변경하는 것이 아니므로, 소의 변경이라 할 수 없다(2004다10985)

- 본 사안의 경우, 설령 원고 A가 사해행위가 있음을 안 날인 2020. 5. 1.로부터 1년 이내 제기된 이 사건 소는 비록 위 안 날로부터 1년이 지나 원고가 피보전채권을 교환적으로 변경했다고 하더라도, 제척기간 도과 문제와는 전혀 무관하게 된다.

<비교판례> 원물반환 또는 가액배상으로 청구취지의 변경과 제척기간(2004다67806)

공동저당권이 설정된 수 개의 부동산에 관한 일괄 매매행위가 사해행위에 해당함을 이유로 그 매매계약의 전부 취소 및 그 원상회복으로서 각 소유권이전등기의 말소를 구하다가 사해행위 이후 저당권이 소멸된 사정을 감안하여 법률상 이러한 경우 원상회복이 허용되는 범위 내의 가액배상을 구하는 것으로 청구취지를 변경하면서 그에 맞추어 사해행위취소의 청구취지를 변경한 데에 불과한 경우에는 하나의 매매계약으로서의 당해 사해행위의 취소를 구하는 소 제기의 효과는 그대로 유지되고 있다고 봄이 상당하다 할 것이므로 비록 취소소송의 제척기간이 경과한 후에 당초의 청구취지변경이 잘못 되었음을 이유로 다시 위 매매계약의 전부취소 및 가액배상을 구하는 것으로 청구취지를 변경한다 해도 최초 소 제기시에 발생한 제척기간 준수의 효과에는 영향이 없다고 한 사례.

▨ <제2문의 3>

A의 소장(이진욱 변호사의 조언에 따라 본안전 판단등 소송요건 문제는 수정·보완하여 제출됨)이 2021. 4. 1. 청주지방법원에 접수되어, 그 사건이 제11민사부에 배당이 되었다(2021가합456 사해행위취소). 이후 소장 부본을 송달받은 피고들은 소송대리인을 선임하여 <u>같은 달 20. 아래와 같은 내용의 <답변서></u>를 제출했고, 그 무렵 원고측(A)이 답변서 부본을 수령하였다. 원고는 위 답변서에 대해 대응 준비서면을 준비하고 있는바, <u>피고의 아래 주장들에 대한 각 타당성을 검토하라</u>. 단, 원고가 알아본 바로는 답변서상 <추가된 사실관계>는 모두 사실로 확인되었다.

답 변 서

사건 2021가합456 사해행위취소
원고 A
피고 OOO외 1명
　　위 피고들의 소송대리인 변호사 설까치
　　서울 서초구 …

위 사건에 관하여 피고들의 소송대리인은 아래와 같이 답변합니다.

청구취지에 대한 답변
1. 원고의 청구를 기각한다.
2. 소송비용은 원고가 부담한다.

청구원인에 대한 답변
1. 기초사실에 대하여
　원고가 주장한 기초사실에 대해서는 피고도 모두 인정합니다. 하지만 아래와 같은 추가사실이 이 사건에는 더 전제되어야 합니다.

<추가된 사실관계>

3-1) 乙은 甲에 대해 이미 2017. 1. 2. 변제기 도달한 8,000만 원 상당의 물품대금채권이 있었고 그 무렵 위 채권을 담보하기 위해 제1부동산에 제1순위 저당권(청주지방법원 2017. 1. 3. 접수 제23호, 채무자 甲)을 설정 받았다. 이후 물품대금 채권자 乙은 저당권을 행사하지 않고 위 채권의 대물변제조로 2019. 2. 1. 제1부동산의 소유권이전등기를 받게 된 것인데, 당시 위 부동산의 시세는 8,000만 원에 불과했다.

3-2) 또한 乙은 2019. 2. 5. 제2부동산을 매매대금 2억 원에 매수한 것인데, 그 당시 위 부동산의 시세는 2억 원이 적정한 것이었다.

3-3) 한편 제2부동산 매수 당시 매수인 乙이 인수한 매도인 甲의 채무로는, 위 부동산에는 ①근저당권자 너희은행의 제1순위 근저당권부 대출원리금채권 8,000만 원(같은 법원 2017. 3. 8. 접수 제2345호, 채권최고액 1억 원, 채무자 甲), ②상가임대차보호법이 적용되어 우선변제권이 있는 점포 임차인 나영세의 임차보증금채권 7,000만 원, ③가압류채권자 권사채의 가압류등기부 청구채권 5,000만 원이 있었는데, 乙은 2019. 2. 15. 위 ①,②,③ 채무를 모두 대위변제 또는 변제하였고, 그 무렵 근저당권설정등기 말소, 점포반환, 가압류등기말소를 받았다.

2. 사해행위취소 및 원물반환 청구에 대한 반박

가. 원고의 甲에 대한 피보전채권은 구상채권인바 사해행위 이전에 성립되어야 하는데, 甲과 피고 乙의 매매계약 당시 위 구상채권이 성립되지 않았으므로, 사해행위가 성립되지 않습니다.

나. 제1부동산 처분의 경우, 甲의 피고 乙에 대한 기존 8,000만 원 물품대금채무의 대물변제조로 한 것이므로 총재산의 감소가 없어 사해행위가 아닙니다.

다. 더구나 제1부동산 처분 당시 부동산에는 이미 8,000만 원의 우선변제효의 저당권이 존재하였고 반면 위 부동산의 시세는 8,000만 원에 불과한 사실에 비추어, 위 행위로 甲의 일반채권자의 공동담보재산에 감소가 없었으므로, 사해행위가 아닙니다.

라. 제2부동산 매각 역시, 처분 당시 객관적 시세에 적정한 매매대금 2억 원에 정당히 매수한 것이므로, 위 처분행위로 甲의 적극재산에 전혀 감소가 없으므로, 사해행위가 아닙니다.

마. 설령 백보 양보하여 제2부동산의 처분행위가 외견상 사해행위로 보여진다 가정하더라도, 이 사건 위 부동산의 가액(2억 원)에서 일반채권자보다 우선권이 있는 ①근저당권부 대출원리금채권 8,000만 원, ②임차보증금반환채권 7,000만 원, ③가압류 채권 5,000만 원(합계 2억 원)을 각 공제한 범위에서만 사해행위가 성립될 수 있으므로, 결국 사해행위가 성립하지 않습니다.

바. 제2부동산 관련, 피고 乙, 丙은 甲의 채무초과 상황에 대하여 알지 못했는바, 사해의사 입증책임을 부담하는 원고가 甲, 乙, 丙 모두의 악의를 입증하지 못하는 한 사해행위가 성립하지 않습니다.

사. 예비적으로, 제2부동산 처분에 일부 사해행위가 성립한다고 가정하더라도, 피고 乙은 소유권을 이전 받은 후 변제를 통해 기존 근저당을 말소시킨 바 있으므로, 그 상태로 원상회복으로써 원물반환이 되는 것은 부당합니다.

3. 결론

이상의 사유로 이 사건 청구는 모두 이유가 없는바, 원고의 청구를 모두 기각하여 주시기 바랍니다.

입증방법

(생략)

첨부서류

(생략)

2021. 4. 20.
위 피고들의 소송대리인
변호사 설까치 (인)

청주지방법원 제11민사부 귀중

<제2문의3 답안> ||||||||||||||||||||||||||||||||||||||

채권자취소의 요건- 피보전채권의 존재, 사해행위, 사해의사

> 가.: 피고의 주장은 타당하지 않다.

<해설>

피보전채권의 성립시기

- 원칙적으로, 채권자취소권의 피보전채권은 사해행위 이전 발생한 것이어야 한다(성립되면 족한 것이므로 변제기가 도래할 필요는 無 vs 채권자대위권).

- 예외적으로, ①사해행위 당시 이미 채권 성립의 기초가 되는 법률관계가 발생되어 있고, ②가까운 장래에 그 법률관계에 기하여 채권이 성립되리라는 점에 대한 고도의 개연성이 있으며, ③실제로 가까운 장래에 그 개연성이 현실화되어 채권이 성립된 경우에는, 그 채권은 피보전채권이 될 수 있다.

- 본 사안의 경우, 사해행위 당시인 2019. 2. 1.경에는 원고의 구상채권이 성립되어 있지는 않았지만, 그 이전 이미 구상채권의 기초가 된 연대보증계약이 발생되어 있고, 채무자의 재정이 어려워 대여금 이자도 갚지 못하고 있어 곧 대위변제에 의한 구상채권의 성립 개연성이 있었으며, 실제로 얼마 후 채무자가 원리금을 전혀 갚지 못한 채 부도로 변제불능상태가 되어 원고가 대위변제를 하여 구상채권이 성립되었으므로, 원고의 구상채권은 피보전채권이 될 수 있게 된다.

> 나.: 피고의 주장은 타당하지 않다.

<해설>

대물변제와 사해행위

- 채무자의 총재산의 감소가 없는 대물변제일지라도, 일부채권자와 통모가 있거나 또는 일부채권자의 채권액을 초과하는 내용으로 한 대물변제이거나 또는 이미 채무초과에 빠진 채무자가 특정 부동산을 일부채권자에게 대물변제로 넘겨주면 사해행위가 성립한다(2000다3262).

- 본 사안의 경우, 비록 일부채권자인 乙의 채권액을 초과하는 내용으로 대물

변제를 한 것은 아니나, <u>그 대물변제 당시 채무자 甲은 이미 채무초과 상태였으므로</u>(당시 채무자 甲의 총자산과 총부채를 비교해 보라), 특정한 일반채권자에게 유리하게 특정 부동산을 대물변제로 넘겨준 행위는 사해행위가 성립할 수 있다.

다.: 피고의 주장은 타당하다.

<해설>

일반채무자들에 대한 공동담보가치의 평가

- 제1부동산에는 채무자의 처분(대물변제) 이전에 이미 피담보채권 8,000만 원의 저당권이 설정되어 있었다(이는 일반채권자들에게 앞서는 우선변제채권).
- 한편, 위 제1부동산의 객관적 시세는 8,000만 원에 불과하다.
- 따라서 제1부동산은 일반채권자들을 위한 공동담보자산으로 볼 수 없으므로, 이를 채무자가 처분하였더라도 공동담보자산의 감소가 없어 사해행위가 아니다.

라.: 피고의 주장은 타당하지 않다.

<해설>

부동산을 상당한 가격에 매각한 경우(判)

- 부동산을 상당한 가격에 매각하여 채무자의 총재산의 감소 없는 경우일 지라도, 금전은 사실상 책임재산(공동담보재산)으로서 기능을 하지 못하므로, 사실상 유일한 중요 재산인 부동산을 매각하여 소비하기 쉬운 금전으로 바꾸는 행위는 사해행위가 성립한다.

마.: 피고의 주장 중 ①,②부분은 정당하나 ③부분은 부당하므로, 결론적으로 사해행위가 성립될 수 없다는 피고의 주장은 타당하지 않다.

<해설>

일반채무자들에 대한 공동담보가치의 평가

- 제2부동산에는 채무자의 처분(매각) 이전에 이미 일반채권자들 보다 우선

변제권이 있는 너희은행의 근저당권부 대출채권(채권최고액 1억 원, 그 무렵 원금과 이자 채권의 합계는 8,000만 원), 상가임대차보호법에 따라 우선변제권이 있는 나영세의 임차보증금반환채권 7,000만 원이 존재하고 있었다. 이에 제2부동산을 처분하더라도 위 부동산 시세(2억 원)에서 위 우선변제채권들을 공제한 나머지 부분에 한하여 일반채권자들을 위한 공동담보자산이 되는 것이고 그 사해행위 여부를 논할 수 있는 것이다.

- 반면, 권사채의 가압류채권 5,000만 원은 비록 등기되어 있다고 하더라도 우선변제권이 발생하는 것은 아니므로(권사채는 여전히 일반채권자에 불과하다), 사해행위를 논함에 있어 위 5,000만 원을 공제할 필요는 없다.

- 결론적으로, 제2부동산의 객관적 가액은 2억 원이었고, 반면 위 부동산에 우선변제권이 있는 채권의 합계는 1억5,000만 원이므로, 여전히 5,000만 원 범위에서는 일반채권자들의 공동담보자산(책임재산)이었음이 명백하다. 따라서 채무자 甲의 乙에 대한 매각행위는 사해행위가 성립한다.

> 바.: 피고의 주장은 타당하지 않다.

＜해설＞

사해의사와 입증책임

- 원칙적으로 채무자의 사해의사는 원고에게 입증책임이 있고, 그 판단은 사해행위 당시를 기준으로 한다. 단, 본 사안은 채무자 甲이 유일한 책임재산인 제2부동산을 매각한 것이고 이 경우는 사해의사가 추정된다는 것이 판례이므로, 결론적으로 원고가 채무자 甲의 사해의사를 입증할 필요가 없게 되었다.

- 반면, 채무자의 사해행위 객관적 요건이 충족되면, 수익자와 전득자의 사해의사는 추정되므로 그 입증책임은 수익자와 전득자에게 있다는 것이 판례이고, 그 판단은 사해행위(수익자) 또는 전득(전득자) 당시를 기준으로 한다. 본 사안은 채무자 甲의 사해행위 객관적 요건이 충족된 상태이므로, 원고가 수익자 乙 및 전득자 丙의 사해의사를 입증할 필요가 없고, 乙과 丙이 악의 추정을 복멸하여 선의라는 점을 입증을 해야 한다.

사.: 피고의 주장은 타당하다.

<해설>

예외적 가액배상(가액상환)

- 원물반환이 ①불가능하거나 현저히 곤란(절대적·물리적 불가능을 의미하는 것 아님, 예컨대, 목적물의 멸실, 일반재산에 혼입되어 특수성을 상실한 경우, 양도 후 수용된 경우, 양도 후 선의 전득자가 소유권이나 근저당권을 취득한 경우), ②공평에 반하는 경우(예컨대, 저당권부 부동산이 양도된 후 변제에 의해 저당권이 소멸한 경우)에는 가액을 배상해야 한다.
- 본 사안의 경우, 위 ②의 경우에 해당하므로 원물반환을 할 수 없고 가액배상을 해야 하는 사례이다.

〈제2문의 4〉

원고는 피고측 2021. 4. 20.자 답변서를 검토한 다음 객관적으로 전부승소가 명확한 청구로 변경하기로 하고, 아래와 같은 감정절차를 거친 다음 같은 해 6. 30. 〈청구취지 및 원인변경신청서(소의 변경)〉를 담당재판부에 제출하였다. 아래의 신청서 내용 중 <u>변경할 청구취지 부분</u>을 작성하라.

> 〈소송의 경과〉
> 원고측은 2021. 5. 3. 제2부동산에 대한 시가감정을 신청하였는바, 법원감정인의 감정결과 2019. 2. 1.(매각당시) 시세는 2억 원으로, 2021. 5. 감정시점은 2억 1,000만 원으로 감정되었다.

청구취지 및 청구원인 변경신청서

사건 2021가합456 사해행위취소
원고 A
피고 OOO외 1명

위 사건에 관하여 원고는 아래와 같이 청구취지 및 청구원인을 변경합니다.

변경한 청구취지

1. _____
2. (이하 공란)

변경한 청구원인

1. 추가사실에 따른 원상회복 방법 변경
2. 가액배상 및 그 범위
(이하 생략)

2021. 6. 30.

위 원고 A (인)

청주지방법원 제11민사부 귀중

<제2문의4 답안> ||||||||||||||||||||||||||||||||||||

채권자취소 및 가액배상의 범위

> 1. 피고 乙과 소외 甲 사이에 별지 목록 기재 제2부동산에 관하여 2019. 2. 5. 체결된 매매계약을 <u>60,000,000원의 한도 내에서</u> 취소한다.
> 2. <u>원고에게, 피고 乙은 60,000,000원, 피고 丙은 위 피고 乙과 공동하여 위 돈 중 30,000,000원</u> 및 각 이에 대한 이 판결 확정일 다음날부터 다 갚는 날까지 연 5%의 비율로 계산한 돈을 지급하라.
> 3. 소송비용은 피고가 부담한다.
> 라는 판결을 구합니다.

<해설> 가액배상의 범위[138]
- ①채권자의 피보전채권액(= 1억2,400만 원) vs ②사해행위의 목적물이 가지는 공동담보가액(변론종결일 당시 부동산가액 - (우선변제권 있는 근저당권의 실제 피담보채무액+우선변제권 있는 임차보증금채권액 등) = 변론종결일 전이므로 가장 최근 감정시가인 2억1,000만 원 - 8,000만 원 - 7,000만 원 = 6,000만 원)} vs ③수익자나 전득자가 취득한 이익 (수익자 乙 = 6,000만 원, 전득자 丙 = 피담보채권액 3,000만 원[139]) 중 가장 적은 금액이

---

138) 엄밀히 따지면, ①채권자의 피보전채권액, ②사해행위의 목적물이 가지는 공동담보가액, ③수익자나 전득자가 취득한 이익 중 적은 금액 한도로 가액배상을 해야 한다. 하지만 통상의 사례는 수익자나 전득자가 소유자인 경우로 ②와 ③이 일치하여 계산에 큰 문제가 없게 되며(피고 수익자 乙의 경우), 다만 사안 중 피고 전득자 丙의 경우는 근저당권자이므로 위 ①②③ 모두가 달라지게 되었다.

각 피고별 취소 및 가액배상 한도가 된다.

- 수익자와 전득자의 가액배상의무 중 중첩되는 부분은 부진정연대채무 관계이다.

- 사해행위취소로 인한 원상회복을 가액배상으로 하는 경우 <u>그 이행의 상대방은 채권자</u>이다(2007다84352).

- 사해행위취소로 인한 가액배상금 지급의무는 그 전제인 사해행위취소란 형성판결이 확정될 때 비로소 발생하므로 판결확정일까지 지연손해금이 발생하지 않고, 나아가 사해행위취소소송에서 가액배상은 장래이행을 구하는 것이므로 지연손해금에 소촉법상 이자 12%가 적용되지 않고 민사법정이율에 의해야 한다.

<생각해 볼 점>

만일, 피고 乙(수익자)이 매수 및 등기 후 우선변제권이 있는 근저당부 채권과 임차보증금을 변제하지 않았다면, 역시 가액배상이 타당한가?

→ 가액배상을 할 필요가 없으며 원물반환으로 족하다.

---

139) <생각해 볼 점> 만일, 전득자 丙의 근저당권 피담보채권액이 1억 원이라면 위 사안의 주문은 어떻게 달라질까? → 취소대상은 수익자 乙에 대한 것이므로 범위는 6,000만 원으로 변동이 없고, 따라서 가액배상의 범위는 역시 위 한도 내에서 이루어지는 것이므로 전득자 丙도 6,000만 원 한도에서 위 乙과 공동하여 가액배상하면 족하다(乙은 6,000만 원 배상, 丙은 1억 원 배상 ×).

▨▨▨ **〈제2문의 5〉**

원고의 2021. 6. 30.자 청구취지 및 원인변경신청서 부본이 송달된 다음 <u>같은</u> <u>해 7. 20. 아래와 같이 피고측 〈준비서면〉이 제출되었다.</u> 원고는 같은 해 8. 12. 변론기일에서 <u>위 피고측 예비적 항변에 대해</u> 적절히 구술로 반박하였는 바, <u>원고가 반박할 내용을</u> 기재하라.

준비서면

사건 2021가합456 사해행위취소
원고 A
피고 OOO외 1명

위 사건에 관하여 피고들의 소송대리인은 아래와 같이 변론을 준비합니다.

1. 예비적 항변

만일 피고측 주장과 달리 판단하여, 甲의 제2부동산 매각이 사해행위가 성립함으로써 매매가 취소되고 수익자인 피고 乙 또는 전득자인 피고 丙이 가액배상을 해야 한다면,

가. 피고 乙은 甲에 대하여 위 부동산 매수를 위하여 지출한 비용 등을 청구할 채권이 <u>있으므로, 마땅히 이를 공제하여야 합니다.</u>

나. 또한 피고 乙은 甲에 대하여 이 사건과는 전혀 별개로 발생한 2019. 1. 1. 고의의 불법행위로 인한 손해배상채권 5,000만 원이 있는바, 위 채권으로 원고의 가액배상채권을 대등액에서 상계하고자 합니다.

2021. 4. 20.
위 피고들의 소송대리인
변호사 설까치 (인)

청주지방법원 제11민사부 귀중

<제2문의5 답안> ||||||||||||||||||||||||||||||

채권자취소 및 가액배상의 범위

> 가.의 주장: 타당하지 않다.

<해설>
　　가액배상을 해야 하는 수익자(또는 전득자)는 자기가 수익 또는 전득하기 위하여 지출한 비용의 공제를 주장할 수 없다. 이는 사해행위취소에도 불구하고 채무자와 수익자(또는 수익자와 전득자) 사이의 법률관계는 여전히 유효하기 때문에 채무자 甲과 별도로 해결할 문제이므로, 일반채권자들의 공동담보재산에서 우선 공제될 하등의 이유가 없다.

> 나.의 주장: 타당하지 않다.

<해설>
　　수익자(또는 전득자)인 피고는 가액배상시 채무자에 대한 자신의 채권으로 상계를 주장할 수 없다. 원상회복의 방법으로 취소채권자에게 직접 가액배상금을 지급하여야 할 수익자(또는 전득자)로 하여금 자기의 채무자에 대한 반대채권으로써 상계를 허용하는 것은 사해행위에 의하여 이익을 받은 수익자를 보호하고 다른 채권자의 이익을 무시하는 결과가 되어 위 제도의 취지에 반하기 때문이다(99다63183).

▧ <제2문의 6>

위 2021. 8. 12. 변론기일 당일 변론이 종결되었고, 담당재판부는 선고기일을 같은 달 26. 10:00로 지정하였다. 담당재판부가 <u>2021. 8. 26. 선고하게 될</u> 아래 <판결문> 중 <u>주문</u>을 작성하라.

<소송의 경과>

1) 감정인에게 보완감정결과 위 변론종결일 직전 제2부동산의 시가는 상승하여 2억2,000만 원으로 확인되었다(추가 감정됨).

2) 채무자 甲의 무자력 상태는 변론종결까지 변동이 없었다.

3) 피고 乙은 사해의사에 대한 추정을 번복할 만한 입증을 하지 못했고, 피고 丙은 선의를 입증을 하였다.

청주지방법원

제11민사부
판 결

사건 2021가합456 사해행위취소
원고 A
　　　청주시 …
피고 1. ○○○
　　　…
　　　2. ○○○
　　　…
　　　위 피고들의 소송대리인 변호사 설까치
변론종결 2021. 8. 12.
판결선고 2021. 8. 26.

주 문

1. _____

2. (이하 공란)

청구취지

(생략)

이 유

1. 기초사실
2. 청구원인에 대한 판단
3. 항변에 대한 판단
4. 결론

판사 최공평

<제2문의6 답안> ||||||||||||||||||||||||||||||||||||

채권자취소 및 가액배상, 처분권주의 등

> 1. 피고 乙과 소외 甲 사이에 별지 목록 기재 제2부동산에 관하여 2019. 2. 5. 체결된 매매계약을 60,000,000원의 한도 내에서 취소한다.
> 2. 피고 乙은 원고에게 60,000,000원 및 이에 대한 이 판결 확정일 다음날부터 다 갚는 날까지 연 5%의 비율로 계산한 돈을 지급하라.
> 3. 원고의 피고 丙에 대한 청구를 기각한다.
> 4. 소송비용 중 원고와 피고 乙 사이에 생긴 부분은 피고 乙이 부담하고, 원고와 피고 丙 사이에 생긴 부분은 원고가 부담한다.

<해설>
  – 채무자 甲의 무자력(채무초과) 상태는 사해행위 당시는 물론 변론종결 당시까지 유지되어야 하는데(判), 본 사안의 경우 이 점은 충족되었다.

- 피고 丙(전득자)은 선의이므로, 그에 대해서는 원고의 청구가 기각된다.
- 피고 乙(수익자)에 대한 사해행위 취소 및 가액배상의 범위를 살펴보면,① 채권자의 피보전채권액(= 1억2,400만 원) vs ②사해행위의 목적물이 가지는 공동담보가액(변론종결일 당시 부동산가액- (우선변제권 있는 근저당권의 실제 피담보채무액+우선변제권 있는 임차보증금채권액 등) = 변론종결 당시 시가인 2억2,000만 원- 8,000만 원- 7,000만 원 = 7,000만 원)) 중 가장 적은 금액인 7,000만 원이 원칙적인 취소 및 가액배상의 한도가 될 것이다.
- 그러나, 원고가 당초의 청구 내용(6,000만 원 한도 내의 취소 및 가액배상 청구)을 확장하지 않은 상태로 변론이 종결되었으므로, 처분권주의 원칙상 법원은 원고가 구하는 심판범위 내에서 판단을 해야 한다.

제4장
유형별 請求原因 작성론[1]

제 **1** 절 일반론

1. 辯論主義와 要件事實

가. 변론주의의 의의

- 소송자료 즉 사실과 증거의 수집·제출의 책임을 당사자에게 맡기고, 당사자가 수집하여 변론에서 제출한 소송자료만을 재판의 기초로 삼아야 한다는 원칙
- 변론주의는 주요사실(실무상 표현 '요건사실')에 대해서만 인정됨

---

1) 본 장에서는 가급적 '사건유형별 요건사실론'을 설명하고자 하므로, 단순히 민사소장의 청구원인(원고) 요건사실에 그치지 않고 더 나아가 항변(피고), 재항변(원고), 재재항변(피고)의 각 요건사실도 함께 서술하였다.

나. **主要事實의 판단 → 要件事實論의 출발!!**

- 주요사실과 간접사실의 구별: 법규기준설 → 실체법 규정에서 권리의
발생·장애·소멸·저지 등의 각 법률효과를 발생시키는 직접 요건사실

- 판례에서의 구별 例: ⓐ消滅時效의 기산일은 주요사실(94다35886
등), ⓑ取得時效의 기산일은 간접사실(94다37868 등), ⓒ유권대리의
주장에 표현대리의 주장은 포함되지 않는다고 봄(2001다1126 등)

- 구별의 효과: ①간접사실은 당사자 주장 없이 또는 그와 다르게 법
원이 증거에 따라 자유롭게 인정할 수 있음, ②간접사실에 대한 자
백은 법원도 당사자도 구속할 수 없음, ③주요사실만이 상고이유 또
는 재심사유에 해당되는 판단누락의 기준이 됨

<사례>① 부당이득반환의 요건사실 → '법률효과(이익 반환)'

제741조(부당이득의 내용)

법률상 원인 없이 타인의 재산 또는 노무로 인하여 이익을 얻고 이로 인
하여 손해를 가한 자는 '그 이익을 반환'하여야 한다.

제746조(불법원인급여)

불법의 원인으로 인하여 재산을 급여하거나 노무를 제공한 때에는 그 이
익의 반환을 청구하지 못한다. 그러나 그 불법원인이 수익자에게만 있는
때에는 그러하지 아니하다.

<사례>② 상계의 요건사실 → '법률효과(대등액 소멸)'

제492조(상계의 요건)

① 쌍방이 서로 같은 종류를 목적으로 한 채무를 부담한 경우에 그 쌍방
의 채무의 이행기가 도래한 때에는 각 채무자는 대등액에 관하여 상계
를 할 수 있다. 그러나 채무의 성질이 상계를 허용하지 아니할 때에는
그러하지 아니하다.

② 전항의 규정은 당사자가 다른 의사를 표시한 경우에는 적용하
지 아니한다. 그러나 그 의사표시로써 선의의 제3자에게 대항

하지 못한다.

제493조(상계의 방법, 효과)

　① 상계는 상대방에 대한 의사표시로 한다. 이 의사표시에는 조건 또는 기한을 붙이지 못한다.

　② 상계의 의사표시는 각 채무가 상계할 수 있는 때에 '대등액에 관하여 소멸'한 것으로 본다.

다. 변론주의의 내용

1) 主張責任 - 각 당사자는 자신에게 유리한 요건사실을 주장할 책임이 있고(단, 직접 주장을 하지 않아도 변론전체의 취지상 또는 증거절차를 통해 한 '間接的 主張'은 허용), 당사자에 의하여 주장되지 아니한 요건사실을 법원이 임의로 법률효과 판단의 기초로 삼을 수 없음

2) 立證責任 - 각 당사자는 자신에게 유리한 요건사실에 대해 입증할 책임이 있고, 그 요건사실 존부가 불분명하게 됨으로써 문제된 법률효과가 발생하지 않는 불이익을 감수해야 함

3) 自白의 拘束力 - 당사자 간에 다툼이 없는 요건사실은 증거조사를 할 필요가 없이 판결의 기초가 됨, 설령 법원이 반대심증을 얻었다고 해도 자백에 반하는 사실인정을 할 수 없음

라. 변론주의의 한계 및 수정

1) 직권탐지주의(ex: 재판권·재심사유의 존재, 경험법칙·외국법규·관습법의 존재, 민사소송절차가 다수 준용되는 가사·행정·선거·헌법소송은 소송물의 성질상, 기타 비송사건과 특허심판사건 등)

2) 직권조사사항(ex: 소송요건, 소송계속의 유무, 과실상계, 위자료의 액수, 신의성실의 원칙 또는 권리남용 등 판단)

3) 석명권(민소법 제136조 → 동조 제4항 법원의 석명의무)

2. 要件事實論

가. 요건사실과 주장, 입증책임
- 가령 해당 청구권원상 요건사실이 A,B,C라고 할 경우
- 원고는 위 요건사실을 모두 주장하고 입증해야 한다.

나. 부인, 간접부인
- 만일 피고가 위 요건사실 중 A,B는 인정하되 C를 부정할 경우
- A,B는 '다툼 없는 사실'이 되어 더 이상 원고측이 입증할 필요가 없으나, C는 '부인'에 해당하여 원고측이 입증을 끝내야 한다.
- 예컨대, 원고의 대여금청구(요건사실은 ①금전소비대차계약 체결 사실, ②금전을 교부한 사실, ③변제기가 도래한 사실)에 대하여, 피고가 금전을 받은 사실은 인정하나 대여가 아닌 증여(또는 투자)로써 받았다고 주장할 경우, 이 주장은 '부인(간접부인)'에 해당할 뿐 항변이 아니다. → 원고는 여전히 대여사실을 입증해야 함

다. 항변
- 만일, 원고의 위 금전청구의 요건사실 A,B,C를 피고가 인정하거나 모두 입증되고 있을 때, 이에 대응하여 피고가 원고청구의 소멸시효를 주장하며 그 요건사실인 D,E(예컨대, 소멸시효의 요건사실인 ①채권자가 특정시점에서 당해 권리를 행사할 수 있었던 사실, ②그때로부터 해당 소멸시효기간이 도과한 사실)를 주장할 경우, 이는 '항변'에 해당한다. → 위 소멸시효항변의 요건사실은 피고측이 입증해야 함

라. 재항변
- 위 피고의 소멸시효 항변이 입증되고 있을 때, 이에 대응하여 다시 원고가 시효중단을 주장하며 그 요건사실인 F,G(예컨대, 소멸시효 중단 요건사실인 ①소멸시효기간 도과 전 ②가압류, 채무승인 등)를

주장할 경우, 이는 '재항변'에 해당한다. → 위 시효중단 재항변의
요건사실은 원고측이 입증해야 함

3. 실무적 작성기초

가. 청구원인, 항변, 재항변 등의 각 요건사실을 필수적으로 기재

나. 청구취지가 판결의 주문에 대응한다면, 이러한 요건사실이 기재된 청
  구원인 및 항변 등은 판결의 이유에 해당

다. 사실관계를 구체적, 시간적, 논리적으로 기재

라. 각 주장사실에 부합하는 증거 등 적시

마. 실무상, 위 필수적 사항 외에 주장의 설득력을 위해서 필요하다면 간
  접사실은 물론 법률상 주장도 적절히 기재할 수 있음

<기재례> 시험에서 소장 '청구원인' 부분의 목차구성방법[2)]

<피고가 한 명, 청구가 한 개인 경우>
1. ○○○ 청구 - (청구원인)
   가. 청구권의 성립요건(대전제, 간략히 요약 또는 생략가능)
   나. 요건사실의 충족(소전제, 구체적으로 세부목차 변경가능)
   다. 소결론(결론, 원고의 권리 또는 피고의 의무 도출)

---

2) 변호사시험은 변별력을 높여 상대평가를 해야 하는 시험이라는 목적상 소장기록에
서는 다수 당사자와 다수 청구들이 비현실적으로 복합되는 사안이고 또한 피고측의 재판상
예상 항변까지 기재하며 사전 판단함으로써 마치 판결문처럼 미리 최종결론을 도출하는 비
실무적 방식이 될 수밖에 없다. 따라서 위 목차구성은 수험생의 입장에서 출제기술, 평가의
세분화, 채점의 편의성 등을 현실적으로 고려함으로써 출제자에게 제대로 된 평가를 받기
위해 기술적으로 만든 목차일 뿐이므로, 이는 기록형 시험에서 소장 작성용으로만 참고하는
것으로 족하다(실전용 수험목차와 세부적 목차는 얼마든 자유롭고 더 독창적으로 만들 수
있다). 한편, 실무의 일반적인 소장 모습은 이와는 다르다. 즉, 청구의 기초가 다른 복수의
피고를 한 개의 소송에 굳이 공동피고로 삼지 않으며, 소장 청구원인 란에도 '원고의 청구권
의 요건사실등'을 대략 밝히는 것만으로 소장 구성은 충분하다(소위 '피고의 항변등에 대한
반박' 부분은 소장을 받은 피고가 답변서로 원고의 청구원인에 대한 반박의 취지로 항변하
면, 비로소 다시 원고가 준비서면으로 재반박하게 된다).

2. 피고의 예상되는 항변 또는 주장에 대한 반박
   가. 피고의 주장 요지
   나. 항변의 요건사실 불충족(주장의 법리적 반박) 또는 그 재반론(재항변등)
3. 결론

[예시: 소유권에 기한 등기말소청구 사안에서 청구원인사실 및 항변반박 구조]
1. 소유권에 기한 등기말소 청구
   가. 등기말소청구권 성립요건(생략가능)
   나. 요건사실의 충족(아래를 상급목차 또는 하부목차 변경가능)
   "1)원고의 소유 사실, 2)피고의 등기 사실, 3)그 등기 원인무효 사실
   이 있습니다."
   다. 소결론
   "원고는 소유권침해 기한 방해배제청구권(대전제 재확인, 생략가능)
   → so 특별한 사정이 없는 한, 피고는 원고에게 … 등기말소의무 있
   습니다."
2. 피고의 예상되는 항변 또는 주장에 대한 반박
   가. 피고의 주장 요지
   "이에 대해 피고는 ..(등기부취득시효)..라고 주장합니다(주장이 예상됩
   니다)."
   나. 반박
   "배척이유(항변 요건사실 불충족 또는 법리적 반박 / 재항변 등 ex:
   악의점유, 시효중단)를 서술 … 따라서 피고의 위 주장은 이유가 없
   습니다."
3. 결론
   "그렇다면 피고는 원고에게 … 등기말소를 이행할 의무가 있다고 할 것
   입니다(최종결론)."
   "이상과 같은 사유로 이 사건 소에 이른 것입니다."

<피고 한 명, 청구가 여러 개인 경우>
1. ○○○ 청구
   가. 청구원인 → 아래 1),2),3)을 상급목차로 또는 하부의 세부목차로 변경
   가능
   "1) ○○○ 청구권의 성립요건은 ①,②,③인바, 아래와 같이 원고의 권리
   가 발생하였습니다[대전제(생략가능)] → 2) ①(요건)사실, ②사실, ③사
   실이 있습니다[소전제(구체적 사실 적시)]. → 3) 따라서 …(원고의 청구
   권원 재확인)이므로, 특별한 사정이 없는 한, 피고는 원고에게 …할 의

무가 있습니다[결론]."

나. 피고의 예상되는 항변 또는 주장에 대한 반박 → 위와 동일

"1) 이에 대해 피고는 …라 주장합니다(주장할 것으로 예상됩니다).
→ 2) 하지만 …(배척이유를 기재)이므로, 위 피고의 주장은 이유가 없습니다."

2. △△△ 청구

3. 결론

"이상과 같은 사유로 원고는 청구취지와 같은 판결(재판)을 구하기 위해 이 사건 소에 이르게 된 것인바, 원고의 청구를 모두 인용하여 주시기 바랍니다."

<피고가 여러 명인 경우(★)>

1. 피고 甲에 대한 청구

　　가. ○○○ 청구

　　나. 피고 甲의 예상되는 항변 또는 주장에 대한 반박

2. 피고 乙에 대한 청구

3. 결론

<피고가 여러 명, 각 피고에 대한 청구가 여러 개인 경우(★)>

1. 피고 甲에 대한 청구

　　가. ○○○ 청구

　　　　1) 청구원인

　　　　2) 피고의 예상되는 항변 또는 주장에 대한 반박

　　나. △△△ 청구

2. 피고 乙에 대한 청구

3. 결론

<원고 및 피고가 여러 명, 각 피고에 대한 청구가 한 개인 경우(★)>

1. 원고 A의 청구

　　가. 피고 甲에 대한 ○○○ 청구

　　　　1) 청구원인

　　　　2) 피고 甲의 예상되는 항변 또는 주장에 대한 반박

　　나. 피고 乙에 대한 △△△ 청구

　　　　1) 청구원인

　　　　2) 피고 乙의 예상되는 항변 또는 주장에 대한 반박

2. 원고 B의 청구

3. 결론

<원고 및 피고가 여러 명, 각 피고에 대한 청구가 여러 개인 경우>
1. 원고 A의 청구
   가. 피고 甲에 대한 청구
      1) ○○○ 청구
         가) 청구원인
         나) 피고 甲의 예상되는 항변 또는 주장에 대한 반박
      2) △△△ 청구
      3) 소결론
   나. 피고 乙에 대한 청구
2. 원고 B의 청구
3. 결론

※ 채권자대위소송의 경우
1. 채권자대위에 의한 ○○○ 청구
   가. 채권자대위권 성립요건
      1) 피보전채권의 존재 및 변제기 도래(간략히 기재 가능)
      2) 보전의 필요성(무자력 원칙과 그 예외)(간략히 기재 가능)
      3) 피대위권리의 존재(채무자 권리의 요건사실을 구체적으로 기재)
        → 아래에서 별도 항목으로 강조할 수 있음
      4) 채무자의 권리불행사(간략히 기재 가능)
   나. ○○○ 청구
     - 피대위권리인 채무자 권리의 요건사실을 구체적으로 기재
   다. 소결론
2. 피고의 예상되는 항변 또는 주장에 대한 반박
   가. 본안전 항변에 대한 반박(위 채권자대위권 요건사실 중 1),2),4) 관련)
   나. 본안의 항변에 대한 반박(위 채권자대위권 요건사실 중 3) 관련)
3. 결론

※ (권리의 존재)확인소송의 경우
1. ○○권의 존재
   가. 권리의 취득 요건사실
   나. 권리의 존속 요건사실(문제될 경우만 기재)
2. 확인의 이익(간략히 기재 가능)
   가. 대상적격: 현재의 권리·법률관계
   나. 확인의 이익: 법률상 이익, 현존하는 불안, 불안제거에 유효·적절한 수단
3. 피고의 예상되는 항변 또는 주장에 대한 반박
   가. 피고의 주장 요지

나. 항변의 요건사실 불충족(주장의 법리적 반박) 또는 그 재반론(재항변등)
4. 결론

제*2*절 금전청구 사건

1. 유형별 청구원인(원고)

가. 대여금 청구 (채권자→주채무자)

1) 대여원금반환청구 (민법 제603조)

> ①소비대차계약의 체결 + ②금전의 인도 + ③변제기의 도래

2) 이자청구 (민법 제600조)

> ①원금채권의 발생 + ②이자약정 + ③원금의 인도 및 인도시기

3) 지연손해금청구 (민법 제397조)

> ①원금채권의 발생 + ②변제기의 도래 및 그 도과 + ③손해의 발생 및 범위

<참고> 원금채권과 이자채권의 관계(★)

1) ①원금채권과 ②이자채권, 이자채권 중 ㉮약정이자채권, ㉯지연이자채권은 3가지 모두 독립적 권리이며 각각 소송물이 다르다(기판력등 별개, 독립성).
2) 따라서 원칙적으로 원금채권과 이자채권은 소멸시효나 그 중단사유를 별개로 독립하여 파악한다. 즉, 소멸시효기간을 각각 기산하고, 하나의 채권에 중단사유가 있어도 다른 채권에 영향을 미치지 않는다. 또한 원금채권에 대한 압류의 효력은 이자채권에 미치지도 않는다(독립성).

3) 다만, ②이자채권(㉮약정이자채권, ㉯지연이자채권)은 부종성(종물성)에 따라 원금채권이 이전되면 함께 이전됨이 원칙이고, 소멸시효기간도 원금채권의 시효기간이 적용되며(예컨대 원금채권에 적용되는 시효가 5년이면 그 이자채권에 대한 시효도 5년이 적용), 원금채권이 소멸시효의 도과등으로 소멸하면 이자채권도 소멸한다(부종성).

<비교> 주채무와 (연대)보증채무 관계(★)

- 위 1)번(독립성), 3)번(부종성)과 유사한 구조의 논의가 있을 수 있다.
- 하지만 위 2)번(독립성) 중 일부는 민법 제440조 특별한 채권자보호규정에 의해 일부 차이가 있음에 유의하라(주채무 시효중단 → 보증채무 영향 ○, 단 그 逆은 ×).
- 그렇다고 하더라도 위 민법 제440조 규정은 부종성의 당연한 결과규정이 아니기 때문에(기본적으로는 독립성을 가짐), 설령 주채무(당초 상사시효 5년)에 관한 판결이 확정되어 그 시효중단으로 민법 제165조에 따라 주채무의 소멸시효가 10년 연장되었다고 하더라도(위 440조에 의해 보증채무도 중단), 보증채무의 소멸시효기간은 여전히 종전의 소멸시효기간(5년)을 따라야 한다(86다카1569).
- 보증인은 주채무자의 항변(변제, 소멸시효완성 등)으로 채권자에게 대항할 수 있고(민법 제433조 제1항), 주채무자의 항변포기(시효이익 포기 등)는 보증인에 대하여 효력이 없다(동조 제2항)
- 보증인(연대보증인)은 주채무자의 채권에 의한 상계로 채권자에게 대항할 수 있다(민법 제434조).

<기재례>① 대여금 청구원인

청구취지

1. 피고는 원고에게 50,000,000원 및 이에 대한 2020. 4. 1.부터 다 갚는 날까지 연 12%의 비율로 계산한 돈을 지급하라.
2. 소송비용은 피고가 부담한다.
3. 제1항은 가집행할 수 있다.
라는 판결을 구합니다.

청구원인

1. 대여금 청구
   가. 원고는 2020. 4. 1. 피고와 5,000만 원을 대여하는 금전소비대차계약을 체결하면서 이자를 월 1%(매월 말일 지급), 변제기를 2020. 9. 30.로 각 정하였고, 계약 당일 피고에게 5,000만 원을 피고의 계

좌로 이체하여 주었습니다. [①소비대차계약의 체결(②이자의 약
정), ②금전(원금)의 인도]
나. 하지만 그 후 피고는 원금은 물론 이자조차 변제하지 않고 있습니
다. [③변제기의 도래, (③지연손해의 발생 및 범위)]
다. 따라서 피고는 원고에게 위 대여원금 5,000만 원 및 이에 대한 대
여일 2020. 4. 1.부터 변제기 2020. 9. 30.까지는 월 1%(연 12%)의
비율에 의한 약정이자를, 그 다음날부터 이 사건 소장부본 송달일
까지는 위 약정이율에 의한 월 1%(연 12%), 그 다음날부터 다 갚
는 날까지는 소송촉진등에 관한 특례법에 의한 연 12%의 각 비율
로 계산한 지연손해금을 지급할 의무가 있다고 할 것입니다.
2. 결론
이상과 같은 이유로 원고는 청구취지와 같은 재판을 구하기 위해 이 사건
소에 이르게 되었는바, 원고의 청구를 모두 인용하여 주시기 바랍니다.

나. 보증금 청구 (채권자→보증인)

> ①주채무의 발생 + ②보증계약의 체결

• 이자 및 지연손해금 청구의 요건사실은 위 가.항과 같음

다. 구상금 청구 (보증인→채무자)

> ①주채무의 발생 + ②보증관계 등 성립 + ③대위변제 사실

• 지연손해금 청구의 요건사실: 위 가.항과 유사함

라. 매매대금(물품대금) 청구(매도인→매수인) - 민법 제568조

> ①매매계약(물품공급계약) 체결3)

---

3) <매매대금 청구(매도인→매수인)> 그 자체의 경우, '반대급부(소유권이전, 목적물의
인도) 이행'이 요건사실이 아니라는 점을 유의하라. 즉, 위 요건사실은 오히려 쌍무계약의 상
대방(매수인)이 주장할(동시이행항변) 사항인바, 일반적인 경우 상대방(매수인)측에서 미이행
을 항변으로 주장할 것이다. 마찬가지로, <매매에 기한 소유권이전등기 청구(매수인→매도
인)>의 경우도 요건사실은 '매매계약의 체결'뿐이며, '매매대금의 지급'은 요건사실이 아니다.

- 지연손해금 청구의 요건사실: 위 가.항과 유사하다. 이를 세분하면 ①매매계약 체결, ②매매대금 지급기한의 도래, ③반대급부(소유권이전, 목적물의 인도) 이행 또는 이행의 제공, ④손해의 발생 및 그 범위이다. - 민법 제387조

<기재례>② 매매대금 청구원인

청구취지

1. 피고는 원고에게 90,000,000원 및 위 돈 중 40,000,000원에 대하여는 2019. 6. 26.부터 이 사건 소장부본 송달일까지는 연 5%, 50,000,000원에 대하여는 2019. 9. 1.부터 이 사건 소장부본 송달일까지는 연 5%, 각 그 다음날부터 다 갚는 날까지는 연 12%의 각 비율로 계산한 돈을 지급하라.
2. 소송비용은 피고가 부담한다.
3. 제1항은 가집행할 수 있다.
라는 판결을 구합니다.

청구원인

1. 매매대금 청구
   가. 원고는 2019. 4. 1. 피고와 원고 소유의 충북 청원군 내수읍 은곡리 산132 임야 15,000㎡(이하 '이 사건 부동산'이라 합니다)를 매도하는 매매계약을 체결하면서 매매대금을 1억 원, 계약금 1,000만 원은 계약 당일, 중도금 4,000만 원은 같은 해 6. 25., 잔금 5,000만 원은 같은 해 8. 31. 각 지급하기로 정하였고, 계약 당일 피고로부터 위 계약금을 수령하였습니다. 이후 원고는 위 잔금지급기일에 피고에게 이 사건 부동산에 관한 소유권이전등기를 완료하고 그 점유를 인도해 주었습니다. [①매매계약 체결, ③반대의무(소유권이전, 목적물의 인도 이행)]
   나. 하지만 피고는 지금까지 중도금 및 매매잔금을 지급하지 않고 있습니다. [②매매대금 지급기한의 도래, (④손해의 발생 및 그 범위)]
   다. 따라서 피고는 원고에게 위 중도금과 매매잔금 합계 9,000만 원 및 위 돈 중 중도금 4,000만 원에 대하여는 그 이행기 다음날인 2019. 6. 26.부터 이 사건 소장부본 송달일까지는 민사법정이율에 의한 연 5%, 나머지 5,000만 원에 대하여는 매매잔금 이행기 다음 날인 2019. 9. 1.부터 이 사건 소장부본 송달일까지는 위 민사법정이율에 의한 연 5%, 각 그 다음날부터 다 갚는 날까지는 소송촉진등에 관한 특례법에 의한 연 12%의 각 비율로 계산한 지연손해금을 지급할 의무가 있다고 할 것입니다.

2. 결론

이상과 같은 사유로 원고는 청구취지와 같은 재판을 구하기 위해 이 사건 소에 이르게 되었는바, 원고의 청구를 모두 인용하여 주시기 바랍니다.

마. 공사대금·용역대금 청구

①공사(용역)계약 체결 + ②일의 완성(용역의 제공)

• 지연손해금 청구의 요건사실: 위 가.항과 유사함

바. 부당이득금 청구 - 민법 제741조

①법률상 원인의 흠결 + ②(피고의 수익 + 원고의 손해 + 인과관계의 존재) + ③이득금액

• 지연손해금 청구의 요건사실: 위 가.항과 유사함

사. 불법행위로 인한 손해배상 청구[4] - 민법 제750조

①피고의 고의 또는 과실에 의한 위법행위 + ②원고의 손해 + ③인과관계 + ④손해금액

• 지연손해금 청구의 요건사실: 위 가.항과 유사함

---

4) 반면, 채무불이행(계약위반등)으로 인한 손해배상 청구는 원고(채권자)가 ①객관적 채무불이행사실(채무 또는 계약내용에 좇은 이행이 이루어지지 못했다는 사실)만을 입증하면 족하고(물론, 손해금과 관련한 ②,③,④는 요건사실로 채권자가 입증요함), 피고(채무자)의 귀책사유인 고의·과실에 관한 입증책임을 부담하지 않는 차이가 있다. 이는 아래 민법 규정에 관한 법규기준설에 의할 때 당연한 귀결이다. 나아가 판례에 의할 때 채무불이행으로 인한 손해배상청구와 불법행위로 인한 손해배상청구는 경합이 가능한데, 채권자로서는 아무래도 전자가 입증이 보다 수월하게 된다.

제390조(채무불이행과 손해배상)
채무자가 채무의 내용에 좇은 이행을 하지 아니한 때에는 채권자는 손해배상을 청구할 수 있다. 그러나 채무자의 고의나 과실없이 이행할 수 없게 된 때에는 그러하지 아니하다.

제750조(불법행위의 내용)
고의 또는 과실로 인한 위법행위로 타인에게 손해를 가한 자는 그 손해를 배상할 책임이 있다.

아. <u>어음금 청구 (소지인→발행인, 배서인 등)</u>5)

1) 발행인에 대한 청구6)

> ①피고의 어음발행 + ②어음상 권리의 원고귀속 + ③원고의 어음소지

2) 배서인에 대한 청구7)

> ①피고의 어음배서 + ②어음상 권리의 원고귀속 + ③<u>적법한 지급제시 및 지급거절(또는 지급거절증서의 작성·작성면제의 특약 존재)</u> + ④원고의 어음소지

자. 양수금·전부금·추심금 청구 (양수·집행채권자→제3채무자)8)

1) 양수금 청구

> ①피양수채권의 존재 + ②채권양도계약 + ③대항요건(통지, 승낙)

2) 전부금 청구

> ①피전부채권의 존재 + ②전부명령 + ③제3채무자에 대한 송달·확정

3) 추심금 청구

> ①추심채권의 존재 + ②추심명령 + ③제3채무자에 대한 송달

---

5) 어음법상 특수한 항변은 해당과목에서 별도로 정리해야 할 것이다. 예컨대, 어음위조(부인), 배서연속 흠결(부인), 어음의 선의취득에 대한 취득자의 악의·중과실(항변), 백지보충권 남용(항변), 융통어음(선·악 불문 대항불가), 기타 원인관계의 부존재, 무효, 취소, 해제, 어음행위 의사표시의 하자 등의 인적항변(채무자를 해할 것을 알고 취득할 것을 요함) 등

6) 채권의 소멸시효는 '발행일로부터 3년'이다.

7) 채권의 소멸시효는 '지급거절일로부터 6월'이다.

8) 제8절에서 별도의 유형으로 구체적으로 다시 논한다.

2. 항변(피고)

<참고1> 복수의 항변이 있는 경우 일반적인 판단순서

①본안전 항변(소송요건등), ②무효, ③취소, ④해제(해지),[9] ⑤변제등(공탁, 면제, 변제 등), ⑥소멸시효, ⑦상계, ⑧동시이행

<참고2> 금전청구 사건에서의 4대 항변

1.변제, 2.소멸시효, 3.상계, 4.동시이행

가. 변제공탁 (민법 제487조)

①공탁원인 사실(수령거절, 수령불능, 채권자 불확지) + ②채무전부 또는 일부에 대한 변제공탁 사실

나. 면제

①채무면제권자 + ②채무면제의 의사표시

다. 변제

1) 항변 - 민법 제460조

①채권자에게 일정금원을 지급한 사실 + ②그 급부가 채무의 변제를 위하여 지급된 사실

2) 변제충당(재항변) - 민법 제477조 내지 479조

① 채무자가 채권자에 대하여 별개의 동종 채무를 부담하고 있는 사실 + ②채무자가 변제한 급부가 총 채무를 소멸시키기에 부족한 사실

---

9) 무효, 취소, 해제의 각각의 요건사실은 해당 민법규정을 보고 각자 파악하여 보라(법규기준설). 이 중 '이행지체로 인한 계약의 해제 - 민법 제544조(★★★)'의 요건사실을 분설하면 아래와 같다.

①채무자의 이행지체(ⓐ이행기의 약정, ⓑ이행기에 채무의 이행 또는 이행의 제공이 없을 것, ⓒ채무자의 귀책사유(쌍무계약이라면 사후 동시이행항변을 하지 못하도록 채권자도 반대의무 이행제공 또는 그 이행제공가능 상태를 요함), ⓓ불이행의 위법) + ②상당한 기간을 정한 이행의 최고 + ③최고기간 내에 이행 또는 이행제공이 없을 것 + ④해제의 의사표시 및 그 도달

+ ③채무자가 제공한 급부의 전부 또는 일부의 합의충당, 지정충당, 법정충당 등의 방식에 의하여 다른 채무에 충당된 사실

<정리> 변제충당의 순서(★★★)

1) 합의충당
2) 비용→이자→원본 순서의 충당(민법 제479조 제1항, 법정충당의 일종)
3) 지정충당(동법 제476조)
4) 법정충당(동법 제477조)
　①이행기 도래한 채무→②변제이익이 많은 채무→③이행기 먼저 도래한 채무→④각 채무액에 안분비례의 순서

<참고판례> ②변제이익 관련

- 이자부채무 > 무이자채무
- 고이율채무 > 저이율채무
- 주채무 > 연대(보증)채무
- 채무자가 직접 제공 물건 또는 발행·배서 어음으로 담보된 채무 > 그런 담보가 없는 채무
- 물상보증인이 제공한 물적담보가 있는 채무 = 그런 담보가 없는 채무
- 보증인이 있는 주채무 = 보증인이 없는 주채무

<중요판례>

임의경매(강제경매도 동일)에서 변제충당은 합의충당 또는 지정충당이 허용될 수 없으며 무조건 법정충당에 의해야 한다(96다52649, 95다55504 등).

<기재례>③ 임의경매와 변제충당(★★★)

1) 원고는 2018. 2. 3. 피고에게 1억 원을 대여, 변제기 2019. 2. 2., 이자 연 10%로 정함, 이에 관한 근저당권 설정됨
2) 원고는 대여원리금을 전혀 변제받지 못해 위 근저당권실행, 즉 임의경매를 통하여 2020. 2. 2. 1억 원을 배당받음(변제)
3) 그런데 피고는 당초 원금에 우선 충당키로 한 합의가 있었다고 주장하며 위 배당(변제)으로 위 대여원리금을 충당하면 대여금 모두가 변제된 것이라고 주장, 위 충당합의는 사실임

청구취지

1. 피고는 원고에게 20,000,000원 및 이에 대한 2020. 2. 3.부터 이 사건 소장 부본 송달일까지는 연 10%, 그 다음날부터 다 갚는 날까지는 연 12%의 각 비율로 계산한 돈을 지급하라.
2. 소송비용은 피고가 부담한다.
3. 제1항은 가집행할 수 있다.
라는 판결을 구합니다.

청구원인

1. 대여금 청구

　가. 원고는 2018. 2. 3. 피고와 1억 원을 대여하는 금전소비대차계약을 체결하면서 이자를 연 10%, 변제기를 2019. 2. 2.로 각 정하였고, 계약 당일 피고에게 1억 원을 교부해 주었습니다. 그러나 피고는 지금까지 원금 및 이자를 변제하지 않고 있습니다.

　나. 따라서 특별한 사정이 없는 한, 피고는 원고에게 위 대여원금 1억 원 및 이에 대한 대여일 2018. 2. 3.부터 변제기 2019. 2. 2.까지는 연 10%의 비율로 계산한 약정이자를, 그 다음날부터 다 갚는 날까지는 위 약정이율에 의한 연 10%의 비율로 계산한 지연손해금을 지급할 의무가 발생하였습니다.

2. 피고의 예상되는 항변 또는 주장에 대한 반박 – 일부배당(변제)과 변제충당

　가. 일부변제: 하지만 그 후 피고는 원금은 물론 이자조차 변제하지 않았고, 이에 원고는 위 채권담보를 위해 대여 당시 설정한 근저당권을 실행해 임의경매를 신청하여 2020. 2. 2. 배당기일에 1억 원을 배당받았습니다.[10]

　나. 피고의 합의충당 주장에 대한 반박: 이에 대해 피고는 일부변제로 변제충당시 원금에 우선 충당하기로 하는 합의가 있었다고 주장하나, 담보권 실행을 위한 경매에서 배당된 배당금이 담보권자가 가지는 수개의 피담보채권 전부를 소멸시키기에 부족한 경우에는 (채무자가 임의로 변제하는 경우와 달리, 다수의 이해관계인을 획일적으로 처리하려는 민사소송법 소정의 부동산강제경매 제도의 목적이나 성질 그리고 그 절차에 관한 여러 규정의 취지에 비추어 볼 때) 채권자와 채무자 사이에 변제충당에 관한 합의가 있었다고 하더라도 그 합의에 따른 변제충당은 허용될 수 없고, 획일적으로 가장 공평·타당한 충당방법인 민법 제477조, 479조의 규정에 의한 법정변제충당의 방법에 따라 충당해야 하므로 위 피고의 주장은 이유가 없다고 할 것입니다.

　다. 법정변제충당: 따라서 위 2020. 2. 2. 배당기일에 원고가 배당받은 1억 원은 비용, 이자, 원본 순서로 충당하는 민법 제479조 변제충당의 법리에 따라야 할 것인바, 이 사건 대여금에 대한 위 대여일 2018. 2. 3.부터

> 배당일(일부변제일) 2020. 2. 2.까지 24개월(2년) 동안의 연 10% 약정이율에 의한 이자 및 지연손해금 2,000만 원(1억 원 × 0.01 × 2년)의 채무 변제에 우선 충당되고, 나머지 8,000만 원(1억 원 – 2,000만 원)은 대여원금 1억 원의 채무 변제에 충당되어, 결국 대여원금은 2,000만 원이 남게 됩니다.

3. 결론

그렇다면 피고는 원고에게 위 잔존 대여원금 2,000만 원 및 이에 대한 일부 배당일(일부변제일) 다음날인 2020. 2. 3.부터 이 사건 소장부본 송달일까지는 위 약정이율에 의한 연 10%, 그 다음날부터 다 갚는 날까지는 소송촉진등에 관한 특례법에 의한 연 12%의 각 비율로 계산한 지연손해금을 지급할 의무가 있다고 할 것입니다. 이상과 같은 이유로 원고는 청구취지와 같은 재판을 구하기 위해 이 사건 소에 이르게 되었는바, 원고의 청구를 모두 인용하여 주시기 바랍니다.

라. 소멸시효

1) 항변 – 민법 제162조

> ① 채권자가 특정시점에서 당해 권리를 행사할 수 있었던 사실 + ② 그때로부터 해당 소멸시효기간이 도과한 사실

2) 시효중단, 시효이익의 포기(재항변) – 민법 제170조 등

> **<참고1> 응소행위와 시효중단**
>
> - 재판상 청구의 중단시기: 소제기시(소장 접수일)
> - 채권자가 피고로서 응소하여 적극적으로 권리를 주장해 받아들여진 경우도 재판상 청구로서 시효중단인정(92다47861 전합): 답변서 제출일(2008다42416)
> - 단, 담보부동산의 제3취득자나 물상보증인 등 시효를 원용할 수 있는 지위에 있으나 직접의무를 부담하지 아니하는 자가 제기한 저당권설정등기말소소송에서의 채권자의 응소행위 → 재판상 청구로 보지 않음(2003다30890)

---

10) 물론 변제의 요건사실 입증책임은 피고에게 있으나, 편의상 원고 소장에서 구성한 것이다.

> **<참고2> 가압류 취소와 시효중단 효력상실**
> - 가압류에 의한 시효중단의 효력존속(2000다11102)
> - 채권자의 신청에 의해 가압류 취소 및 집행해제가 된 경우 → 가압류에 의한 소멸시효 중단의 효과는 소급적으로 소멸함(2010다53273)
> - 적법한 가압류가 제소기간 도과로 (채무자의 신청에 의해) 가압류 취소 및 집행해제가 된 경우 → 소멸시효 중단의 효력이 있음(2010다88019, 가압류 취소된 때부터 다시 진행)

<기재례>④ 어음채권을 피보전권리로 가압류한 경우(★)

1) 공사업자인 원고는 피고와 공사계약 후 공사완성, 공사대금 1억 원 지급기 2017. 3. 5.
2) 피고는 이 사건 공사대금의 지급을 위하여 2017. 1. 5. 원고에게 액면금 1억 원의 약속어음 1장(자가33685765)을 발행, 원고는 2020. 2. 4. 위 1억 원의 약속어음채권을 청구채권으로 하여 피고 소유의 서울 구로구 개봉동 612 대 241㎡에 관하여 서울남부지방법원 2020카단975호로 가압류신청을 하여 같은 달 10. 위 부동산에 관하여 가압류기입등기를 경료
3) 원고가 위 공사대금을 청구하자, 피고는 소멸시효 항변 중임

청구취지

1. 피고는 원고에게 100,000,000원 및 이에 대한 2017. 8. 4.부터 이 사건 소장 부본 송달일까지는 연 6%, 그 다음날부터 다 갚는 날까지는 연 12%의 각 비율로 계산한 돈을 지급하라.
2. 소송비용은 피고가 부담한다.
3. 제1항은 가집행할 수 있다.
라는 판결을 구합니다.

청구원인

1. 공사대금 청구
   (청구원인 기재 → so 특별한 사정이 없는 한 피고는 원고에게 … 의무가 있다)

2. 피고의 예상되는 소멸시효 항변에 대한 반박

가. 피고의 소멸시효 항변피고는 이 사건 공사대금 1억 원의 원금채권과 이에 대하여 2017. 3. 6.부터의 지연손해금채권이 시효로 소멸하였다고 항변하므로 살피건대, 이 사건 공사대금 원금채권과 지연손해금채권은 도급받은 자의 공사에 관한 채권에 해당하여 민법 제163조 제3호에 따라 그 소멸시효는 3년이라 할 것인데, 원고가 양수한 공사대금의 원금채권의 변제기가 2017. 3. 5.인 사실, 위 변제기로부터 3년이 지나 소멸시효가 완성된 2020. 3. 5.이 경과한 이후인 2020. 8. 4. 이 사건 소가 제기된 사실이 인정되므로, 일단 이 사건 공사대금 원금채권과 지연손해금채권은 각 시효완성으로 소멸한 것처럼 보이기는 합니다.

나. 원고의 시효중단 재항변

1) 하지만 원고는 아래에서 설명 드리는 바와 같이 위 소멸시효기간 만료 전에 피고 소유의 부동산에 가압류를 하였으므로 위 소멸시효는 중단되었습니다.

2) 즉, 피고는 이 사건 공사대금 원금채권의 지급을 위하여 2017. 1. 5. 원고에게 액면금 1억 원의 약속어음 1장(자가33685765)을 발행한 사실, 원고는 이 사건 공사대금 원금채권의 소멸시효기간 만료 전인 2020. 2. 4. 위 1억 원의 약속어음채권을 청구채권으로 하여 피고 소유의 서울 구로구 개봉동 612 대 241㎡에 관하여 서울남부지방법원 2020카단975호로 가압류신청을 하고 그 결정에 따라 같은 달 10. 위 부동산에 관하여 가압류 기입등기를 경료한 사실이 있는바, "이처럼 원인채권의 지급을 확보하기 위한 방법으로 어음이 수수된 경우 채권자가 어음채권을 청구채권으로 하여 채무자의 재산을 가압류함으로써 그 권리를 행사하였다면 이는 원인채권의 소멸시효를 중단시키는 효력이 있고,[11] 나아가 가압류에 의한 시효중단의 효력은 가압류의 집행보전의 효력이 존속하는 동안은 계속되는 것이므로[12]" 위 가압류로써 이 사건 공사대금 원금채권의 소멸시효는 중단되었다고 할 것입니다.

3) 다만, "가압류의 효력이 미치는 객관적 범위는 가압류결정에 표시된 청구금액(표시된 피보전채권 부분)에 한정되므로 가압류의 청구금액으로 채권의 원금만이 기재되어 있다면 가압류채권자가 가압류채무자에 대하여 원금채권 외에 그에 부대하는 지연손해금채권(원본채권과 별개의 소송물이나 시효기간은 원본채권과 동일하게 3년 적용)을 가지고 있다고 하더라도 가압류의 청구금액을 넘어서 부분에 대해서는 가압류채권자는 소멸시효 중단의 효력을 주장할 수 없다고 할 것인바(75다1240)", 이 사건 지연손해금채권 중 이 사건 소제기일인 2020. 8. 4.로부터 역산하여 3년이 경과한 부분인 2017. 3. 6.부터 2017. 8. 3.까지의 지연손해금채권에 대해서는 위 가압류로 그 소멸시효가 중단되었다고 볼 수 없으므로(위 부분은 시효소멸), 원고는 위 인정범위 내에서만 소멸시효 중단을 주

장하고자 합니다.

3. 결론

따라서 피고는 원고에게 이 사건 공사대금 1억 원 및 이에 대한 <u>2017. 8. 4.부터</u> 이 사건 소장부본 송달일까지는 상사법정이율에 연 6%, 그 다음날부터 다 갚는 날까지는 소송촉진등에 관한 특례법에 의한 연 12%의 각 비율로 계산한 지연손해금을 지급할 의무가 있다고 할 것입니다. 이상과 같은 이유로 원고는 청구취지와 같은 재판을 구하기 위해 이 사건 소에 이르게 되었는바, 원고의 청구를 모두 인용하여 주시기 바랍니다.

마. 상계

1) 항변 - 민법 제492조

①자동채권의 발생사실 + ②자동채권과 수동채권이 상계적상에 있는 사실 + ③상계의 의사표시를 한 사실

2) 상계불허(재항변), 상계충당(재항변) - 민법 제496조 등

<정리> 상계(★★★)

"상계의 의사표시가 있으면, 양 채무가 상계할 수 있는 때(상계적상일)로 소급하여 대등액에 관하여 소멸한다(민법 제493조 제2항)."

1) 상계적상일 파악 (3유형)
   ㉮ 수동채권 변제기 도래- 자동채권 변제기 도래(상계적상일)- 상계의사표시
   ㉯ 자동채권 변제기 도래- 수동채권 변제기 도래(상계적상일)- 상계의사표시
   ㉰ 자동채권 변제기 도래(상계적상일)- 상계의사표시- 수동채권 변제기 도래[13]
   ※ 수동채권 변제기 도래- 상계의사표시- 자동채권 변제기 도래 (상계 不可)
2) 수동채권 및 자동채권 각 원리금액 계산 (원금 + 이자 + 지연손해금)
3) 대등액에서 소멸(수동채권금- 자동채권금)
4) 일부소멸의 경우 소멸순서(상계충당) → <u>변제충당 법리와 동일</u>

---

11) 99다16378.
12) 2000다11102.

5) 소멸 후 남은 금액 + 상계적상일(㉯유형은 수동채권 변제기) 다음 날부터 지연손해금

※ 상계가 불허되는 경우(재항변)
　1) 수동채권의 성질상 법률등에 의해 상계가 금지되는 경우가 있다. 예컨대, 수동채권이 압류금지채권, 고의의 불법행위채권으로 인한 손해배상채권 경우(과실은 可), 압류·가압류된 채권(예외적 허용 判例: 자동채권의 변제기가 압류된 수동채권보다 동시에 또는 그 보다 먼저 도래하는 경우 압류채권자에게 대항 可[14]) 등이 그러하다.
　2) 역으로, 자동채권이 위와 같은 성질의 채권이라면 상계 可
　3) 자동채권은 깨끗해야 상계가 가능하다(상대방의 항변권 상실을 초래하므로). 예컨대, 자동채권에 변제기 미도래, 조건의 미성취 또는 항변권이 붙어 있는 경우(동시이행항변변 등) 상계 不可
　4) 역으로, 수동채권은 동시이행항변권이 붙어 있어도 상계 可, 자동채권과 수동채권이 서로 상대방 채권에 대해 동시이행관계에 있는 경우도 상계 可
　5) 보증인 또는 연대보증인은 주채무자의 채권에 의한 상계로 채권자에게 대항할 수 있다(민법 제434조).

<기재례>⑤ 상계항변과 상계충당(★★★)

(수동채권 변제기 도래-자동채권 변제기 도래-상계의 의사표시 順)
1) 원고는 피고로부터 2018. 5. 31. 물품대금채권 2,000만 원을 지급받기로 한 바, 위 대금 및 이에 대한 2018. 6. 1.부터 연 5%의 지연손해금을 청구
2) 한편 피고는 2019. 2. 1. 원고에게 2,000만 원 대여, 이자 월 2%, 변제기 2019. 5. 31.로 정해 금원 교부함
3) 피고는 2019. 10. 9. 위 대여원금 및 이자, 지연손해금으로 상계의사표시

---

13) 이 경우 자동채권의 원리금은 상계적상일까지 계산하나, 수동채권의 원리금은 수동채권의 변제기까지 계산해야 함에 유의하라!! (상계적상일이 아님)

14) 자동채권자와 집행채권자 중 누구를 보호할지와 관련한 이익형량의 문제로 자동채권의 변제기가 지급금지된 수동채권의 그것과 동시에 혹은 그보다 먼저 도달하는 경우에 상계를 인정한다는 것이다(변제기선도래설; 다수설·판례).

청구취지

1. 피고는 원고에게 1,000,000원 및 이에 대한 2019. 6. 1.부터 이 사건 소장부본 송달일까지는 연 5%, 그 다음날부터 다 갚는 날까지는 연 12%의 각 비율로 계산한 돈을 지급하라.
2. 소송비용은 피고가 부담한다.
3. 제1항은 가집행할 수 있다.
라는 판결을 구합니다.

청구원인

1. 물품대금 청구
   (청구원인 기재 → so 특별한 사정이 없는 한 피고는 원고에게 … 의무가 있다)
2. 피고의 예상되는 상계항변에 대한 검토 또는 반박
   가. 상계요건피고는 원고에 대한 대여금 채권으로 원고의 피고에 대한 위 물품대금채권과 상계를 주장하므로 살피건대, ①피고 2019. 2. 1. 원고에게 2,000만 원을 대여하면서 이자는 월 2%, 변제기는 2019. 5. 31.로 정하고 계약 당일 위 금원을 피고에게 교부한 사실이 있고(자동채권 발생), ②원고의 위 물품대금채권은 변제기가 2018. 5. 31. 도래했으며(수동채권 변제기 도래), 피고의 위 대여금 채권은 변제기가 2019. 5. 31. 도래했으므로(자동채권 변제기 도래), 결국 원·피고의 양 채권은 모두 변제기에 도달하여 2019. 5. 31. 상계적상에 있었다 할 것이며(상계적상), ③피고는 2019. 10. 9. 원고에게 위 양 채권을 대등액에서 상계한다는 의사를 표시하여(상계의 의사표시) 상계요건을 일응 충족하였습니다.[15]
   나. 상계효과
   따라서 원고의 위 손해배상채권 원금과 상계적상일까지의 지연손해금은 위 상계적상일인 2019. 5. 31.에 소급하여 피고의 위 대여금 채권의 상계적상일까지의 원리금과 대등액의 범위에서 소멸하였다고 할 것입니다.
   다. 상계충당
   한편, 자동채권액이 수동채권액 전부를 소멸시키기 부족할 경우의 상계충당은 변제충당의 일반 법리가 그대로 적용되므로(민법 제499조), 피고의 위 대여금 채권(자동채권)의 상계적상일까지의 원리금 2,000만 원(2,000만 원 + (2,000만 원 × 월 0.02 × 0개월))은 원고의 물품대금채권(수동채권)의 비용, 이자, 원본 순서로 충당하는 민법 제479조 변제충당의 법리에 따라야 할 것인바, 원고의 위 물품대금채권의 원금 2,000

만 원과 변제기 다음날인 2018. 6. 1.부터 상계적상일 2019. 5. 31.까지
의 지연손해금 100만 원(2,000만 원 × 0.05 × 1년) 중 위 지연손해금의
채무 소멸에 우선 충당되고, 나머지 1,900만 원은 물품대금 원금 2,000
만 원의 채무 소멸에 충당되어, 결국 원고의 물품대금 채권은 원금 100
만 원이 남게 됩니다.

3. 결론

그렇다면 피고는 원고에게 위 잔존 물품대금 100만 원 및 이에 대하여
상계충당일 다음날인 <u>2019. 6. 1.부터</u>[16] 이 사건 소장부본 송달일까지
는 민사법정이율에 의한 연 5%, 그 다음날부터 다 갚는 날까지는 소송
촉진등에 관한 특례법에 의한 연 12%의 각 비율로 계산한 지연손해금
을 지급할 의무가 있다고 할 것입니다. 이상과 같은 이유로 원고는 청
구취지와 같은 재판을 구하기 위해 이 사건 소에 이르게 되었는바, 원
고의 청구를 모두 인용하여 주시기 바랍니다.

제**3**절 소유권 등[17]에 기한 부동산인도·철거·퇴거청구 사건

1. 청구원인(원고)

가. 인도청구

①원고의 목적물 소유 + ②피고의 목적물 점유

---

15) 물론 위 상계요건 입증책임은 피고에게 있으나, 편의상 원고 소장에서 구성한 것
이다.

16) 상계충당(변제충당) 다음날부터 지연손해금 발생.

17) 기본적인 청구권원은 '소유권에 기한 방해배제청구권'이 될 것이나, 사안에 따라서
는 '점유권에 기한 청구권' 또는 '채권적 계약에 기한 청구권(예: 임대차계약 종료에 따른
원상회복청구)'도 청구권원이 될 수 있다.

> **<참고> 공유자의 인도청구(판례)**
>
> 공유자는 '보존행위'의 일환으로 점유자를 상대로 '공유물 전부'의 반환을 구할 수 있다. 그러나 원고는 소수지분권자에 불과하고 반면 점유자인 피고는 과반수의 지분을 가진 공유자라면 원고는 목적물의 반환을 구할 수 없는바, 이는 과반수[18] 지분의 공유자가 얼마든 공유물의 '관리'방법으로 공유물을 배타적으로 사용·수익하기로 정할 수 있기 때문이다(88다카 33855). → 민법 265조: 공유물의 관리에 관한 사항은 공유자의 지분의 과반수로써 결정한다.

나. 철거·퇴거청구

> ①원고의 토지소유 + ②피고의 지상건물 소유(건물철거의 경우) or ②피고의 제3자 건물 소유인 건물의 점유(퇴거[19]의 경우)

다. 점유사용으로 인한 부당이득반환청구[20]

> ①법률상 원인의 흠결 + ②피고의 수익 + ③원고의 손해 + ④인과관계의 존재(수익과 손해 인정되면 사실상추정) + ⑤이득금액(사용이익상당!)

---

18) 1/2 지분권자는 과반수 지분권자가 아니다. 따라서 1/2 지분권자는 다른 1/2 지분권자의 협의 없이는 공유물을 배타적으로 독점사용할 수 없다(2002다57935).

19) 실무상 퇴거청구는 토지소유자가 건물철거의 목적을 실현하는 수단으로만 사용된다(즉, 퇴거청구는 건물철거를 전제로 하는 경우에만 하는 것임에 주의!). 토지소유자는 건물소유자가 아니므로 건물 점유자를 상대로 건물인도를 구하지 못한다. 토지소유자가 건물철거를 함에 있어서 누군가가 건물을 점거하면서 철거를 방해하고 있는 경우 그 자에 대하여 철거행위를 방해하지 말고 현장을 떠나달라고 요구하는 권리가 있는데 이것이 퇴거청구권이다. 실무상 퇴거청구권은 토지소유자의 건물철거청구권을 실현하는 보조수단으로서 기능한다.

20) 참고로, 실무에서 철거 및 인도청구는 기각될 사안이고(예컨대, 부동산에 관해 사용승낙 등 정당한 점유권한이 존재하거나 철거 및 인도 등이 신의칙에 반한 권리남용에 해당하는 경우 등 피고의 항변이 받아들여지는 경우), 임료상당의 부당이득반환청구만 인용될 사안이라면 주문(청구취지)은 아래와 같이 기재한다.

1. 피고는 원고에게 …부터 별지 목록 기재 부동산에 관한 <u>피고의 점유 종료일 또는 원고의 소유권 상실일까지</u> 매월 …의 비율에 의한 돈을 지급하라.

<정리> 부당이득반환의 범위 (★★)

1. 일반론적 원칙
   - 민법 제748조(수익자의 반환범위)
     ① 선의의 수익자는 그 받은 '(원물/원금 중) 이익이 현존하는 한도'에서 책임이 있다.
     ② 악의의 수익자는 그 받은 '이익에 이자(≒과실)를 붙이고 손해도 배상'하여야 한다.
   - 민법 제749조(수익자의 악의인정) → 반환 이자의 기산점
     ① 수익자가 이익을 받은 후 법률상 원인없음을 '안 때에는 <u>그때부터(실무상 최고(경고)를 받은 날부터 이자 발생)</u>' 악의의 수익자로서 이익반환의 책임이 있다.[21]
     ② 선의의 수익자가 패소한 때에는 '<u>그 소를 제기한 때부터</u>' 악의의 수익자로 본다.

2. 물건 점유자가 반환할 경우 특칙
   - 민법 제201조(점유자와 과실)
     ① <u>선의의 점유자</u>[22]는 점유물의 '과실(≒이자)을 취득'한다(원물만 반환).
     ② <u>악의의 점유자</u>는 수취한 <u>과실(≒이자)</u>을 반환하여야 하며 소비하였거나 과실로 인하여 훼손 또는 수취하지 못한 경우에는 그 과실의 대가를 보상하여야 한다.[23]
     <판례> 민법 제201조 제1항 선의의 점유자란, 과실취득권을 포함하는 권원(소유권, 지상권, 임차권 등)이 있다고 오신한 점유자를 말하고 그와 같은 오신을 함에는 오신할 만한 정당한 근거가 있어야 한다(92다22114 등). → 단순한 주관적 오신만으로는 부족, 또한 무단점유의 근거를 구체적으로 제시하면서 통지를 했다면 '그 때부터(실무상 통지(경고)를 받은 날부터 이자 발생)' 악의로 보아야 함(77다1278 등)
   - 민법 제197조(점유의 태양) → 반환 과실(≒이자)의 기산점
     ① 점유자는 선의로 추정한다.
     ② 선의의 점유자라도 본권에 관한 소에 패소한 때에는 '<u>그 소가 제</u>

---

21) 본 교재에서 관련된 부분으로는 제3장 제3절 연습문제 [제8문의 1] 문1.의 답과 그 <해설> 참고.

22) 가령 A의 농지를 B의 소유로 잘못 알고 B로부터 농지 임차해 점유한 자.

23) 한편, 판례는 악의수익자의 반환범위는 제748조 제2항에 따라 정해진다는 입장이다. 즉, 받은 이익에 이자를 붙여 반환하여야 하며, 위 이자의 이행지체로 인한 지연손해금도 지급하여야 한다고 한다.

기된 때로부터' 악의의 점유자로 본다.[24]

3. 제한능력자 취소로 반환할 경우 특칙[25]
   - 민법 제141조(취소의 효과) → 단서는 748조의 특칙
     취소된 법률행위는 처음부터 무효인 것으로 본다. 다만, 제한능력자(선, 악 불문!)는 그 행위로 인하여 받은 '(원물/원금 중) 이익이 현존하는 한도'에서 상환할 책임이 있다.
     <판례> 위 제한능력자의 '현존이익'은 추정되므로, 부당이득반환의무자가 현존이익이 없음을 입증해야 한다.

4. 쌍무계약(매매계약)이 '취소(무효)'된 경우 판례의 태도[26]
   - 선의의 '매수인'에게 민법 제201조가 적용되어 과실취득권이 인정되는 이상, 선의의 '매도인'에게도 민법 제587조가 유추적용되어 매매대금의 운용이익 내지 법정이자의 반환을 인정하지 않는 것이 형평에 맞다 할 것이므로, 원고는 매매대금의 지급일(또는 이행최고한 때)로부터의 법정이자(연 5%)를 구할 수 없다(92다45025). → 선의의 매도인, 매수인 모두 원물/원금만 반환하면 족하고 과실(늑이자)를 반환할 필요가 없게 된다(양측에 이자(늑과실)를 반환하지 않게 하여 형평을 맞춤).
   [참고] 민법 제587조(과실의 귀속, 대금의 이자)- 매매계약 '이행'에 있어 형평규정매매계약이 있은 후에도 인도하지 아니한 목적물로부터 생긴 과실은 매도인에게 속한다. 매수인은 목적물의 인도를 받은 날로부터 대금의 이자를 지급하여야 한다. 그러나 대금의 지급에 대하여 기한이 있는 때에는 그러하지 아니한다.[27]

5. 계약이 '해제'된 경우 금전반환의 특칙[28]
   - 민법 제548조(해제의 효과, 원상회복의무) → 제748조의 특칙
     ① 당사자 일방이 계약을 해제한 때에는 각 당사자는 그 상대방에 대하

---

24) 본 교재에서 관련된 부분으로는 제3장 제2절 3. [기재례1-1-2] 각주 참고.

25) 본 교재에서 관련된 부분으로는 제3장 제4절 연습문제 [제3문]의 답과 그 <해설> 참고.

26) 본 교재에서 관련된 부분으로는 제3장 제4절 3. 동시이행청구 [기재례4] 및 그 <설명> 참고

27) 민법 제587조의 응용: ①약정잔금지급일보다 실제잔금지급일이 뒤인 경우 약정잔금지급일 이전에는 매도인에게 과실이 귀속되고, 실제잔금지급일 이후에는 매수인에게 과실이 귀속된다. 그렇다면 약정잔금지급일부터 실제잔금지급일까지의 과실은 누구에게 귀속되는가? 매도인 ②만약 매도인이 잔금을 모두 지급받고도 인도를 안 하는 경우? 매도인은 손해배상 혹은 부당이득반환 의무 있음 ③'중도금지급 시 선인도한다'는 등 이익귀속에 관한 당사자 합의가 있는 경우? 선인도 받은 때로부터 과실은 매수인에게 귀속(∵매매계약의 효력. 부당이득이 아니므로 이에 대한 손해배상 혹은 부당이득반환 의무 없음)-물론 이는 계약이 잔금지급, 등기경료등 정상적으로 이행되었음 전제로 하는 것이고, 어떠한 사정으로 해제되었다면 매수인은 과실 전부를 반환해야 한다.

28) 본 교재에서 관련된 부분으로는 제3장 제4절 3. 동시이행청구 [기재례5] 및 그 <설명1> 참고

여 원상회복의 의무(부당이득반환 성질)가 있다. 그러나 제3자의 권리
를 해하지 못한다.

② 전항의 경우에 반환할 금전에는 <u>그 받은 날로부터 이자를 가산하여야
한다.</u>→ 계약해제로 인한 금전 반환의무자는 선악불문하고 무조건 받
은 날로부터 이자를 가산하여 지급해야 한다.

6. 쌍무계약(매매계약)이 '해제'된 경우 판례의 태도[29]

- 매매계약이 해제되어 원상회복(부당이득반환 성질)할 경우, '매도인'이 매
수인에게 반환하는 금액에 법정이자를 부가하는 민법 제548조 제2항의
취지에 비추어 볼 때, 그 상대방인 '매수인'도 매도인에게 금전 이외의 물
건을 반환할 때 물건을 사용하였음으로 인하여 얻은 이익(부동산이라면
객관적 임료 상당)을 부가하여 반환하는 것이 형평의 요구에 합당하다고
할 것이다(74다1383 등). → 결론적으로, 매도인, 매수인 모두 원물/원금
및 그 이자(늑과실)를 반환하게 된다(양측에 이자(늑과실)를 반환하게 하
여 형평을 맞춤, 위 판례에 따르면 계약해제의 경우에는 민법 제201조 제
1항(선의의 점유자의 과실취득권)이 적용되지 않는 결과발생)

<기재례> 토지소유권에 기한 인도 등

1) 원고는 2013. 3. 3. 소외 A로부터 서울 서초구 서초동 234 잡종지 80㎡
를 1억 원에 매수하고 같은 날 소유권이전등기를 경료
2) 甲은 2012. 4. 5.경 당시 소유자 A의 허락이 없이 위 토지 지상에 무허가
건물(같은 지상 시멘트벽돌조 판넬지붕 점포 50㎡)을 신축하고 위 토지
를 부지로 사용
3) 甲은 2012. 6. 5.경 위 건물을 乙에게 임대하여(월세 50만 원), 그 무렵부
터 현재까지 乙이 위 건물을 점유 중
4) 위 토지의 객관적 임료는 월 80만 원

청구취지

1. 원고에게,
   가. 피고 甲은
      1) 서울 서초구 서초동 234 잡종지 80㎡ 지상 시멘트벽돌조 판넬지붕 점포
      50㎡를 철거하고, 위 토지를 인도하고,
      2) 2013. 3. 3.부터 위 1)항 토지의 인도 완료일까지 월 800,000원의 비
      율로 계산한 돈을 지급하고,

---

29) 본 교재에서 관련된 부분으로는 제3장 제4절 3. 동시이행청구 [기재례5]의 <설명3> 부
분 참고.

　　나. 피고 乙은 위 가.의 1)항 기재 건물로부터 퇴거하라.

2. 소송비용은 피고들이 부담한다.

3. 제1항은 가집행할 수 있다.

라는 판결을 구합니다.

청구원인

1. 피고 甲에 대한 청구

　가. 건물철거 및 토지인도 청구

　　1) 원고는 2013. 3. 3. 소외 A로부터 서울 서초구 서초동 234 잡종지 80㎡(이하 '이 사건 토지'라 합니다)을 매매대금 1억 원에 매수한 다음 같은 날 소유권이전등기를 마친 이 사건 토지의 소유자입니다. 한편 피고 甲은 2012. 4. 5. 이 사건 토지의 소유자였던 위 A의 허락이 없이 위 토지 지상에 무허가 건물(같은 지상 시멘트벽돌조 판넬지붕 점포 50㎡, 이하 '이 사건 건물'이라 합니다)을 신축하여 위 토지 전부를 부지로 사용하였습니다. 이후 피고 甲은 같은 해 6. 5. 피고 乙에게 이 사건 건물을 월세 80만 원에 임대한 상태입니다. [①원고의 목적물 소유 + ②피고 甲의 목적물 점유], [①원고의 토지소유 + ②피고 甲의 지상건물 소유]

　　2) 따라서 <u>피고 甲은 타인의 토지 위에 이 사건 건물을 소유함으로써 그 자체로 그 건물이나 그 부지에 대한 현실적인 점유·사용 여부에 상관없이 그 부지인 이 사건 토지를 점유·사용하고 있는 것이며</u>, 이는 이 사건 토지의 소유자인 원고의 소유권을 침해하고 있는 것인바, 결국 피고 甲은 토지소유자인 원고에게 이 사건 토지를 인도하고 이 사건 건물을 철거할 의무가 있습니다.

　나. 사용이익 상당의 부당이득반환(또는 불법행위로 인한 손해배상) 청구

　　피고 甲은 이 사건 건물의 소유자로서 <u>타인의 토지 위에 건물소유 그 자체로</u> 법률상 원인 없이 이 사건 토지를 점유·사용하여 원고에게 그 사용이익 상당의 손해를 가하고 있으며, 이 사건 토지의 객관적 임료는 월 80만 원입니다. 결국 피고 甲은 원고에게 부당이득반환(또는 불법행위로 인한 손해배상)으로써 원고가 소유권을 취득한 2013. 3. 3.부터[30] 이 사건 토지의 인도 완료일까지 월 80만 원의 비율에 의한 돈을 지급할 의무가 있다고 할 것입니다.

2. 피고 乙에 대한 청구 - 건물로부터 퇴거 청구

　한편 피고 乙은 2012. 6. 5. 피고 甲으로부터 이 사건 건물을 임대받아 현재

---

30) 원고의 소유권취득일부터 원고의 부당이득반환채권이 성립한다.

까지 건물을 직접 점유하고 있습니다. [①원고의 토지소유 + ②피고 乙의 제3자 소유 건물 점유]

따라서 토지 소유자인 원고로서는 원고의 피고 甲에 대한 토지인도 및 건물 철거 청구의 현실적 이행을 유효하게 확보하기 위하여 토지 소유권에 기한 방해배제청구로써 피고 乙에게 이 사건 건물로부터 퇴거를 구할 수 있으므로, 피고 乙은 원고에게 이 사건 건물에서 퇴거할 의무가 있습니다.

3. 결론

이상과 같은 이유로 원고는 청구취지와 같은 재판을 구하기 위해 이 사건 소에 이르게 되었는바, 원고의 청구를 모두 인용하여 주시기 바랍니다.

2. 항변(피고)

가. 정당한 점유권원의 존재

1) 법정지상권(★★)[31]

- 민법 제366조 법정지상권의 요건사실

> ①저당권설정 당시 토지상에 건물이 존재한 사실[32][33] + ②저당권설정 당시 토지와 건물의 소유자가 동일한 사실[34] + ③토지나 건물에 설정된 저당권의 실행으로 토지 및 건물의 소유권이 각 분리된 사실

---

31) 법정지상권 성립여부에 관한 판례는 실무에서도 매우 중요하므로 사안별로 꼼꼼하게 정리해야 한다. 참고로, 피고의 법정지상권이 성립된다 하더라도 원고가 지료를 청구할 수 있음은 물론이다.

32) 건물이 존재한 이상 그것이 무허가 건물이거나 미등기 건물임을 가리지 않고 법정지상권이 성립한다(2004다13533). 다만 이는 미등기건물 원시취득 사안에 한정한 것이다. 즉, 판례는 '매도인 甲이 본인 소유 미등기건물과 대지를 함께 매수인 乙에게 양도하였으나(미등기건물 승계취득) 매수인 乙이 대지에 관하여만 소유권이전등기를 넘겨받은 사안(미등기건물의 등기이전은 ×)'에서 이후 매수인 乙이 대지에 관하여만 저당권을 설정한 후 나중에 그 저당권이 실행되어 대지의 소유자가 다시 A로 변경되어 매수인 乙 또는 매도인 甲의 법정지상권이 문제된 사례(강제경매로 대지의 소유자가 변경된 경우도 마찬가지)에서, 우선 ①매수인 乙의 제366조 법정지상권은 위 건물에 대한 소유자가 아니어서 결국 저당권

• 관습법상 법정지상권의 요건사실

> ①소유권이 유효하게 변동될 당시[35] 토지와 건물이 동일인의 소유에 속했던 사실 + ②매매 또는 기타 적법한 원인으로 소유자가 달라진 사실

설정당시 대지와 건물의 소유자가 동일하지 않다는 점을 이유로 민법 제366조 법정지상권이 성립하지 않는다고 부정하였고, 나아가 ②매도인 甲의 관습법상 법정지상권은 관습법상의 법정지상권이 동일인의 소유이던 토지와 그 지상건물이 매매 기타 원인으로 인하여 각각 소유자를 달리하게 되었으나 그 건물을 철거한다는 등의 특약이 없으면 건물 소유자로 하여금 토지를 계속 사용하게 하려는 것이 당사자의 의사라고 보아 인정되는 것이므로 토지의 점유·사용에 관하여 당사자 사이에 약정이 있는 것으로 볼 수 있거나 토지 소유자가 건물의 처분권까지 함께 취득한 경우에는 관습상의 법정지상권을 인정할 까닭이 없다 할 것이어서, 미등기건물을 그 대지와 함께 매도하였다면 비록 매수인에게 그 대지에 관하여만 소유권이전등기가 경료되고 건물에 관하여는 등기가 경료되지 아니하여 형식적으로 대지와 건물이 그 소유 명의자를 달리하게 되었다 하더라도 매도인에게 관습상의 법정지상권을 인정할 이유가 없다는 이유로 역시 부정하였다(대법원 2002. 6. 20. 선고 2002다9660 전원합의체 판결).

33) 동일인 소유의 토지와 그 지상건물 중 토지에 관하여만 저당권이 설정되고, 그 후 토지에 관한 저당권이 실행되기 전에 건물을 철거하고 이와 동일성이 없는 새로운 건물을 신축한 경우에 건물소유자는 신축건물을 위한 법정지상권을 취득하되, 다만 그 범위는 구건물을 기준으로 정한다(90다19985). 그러나 동일인 소유의 '토지와 그 지상건물에 공동저당권이 설정'되었다가 그 지상건물이 철거된 후 새로운 건물이 신축된 경우라면 특별한 사정이 없는 한 그 신축건물에 대하여는 법정지상권이 성립되지 않는다(대법원 2003. 12. 18. 선고 98다43601 전원합의체 판결). → 공동담보권자의 불측의 손해 방지!

34) 토지공유자 중 1인이 토지 지상에 건물을 소유하다가 토지지분만 전매된 경우 관습법상 법정지상권을 부정한 사례(92다55756), 토지의 소유관계가 구분소유적 공유관계(상호명의신탁관계)에서 공유자 중 1인이 자신의 특정 소유 대지부분에 건물을 소유했는데 근저당권실행으로 소유자가 달라진 경우 법정지상권을 인정한 사례(2004다13533), 건물이 공유관계로 건물공유자 중 1인이 건물부지인 토지를 단독으로 소유하였는데 토지에 관한 저당권의 실행으로 토지의 소유자가 달라진 경우 법정지상권을 인정한 사례(2010다67159), 토지의 소유자가 건물만 명의신탁 하였고 이후 토지소유자가 달라진 경우 건물과 부지가 동일인 소유였음을 주장한 경우 법정지상권을 부정한 사례(2003다29043).

35) 대법원은 판례변경을 통해 강제경매의 목적이 된 토지 또는 그 지상 건물의 소유권이 강제경매로 인하여 그 절차상 매수인에게 이전된 경우, 건물 소유를 위한 관습법상 법정지상권의 성립요건인 '토지와 그 지상 건물이 동일인 소유에 속하였는지'를 판단하는 기준 시기를 '압류 또는 가압류의 효력 발생 시(매각대금 완납시 ×)'로 보고 있다. 왜냐하면 강제경매개시결정의 기입등기가 이루어져 압류의 효력이 발생한 후에 경매목적물의 소유권을 취득한 이른바 제3취득자는 그의 권리를 경매절차상 매수인에게 대항하지 못하고, 나아가 그 명의로 경료된 소유권이전등기는 매수인이 인수하지 아니하는 부동산의 부담에 관한 기입에 해당하므로(민사집행법 제144조 제1항 제2호 참고) 매각대금이 완납되면 직권

2) 점유취득시효(★★) - 민법 제245조 제1항
3) 주위토지통행권, 지상권, 전세권, 임차권(★★),36) 유치권(★) 등
4) 동시이행의 항변 - 민법 제536조

나. 신의칙 내지 권리남용

> 권리의 행사가 오직 상대방에게 고통이나 손해를 입힐 것을 목적으로
> 하는 것이고(주관적 요건) 정당한 이익이 없이 권리의 사회적 경제적
> 목적에 위반한 것일 때(객관적 요건)

- 실무상, 인정되기는 매우 어렵다. 최후의 수단일 뿐!

> <판례>
> 법정지상권을 가진 건물소유자로부터 건물을 양수하면서 법정지상권을 양도받

으로 그 말소가 촉탁되어야 하는 것이어서, 결국 매각대금 완납 당시 소유자가 누구인지는
이 문제맥락에서 별다른 의미를 가질 수 없기 때문이다. 한편 강제경매개시결정이전에 가
압류가 있는 경우에는, 그 가압류가 강제경매개시결정으로 인하여 본압류로 이행되어 가압
류집행이 본집행에 포섭됨으로써 당초부터 본집행이 있었던 것과 같은 효력이 있고, 따라
서 경매의 목적이 된 부동산에 대하여 가압류가 있고 그것이 본압류로 이행되어 경매절차
가 진행된 경우에는, 애초 가압류가 효력을 발생하는 때를 기준으로 토지와 그 지상 건물이
동일인에 속하였는지를 판단하여야 한다(대법원 2012. 10. 18. 선고 2010다52140 전원합의
체 판결). → 압류 또는 가압류권자의 불측의 손해 방지! 대법원은 더 나아가 <u>강제경매의
목적이 된 토지 또는 그 지상 건물에 관하여 강제경매를 위한 압류나 그 압류에 선행한 가
압류가 있기 이전에 저당권이 설정되어 있다가 그 후 강제경매로 인해 그 저당권이 소멸하
는 경우</u>, 그 저당권 설정 이후의 특정 시점을 기준으로 토지와 그 지상 건물이 동일인의
소유에 속하였는지에 따라 관습상 법정지상권의 성립 여부를 판단하게 되면, 저당권자로서
는 저당권 설정 당시를 기준으로 그 토지나 지상 건물의 담보가치를 평가하였음에도 저당
권 설정 이후에 토지나 그 지상 건물의 소유자가 변경되었다는 외부의 우연한 사정으로 인
하여 자신이 당초에 파악하고 있던 것보다 부당하게 높아지거나 떨어진 가치를 가진 담보
를 취득하게 되는 예상하지 못한 이익을 얻거나 손해를 입게 되므로, '그 <u>저당권 설정 당시
(압류 또는 가압류의 효력 발생시 ×, 매각대금 완납시 ×)</u>'를 기준으로 토지와 그 지상 건물
이 동일인에게 속하였는지에 따라 관습상 법정지상권의 성립 여부를 판단하고 있다(대법원
2013. 4. 11. 선고 2009다62059 판결). → <u>담보권자의 불측의 손해 방지!</u>
　　36) 수험용 사례에서는 주로 주택임대차보호법, 상가임대차보호법이 적용되는지, 그로 인
해 임차인(피고)이 원고에 대하여 임차권존부에 관한 대항력이 가지는지 등이 문제될 것이다.

기로 한 자에 대하여 대지소유자가 소유권에 기하여 건물철거를 구하는 것은 지상권의 부담을 용인하고 그 설정등기절차를 이행할 의무가 있는 자가 그 권리자를 상대로 한 청구라 할 것이므로 신의칙상 허용될 수 없다(94다39925).

다. 점유사용으로 인한 부당이득반환청구에 대한 특별한 항변

1) 법률상 권원의 존재[37]: 법정지상권, 취득시효, 유치권 등 성립사실
2) 사용수익권의 포기: 토지소유자인 원고가 사용수익권을 포기한 사실
3) 실질적 이익론: 실질적 이득이 없는 사실

> **<판례> 실질적 이익론 (대법원 1995. 7. 25. 선고 95다14664 판결)**
>
> [1] 임차인이 임대차 종료 이후 건물을 계속 점유하였으나 실질적인 이득을 얻은 바 없는 경우, 부당이득반환 의무의 성부
> 법률상의 원인 없이 이득 하였음을 이유로 한 부당이득의 반환에 있어 이득이라 함은 실질적인 이익을 의미하므로, 임차인이 임대차계약 관계가 소멸된 이후에도 임차건물 부분을 계속 점유하기는 하였으나 이를 본래의 임대차계약상의 목적에 따라 사용·수익하지 아니하여 실질적인 이득을 얻은 바 없는 경우에는, 그로 인하여 임대인에게 손해가 발생하였다 하더라도 임차인의 부당이득반환 의무는 성립되지 아니한다.[38]
> [2] 임차인이 임대차 종료 후 동시이행항변권을 행사하여 건물을 계속 점유하는 경우, 불법점유로 인한 손해배상 의무를 지기 위한 요건
> 임대차계약의 종료에 의하여 발생된 임차인의 임차목적물반환 의무와 임대인의 연체차임을 공제한 나머지 보증금의 반환 의무는 동시이행의 관계에 있는 것이므로, 임대차계약 종료 후에도 임차인이 동시이행의 항변권을 행사하여 임차건물을 계속 점유하여 온 것이라면, 임대인이 임차인에게 위 보증금반환 의무를 이행하였다거나 그 현실적인 이행의 제공을 하여 임차인의 건물명도 의무가 지체에 빠지는 등의 사유로 동시이행항변권을 상실하게 되었다는 점에 관하여 임대인의 주장·입증이 없는 이상, 임차인의 그 건물에 대한 점유는 불법점유라고 할 수 없으며, 따라서 임차인으로서는 이에 대한 손해배상의무도 없다.

---

37) 법률상 원인의 흠결이 원고의 부당이득반환채권의 요건사실이기는 하나, 수익자인 피고가 법률상 원인이 있음을 항변으로써 주장, 입증해야 한다는 것이 판례이므로, 결국 법률상 원인유무는 사실상 피고가 입증책임을 부담하는 결과가 된다.

38) 다만, 대법원 1998. 5. 8. 선고 98다2389 판결은 타인 소유의 토지 위에 권한 없이

제4절 각종 등기청구 사건

1. 소유권이전등기청구

가. 계약에 기한 이전등기청구[39] – 민법 제568조 등

1) 청구원인

매매계약(증여계약, 교환계약 등)의 체결[40]

2) 항변

가) 해제(법정해제, 약정해제 등)

- 민법 제544조(이행지체와 해제), 제546조(이행불능과 해제)

- 민법 제565조(해약금)

- 정지조건부 해제

- 실권약관에 의한 해제

나) 조건(정지조건, 해제조건)의 불성취, 기한의 미도래

다) 동시이행의 항변 – 민법 제536조

건물을 소유하는 경우에는 건물 소유 자체만으로도 그 부지 등에 대한 부당이득이 성립한다는 취지로 판시하였다. 대법원은 파기된 원심과는 달리 건물 소유자가 실제로 그 건물 또는 토지를 사용·수익하고 있는지 여부를 불문하고 부당이득반환의무의 성립을 인정하였다. 건물이 존립하려면 필연적으로 부지 등을 사용하여야 한다는 점에서 '실질적 이익'에 대한 예외를 인정한 것은 아니라고 본다.

39) 계약에 의한 청구로서 법적성격은 '채권적청구권'이다.

40) <매매에 기한 소유권이전등기 청구(매수인→매도인)> 그 자체의 경우, '반대급부 이행(매매대금의 지급)'이 요건사실이 아니라는 점을 유의하라. 즉, 위 요건사실은 오히려 쌍무계약의 상대방(매도인)이 주장(동시이행항변)할 사항인바, 일반적인 경우 상대방(매도인)측에서 미이행을 항변으로 주장할 것이다. 마찬가지로, <매매대금 청구(매도인→매수인)> 의 경우도 요건사실은 '매매계약의 체결'뿐이며, '소유권이전, 목적물의 인도'는 요건사실이 아니다.

나. 점유취득시효완성을 원인으로 한 이전등기청구(★★)[41]

1) 청구원인

> 20년간 계속 점유

<민법> 점유취득시효 요건사실 (법규기준설)

- 제245조(점유로 인한 부동산소유권의 취득기간) ① 20년간 소유의 의사로 평온, 공연하게 부동산을 점유한 자는 등기함으로써 그 소유권을 취득한다.
- 제197조(점유의 태양) ① 점유자는 소유의 의사로 선의, 평온 및 공연하게 점유한 것으로 추정한다. → 주장·증명책임 전환
- 제198조(점유계속의 추정) 전후양시에 점유한 사실이 있는 때에는 그 점유는 계속한 것으로 추정한다. → 주장·증명책임 전환
- 제199조(점유의 승계의 주장과 그 효과) ① 점유자의 승계인은 자기의 점유만을 주장하거나 자기의 점유와 전점유자의 점유를 아울러 주장할 수 있다. ② 전점유자의 점유를 아울러 주장하는 경우에는 그 하자도 계승한다.
- ※ 상속에 의한 점유취득은 상속인이 새로운 권원에 의하여 자기 고유의 점유를 시작했다는 특별한 사정이 없는 한 피상속인의 점유를 당연 포괄승계 하는 것이고, 결국 하자등 부담을 그대로 승계하게 된다.

<중요판례> 취득시효의 기산점 (★★★)

1) 점유기간의 기산점은 임의로 선택할 수 없고 현실적으로 '점유를 개시한 시점'을 확정하여 그 때로부터 20년의 기산을 기산하여야 한다(固定時說). 즉, 취득시효의 점유개시의 시기는 '간접사실'에 불과하므로, 당사자의 주장이나 자백에 법원은 구속되지 않는다. vs 소멸시효의 기산점
2) 단, 점유기간 중 부동산에 대한 소유명의자가 동일하고 그 변동이 없는 경우에는 예외적으로 기산점을 임의로 선택할 수 있다(예외적 逆算說).

---

41) 판례는 법적성격을 '채권적청구권'으로 본다. 점유취득시효의 요건사실은 ①20년간 점유사실, ②자주, 평온, 공연한 점유사실(추정됨)이다. → 단, 그 중 ②사실은 법규상 추정되므로 취득시효를 주장하는 사람측의 요건사실이 아니며, 추정을 복멸하고자 하는 상대방이 입증할 요건사실이 된다.

3) 취득시효기간 완성 後 소유명의자변동(甲→乙)이 있었던 경우
   - 乙에게 취득시효 완성 주장 ×, 기산점 임의로 정하여 계산 不可
   - 단, '소유자 변동이 있었던 그 때로부터' 다시 새로운 기산점을 삼는 것은 可
4) 취득시효기간 완성 前 소유명의자변동(乙→丙)이 있었던 경우
   - 그 후 완성되었다면 丙에게 취득시효 완성 주장 ○
5) 2차의 점유취득시효가 개시된 후 다시 소유명의자가 변동된 경우
   나아가, 이러한 법리는 위와 같이 취득시효기간 완성 後 소유명의자변동(甲→乙)으로 새로이 2차의 취득시효가 개시되었는데, 그 새로운 취득시효기간이 완성되기 前 다시 소유명의자가 변동(乙→丙)된 경우에도 마찬가지로 적용된다(대법원 2009. 7. 16. 선고 2007다15172,15189 전원합의체 판결. 종전 판례는 2차 취득시효 주장하려면 그 새로운 취득시효 기간 중에는 소유명의자 변동이 없어야 한다고 보았음)

2) 항변

　가) 타주점유

　　- 권원의 성질, 점유와 관계있는 사정에 의하여 객관적으로 결정된다.

　　- 예컨대, 임대차에 의한 점유, 토지 매도인의 점유, 명의수탁자의 점유, 실제 면적이 공부상 면적을 상당히 초과하는 경우 그 초과 부분에 대한 점유, 악의의 무단점유(95다28625 全合) 등

　나) 점유중단

　다) 시효중단

　　- 재판상 청구: 소유권에 의한 목적물인도, 소유권존부확인, 소유권을 기초로 한 방해배제 및 손해배상 혹은 부당이득반환청구소송 등도 포함(96다46484)

　　- 최고, 점유이전금지가처분 등

　라) 시효이익의 포기

2. 소유권에 기한 소유권이전등기 말소청구[42]

가. 청구원인

①원고의 소유 + ②피고의 소유권이전등기 경료 + ③피고 등기의 원인무효

<설명>

피고 등기의 적법은 추정되므로, 결국 원고측이 그 등기의 추정력을 복멸시킬 책임이 있는 것이다.

<참고> 진정명의회복을 원인으로 한 소유권이전등기청구(★)

1) 의의
   진정한 소유자가 그의 진정한 등기명의를 회복하기 위한 방법으로 현재의 등기명의인을 상대로 그 등기의 말소를 구하는 것에 갈음하여 허용되는 것
2) 법적 성격(대법원 2001. 9. 20. 선고 99다37894 판결)
   - 무효등기의 말소등기청구권과 실질적으로 그 목적이 동일하고 두 청구권 모두 <u>소유권에 기한 물권적 방해배제청구권</u>으로서 그 법적 근거와 성질이 동일하므로, 형식의 차이에도 불구하고 그 소송물은 실질상 동일한 것임
   - 소유권이전등기말소청구소송(前訴)에서 패소확정판결을 받았다면 그 기판력은 그 후 제기된 진정명의회복을 원인으로 한 소유권이전등기청구소송(後訴)에도 미침
3) 요건(청구원인 요건사실)
   - <u>①원고의 소유였다는 점</u> + ②피고의 소유권이전등기 경료 + ③등기의 원인무효(무효, 취소, 해제 등 포함)
   - <u>①과 관련, 원고는 i)이미 자기 앞으로 소유권을 표상하는 등기가 되어 있었거나, ii)법률의 규정에 의하여 소유권을 취득한 사실</u>을 주장·입증 要
   - 피고 명의의 소유권이전등기가 원인무효임을 주장·입증
4) 실무에서의 장점과 단점
   - 무효원인에 기초해 순차 이전등기된 경우 → 최종 명의인만 상대로 간편

---

42) 소유권에 기한 방해배제청구권으로서 법적성격은 '물권적청구권'이다.

> - 취소 등으로 말소되어야 하나, 선의의 제3자 존재할 경우 → 말소판
>   결은 집행불가
> - 가압류, 근저당, 취득세 등 부담을 그대로 인수됨 → 단점
> 5) 응용例
>   - 명의신탁에서 명의회복
>   - 채권자취소에서 원물반환

나. 항변

1) 등기원인의 유효

- 예컨대, 원고측이 피고가 무권대리 또는 무권리자로부터 매수한 것이라는 등기의 원인무효를 주장하는 경우, 피고측은 '원고가 무권대리를 추인'했다는 항변 가능

2) 실체적 권리관계에 부합(★★★)

- 피고 등기에 무효원인은 있으나, '결과적으로는 당사자 사이에 사실상 물권변동이 생긴 것과 같은 상태'에 있으므로, 등기가 말소될 필요가 없다는 항변
- 예컨대, ①중간생략등기의 합의가 없더라도 관계 당사자 사이에 매매계약이 순차적으로 성립되어 이행되는 등 적법한 원인행위가 성립하였다는 항변, ②피고가 미등기부동산을 전전 매수하여 최종매수인으로서 소유권보존등기를 경료하였다는 항변, ③등기부상 등기원인(ex: 매매)과 다른 별개의 등기원인(ex: 증여)이 있다는 항변, ④위조문서등을 이용해 등기가 경료 되었다고 하더라도 권리관계가 실재한다는 항변, ⑤무권대리인과 매매매계약을 하였으나 민법 제126조등 표현대리가 성립한다는 항변, ⑥등기부취득시효[43] 또는 점유취득시효가 완성되었다는 항변(★) 등

---

43) 등기부취득시효의 요건사실은 ①10년간 점유 및 등기사실(판례는 점유승계 외에 등기승계도 인정), ②자주, 평온, 공연한 점유사실, ③선의, 무과실점유사실(무과실점유는 취득시효주장자 입증책임)이다. → 단, 그 중 ②사실, ③사실 중 선의점유는 법규상 추정되

3) 원고 명의 등기의 원인무효

　- 원고 등기의 적법추정을 복멸한 사유를 주장·입증

3. 근저당설정등기 말소청구

가. 근저당설정계약에 기한 말소청구[44]

1) 청구원인

> ①원·피고간 근저당설정계약 체결 + ②피고의 근저당권설정등기
> 경료 + ③근저당권의 소멸

　<설명>
　　'③근저당권의 소멸'의 원인에는 i)피담보채무의 후발적 소멸(변제,
　상계, 공탁, 면제, 소멸시효 등) 뿐만 아니라 ii)피담보채무를 발생시
　키는 법률행위가 성립하지 않았거나 무효·취소된 경우도 포함

2) 항변

　가) 피담보채무가 소멸하지 않았다는 항변[45]

　　- 예컨대, 변제금은 다른 채무에 충당되었다는 항변(또는 일부
　　변제충당 항변), 상계가 허용되지 않는다는 항변, 소멸시효
　　가 중단되었다는 항변 등등

　나) 등기유용의 합의 존재 항변

　　- 유용 합의시까지 등기부상 이해관계 있는 제3자가 없어야 함[46]

므로 취득시효를 주장하는 사람측의 요건사실이 아니며, 추정을 복멸하고자 하는 상대방이
입증할 요건사실이 된다.

　44) 계약에 의한 청구로서 법적성격은 '채권적청구권'이다.

　45) 참고로, 위와 같은 항변으로 결과적으로는 피담보채무가 '일부'만 소멸하여(변제충
당, 상계충당 등의 문제)로 잔여 피담보채무가 남아있는 경우, 주문(청구취지)의 형태는 '잔
여 피담보채무 선이행(변제)을 조건으로 한 근저당권 말소등기청구'의 방식(선이행판결 주
문)이 될 것이다. → 제3장 제4절 2. 선이행청구(선이행조건부 이행청구) [기재례1] 참고.

　46) 등기유용의 합의는 합의시까지 등기부상 이해관계 있는 제3자가 생기지 않는 경

나. 소유권에 기한 말소청구[47)]

1) 청구원인

①원고의 소유 + ②피고의 근저당권설정등기 경료 + ③근저당권의
소멸

<설명1>
　　'③근저당권의 소멸'의 원인에는 i)피담보채무의 후발적 소멸(변제,
상계, 공탁, 면제, 소멸시효 등) 뿐만 아니라 ii)피담보채무를 발생시
키는 법률행위가 성립하지 않았거나 무효·취소된 경우도 포함

<설명2>
　　나아가, iii)근저당권설정계약이 자체에 무효·취소 사유가 있는 경우,
피고의 근저당권설정등기가 원인무효의 소유권이전등기에 터잡고 있
는 경우(등기에는 공신력이 없어 선의의 제3자라고 해도 보호받을
수 없음) 등 원시적 실효사유에 의한 근저당권 말소원인이 추가

2) 항변

- 무효등기유용의 합의 존재 항변

<중요1> 근저당권이 이전된 경우, 말소대상과 피고적격(★★)
<중요2> 근저당권 설정 후 부동산소유권이 이전된 경우, 말소청구의 원고적격
　　→ 각각의 사례 및 청구취지 주문 기재례는 본 교재 제3장 제3절 1.
　　다. [기재례4-1, 2] 참고

<기재례> 등기말소청구 사건

　　1) 원고는 2006. 11. 10. 임의경매에서 이 사건 부동산을 낙찰 받은 소유자

우에 한하여 유효하나, <이해관계 있는 제3자가 있더라도 제3자에 대한 관계에서만 유용합
의를 이유로 근저당권설정등기의 유효를 주장할 수 없을 뿐>이므로(97다56242) 합의 당사
자인 원고에 대하여는 등기유용의 합의사실만 주장입증하면 원고의 말소청구에 대항할 수
있다.
　　47) 소유권에 기한 방해배제청구권으로서 법적성격은 '물권적청구권'이다.

2) 그러던 중 甲이 2012. 9. 21. 원고의 인감도장을 도용해서 본인 명의로 소유권이전등기를 경료한 후(서울중앙지법 2012. 9. 21. 접수 제8823호), 같은 해 10. 2. 乙에게 매도하여 그 무렵 등기를 넘겨줌(같은 법원 2012. 10. 4. 접수 제9084호)

3) 乙은 2012. 11. 23. 자신의 채권자인 丙에게 근저당권을 설정하여 줌(같은 법원 2012. 11. 25. 접수 제10234호)

4) 丙은 2013. 11. 13. 丁에게 위 근저당권을 양도함(같은 법원 2013. 11. 16. 접수 제6789호)

청구취지

1. 원고에게, 서울 강남구 반포동 123-5 대 230㎡에 관하여,
   가. 피고 甲은 서울중앙지방법원 2012. 9. 21. 접수 제8823호로 마친 소유권이전등기의,
   나. 피고 乙은 같은 법원 2012. 10. 4. 접수 제9084호로 마친 소유권이전등기의,
   다. 피고 丁은 같은 법원 2012. 11. 25. 접수 제10234호로 마친 근저당권설정등기의 각 말소등기절차를 이행하라.
2. 소송비용은 피고들이 부담한다.
라는 판결을 구합니다.

청구원인

1. 피고 甲에 대한 청구 - 소유권이전등기말소 청구
   가. 원고는 2006. 11. 10. 서울 강남구 반포동 123-5 대 230㎡(이하 '이 사건 부동산'이라 합니다)에 관하여 서울중앙지방법원 2006타경123 임의경매 사건에서 낙찰을 받아 매각 대금을 납입하고 소유권을 취득하였습니다. [①원고의 소유]
   나. 이후 피고 甲은 2012. 9. 21.경 2012. 9. 20.자 매매를 원인으로 하여 소유권이전등기를 경료하였는데(서울중앙지방법원 2012. 9. 21. 접수 제8823호), 위 등기는 피고 甲이 원고의 인감도장을 도용해 매매계약서를 위조하여 마쳐진 것인바, 법률상 원인무효의 등기라 할 것입니다. 한편 위 甲은 위 매도증서 위조 및 위조된 매도증서 행사의 점으로 형사재판을 받아 2013. 8. 24. 사문서위조 등으로 유죄가 인정되어 징역 10월을 선고받고 2014. 1. 29. 위 판결이 확정되었습니다(서울중앙지방법원 2013. 8. 24. 선고 사문서위조 등 판결, 같은 법원 2014. 1. 22. 선고 2013노57134 사문서위조 등 판결). [②피고의 소유권이전등기 경료 + ③피고 등기의 원인무효]
   다. 따라서 피고 甲은 원고에게 이 사건 부동산에 관하여 서울중앙지방법원

2012. 9. 21. 접수 제8823호로 마친 소유권이전등기의 말소등기절차를 이행할 의무가 있습니다.

2. 피고 乙에 대한 청구 - 소유권이전등기말소 청구

　가. 피고 乙은 2012. 10. 2. 위와 같이 위조된 서류로 소유권이전등기를 한 피고 甲으로부터 이 사건 부동산을 매수하여 같은 달 4. 소유권이전등기를 경료하였습니다(서울중앙지방법원 2012. 10. 4. 접수 제9084호).

　나. 그렇다면 피고 乙의 위 등기는 원인무효인 피고 甲의 등기에 터 잡아 이루어진 역시 무효의 등기라고 할 것이므로, 피고 乙은 원고에게 이 사건 부동산에 관하여 서울중앙지방법원 2012. 10. 4. 접수 제9084호로 마친 소유권이전등기의 말소등기절차를 이행할 의무가 있다고 할 것입니다.

3. 피고 丁에 대한 청구 - 근저당설정등기말소 청구

　가. 청구원인

　　1) 위와 같은 원인무효의 소유권이전등기를 한 피고 乙은 2012. 11. 23. 다시 이 사건 부동산에 관하여 소외 丙과의 사이에 채무자 피고 乙, 근저당권자 소외 丙, 채권최고액 3억 2,000만 원으로 하는 근저당권설정계약을 체결한 후 근저당권설정등기를 마쳤습니다(서울중앙지방법원 2012. 11. 25. 접수 제10234호).

　　2) 이후 피고 丁은 근저당권자인 소외 丙으로부터 2013. 11. 13. 위 근저당권부 피담보채권의 확정채권을 양도받아 2013. 11. 16. 위 丙의 근저당권설정등기에 근저당권이전의 부기등기를 경료 받았습니다(서울중앙지방법원 2013. 11. 16. 접수 제6789호).

　　3) 따라서 소외 丙의 근저당권설정등기 및 피고 丁의 근저당권 이전등기는 원인무효인 등기에 터 잡아 이루어진 등기로 모두 무효라고 할 것입니다.

　나. 근저당권이 이전된 경우에 근저당권말소의 대상과 피고적격

　　1) 한편 위와 같이 근저당권설정등기가 부기등기로 이전된 경우, 말소 대상은 주등기인 근저당권설정등기이면 족하고(부기등기는 직권말소됨) 피고적격자는 양수인이 됩니다.

　　2) 따라서 특별한 사정이 없는 한 피고 丁은 원고에게 이 사건 부동산에 관하여 서울중앙지방법원 2012. 11. 25. 접수 제10234호로 마친 근저당권설정등기의 말소등기절차를 이행할 의무가 있습니다.

4. 결론

그렇다면 원고에게, 이 사건 부동산에 관하여, 피고 甲은 서울중앙지방법원 2012. 9. 21. 접수 제8823호로 마친 소유권이전등기의, 피고 乙은 같은 법원 2012. 10. 4. 접수 제9084호로 마친 소유권이전등기의, 피고 丁은 같은 법원 2012. 11. 25. 접수 제10234호로 마친 근저당권설정등기의 각 말소등

기절차를 이행할 의무가 있습니다. 이상과 같은 이유로 원고는 청구취지와 같은 재판을 구하기 위해 이 사건 소에 이르게 되었는바, 원고의 청구를 모두 인용하여 주시기 바랍니다.

제5절 임대차계약에 기한 청구 사건

1. 임대차목적물반환청구

가. 청구원인(임대인)[48]

①임대차계약의 체결[49] + ②목적물의 인도 + ③임대차의 종료(기간 만료, 해지)

나. 항변(임차인) - 정당한 점유권원의 존재

1) '필요비·유익비상환청구권'에 기한 유치권(민법 제626조 제1항, 제2항)[50]

가) 필요비상환청구권

①목적물에 관하여 일정 비용을 지출한 사실 + ②그 비용이 목적물의 보존에 필요한 사실

---

48) 위 청구원인 요건사실은 '임대차계약에 의한 채권적 청구(임대차계약 종료에 의한 원상회복청구)'를 전제로 한 것이다. 하지만, 만일 임대인이 부동산의 소유자라면 '소유권에 기한 목적물반환청구'를 권원으로 청구원인요건사실을 기재하는 방식도 가능함은 물론이다.

49) 임대차계약의 체결사실에는 ①임차목적물, ②임료(보증금, 월 차임), ③임대기간이 반드시 구체적으로 기재되어야 한다.

50) 유치권항변이 정당한 경우, 원고의 단순 인도청구에 대해 단순 기각 판결을 하지 않고 동시이행(상환이행)판결을 내리는 것이 실무이다(오히려 그 것이 원고의사에 부합하기 때문이다. 처분권주의의 완화). → 본 교재 제3장 제4절 3. 동시이행청구(상환이행청구) [기재례1-2] 참고..

<설명>
- 행사시기 제한이 없음, 임대차 종료 전에도 청구 가능
- 가액의 현존 여부는 불문
- 예) 화장실 보수, 창문 수리

나) 유익비상환청구권

①목적물에 관하여 일정 비용을 지출한 사실 + ②그 비용이 목적물의 객관적 가치를 증가(개량)시킨 사실(현존 증가액)[51]

<설명>
- 임대차가 종료된 후에야 청구 가능 vs 필요비상환
- 임대차 종료원인은 묻지 않으므로, 차임연체등 채무불이행을 이유로 임대차계약이 해지된 경우도 상관없음 vs 부속물매수, 지상물매수청구
- 예) 화장실 개량공사, 증개축

<판례> 유익비로 인정한 예

답을 건물건축을 위한 대지상태로 조성함으로써 토지의 가치를 증가시킨 경우(2000다50541)

<판례> 유익비로 인정하지 않는 예

- 음식점을 경영하기 위한 도배, 장판, 칸막이, 신발장, 주방 인테리어, 도색, 간판설치비용(94다20389)
- 사무실로 사용되던 건물을 임차한 후 삼계탕집을 경영하기 위하여 보일러, 온돌방, 주방, 가스시설 등을 설치하고 페인트칠을 하는데 지출한 비용(93다25738, 부속물매수청구 대상도 아님)
  → 객관적 가치증대 ×

다) 비용상환청구권의 포기 특약(재항변)

- 민법 제626조는 강행규정 ×
- 지상물매수청구권, 부속물매수청구권과 비교

---

51) 유익비상환청구권이 인정되는 경우, 임대인측은 ① 또는 ② 중 적은 금액을 선택할 수 있다.

2) '부속물매수청구권' 및 동시이행(민법 제646조)

가) 요건사실

> ①임대인의 동의를 얻어 '부속물'을 설치하였거나 또는 그 부속물이 임대인으로부터 매수한 것인 사실 + ②부속물이 현존하는 사실 + ③매수청구권을 행사한 사실

<설명> '부속물'
- 건물이나 기타 공작물에 부속된 물건으로 건물의 구성부분으로 되지 아니한 것으로서(독립성) 건물의 사용에 객관적 편익(객관적 가치증대)을 가져오게 하는 물건
- 예) 수도, 전기, 가스 등의 설비가 대표적인 예

> **<판례> 부속물로 인정한 예**
>
> - 공부상 용도가 음식점인 건물부분을 상하수도, 화장실, 전기배선 등 기본시설만 되어 있는 상태에서 임차하여 대중음식점을 경영하면서 영업의 편익을 위하여 한 각종 시설물(주방시설, 전기시설, 92다41627)
> - 상가건물의 점포를 임차하여 비디오대여점을 경영하면서 설치한 유리출입문과 새시(95다12927)

나) 임대차가 종료되었을 것
- 단, 판례는 임대차계약이 임차인의 채무불이행으로 해지된 경우(예컨대, 차임연체 등)에는 부속물매수청구권을 부정함

다) 일시사용을 위한 임대차가 아닐 것(제653조)

라) 매수청구권의 효과(매매계약의 성립, 동시이행)

마) 강행규정(제652조)
- 포기 특약은 무효
- 임차인에게 불리하지 않은 예외적인 특별한 상황(예컨대, 소유권을 포기하되 파격적으로 싼 임료)은 유효

3) <u>임차보증금반환청구권 및 동시이행</u>

가) 요건사실

> ①임대차계약의 체결 + ②임대차보증금의 지급 + ③임대차의 종료

나) <u>공제대상 채권의 발생 사실(임대인의 재항변)</u>[52]

- 임대차 존속 중의 연체차임
- 임대차 종료 후의 목적물 인도시까지 차임상당의 부당이득[53]
- 임대차목적물의 멸실·훼손에 따른 손해배상 등

4) 토지임대차에서 '<u>지상물매수청구권(★★★)</u>' 및 <u>동시이행(민법 제643조)</u>

가) 요건사실

> ①지상물 소유 목적으로 토지임대차계약을 체결한 사실 + ②임차인이 지상물을 건축하여 현존하고 있는 사실[54] + ③계약갱신을 청구하였으나 임대인이 거절한 사실 + ④매수청구권을 행사한 사실

나) 임대차가 종료되었을 것

- 단, 판례는 임대차계약이 임차인의 채무불이행으로 해지된 경우(예컨대, 차임연체 등)에는 부속물매수청구권을 부정함

---

52) 일반적으로 '판결문' 이유에서는 차임청구등이 위와 같이 원고(임대인)의 공제의 재항변으로 구성될 것이다. 다만, '소장'의 청구원인에서는 원고의 청구가 중심이 된다는 점을 고려할 때, 원고 소장에서는 구성의 편의상 임차목적물반환청구에 병합되는 금전청구(연체차임, 차임상당의 부당이득반환 등 청구)를 위 목적물반환청구와 분리 구성하여 그 청구원인 해당부분에서 위 요건사실을 기재하는 것도 충분히 가능하다(물론 청구취지도 분리 구성 가능). → 본 교재 아래 제4장 제5절 2. 나. 2) 임차목적물반환채권과 동시이행 [기재례] 참고.

53) 다만, 만일 임차인이 임대차 종료 후 임차보증금반환을 위한 동시이행항변으로 인도를 거절하고 있을 뿐 본래의 임대차 목적에 따른 사용, 수익을 하지 아니하여 실질적인 이익을 얻은 바 없으면 부당이득반환의무는 성립하지 않는다(2002다59481).

54) 임대인의 동의를 얻어 신축한 건물에 한정하지 않고(93다34589), 행정관청의 허가를 득한 적법한 건물일 필요도 없다(97다37753).

다) 매수청구권의 행사 가부

- 건물의 소유를 목적으로 하는 토지 임대차에 있어서, 임대차
가 종료함에 따라 토지의 임차인이 임대인에 대하여 건물매
수청구권을 행사할 수 있음에도 불구하고 이를 행사하지 아
니한 채, 토지의 임대인이 임차인에 대하여 제기한 토지인도
및 건물철거청구 소송에서 패소하여 그 패소판결이 확정되
었다고 하더라도, 그 확정판결에 의하여 건물철거가 집행되
지 아니한 이상 토지의 임차인으로서는 건물매수청구권을
행사하여 별소로써 임대인에 대하여 건물매매대금의 지급을
구할 수 있음(95다42195)[55]

- 임차인이 임대차종료시 매수청구권을 행사할 수 있었다면,
임대차에 대항력이 있음을 전제로 토지의 양수인인 신소유
자에 대해서도 행사 可

라) 매수청구권의 효과(매매계약의 성립,[56] 동시이행) 및 법원의
조치

- 임대차기간의 만료 후 임대인이 임차인에 대하여 지상시설의
'철거'를 재판상 청구한 경우에 임차인이 '매수청구권을 행사'
하면, 원칙적으로는 임대인의 철거청구를 기각하여야 함(처
분권주의)

- 그러나 법원으로서는 '석명권'을 적절히 행사하여 임대인으
로 하여금 건물철거청구를 건물소유권이전등기청구나 건물
인도청구로 변경하게 한 후 매매대금과 상환이행을 명하는
판결을 해야 함(94다34265 全合, 석명의무설)

마) 강행규정(제652조)

- 포기 특약은 무효

- 임차인에게 불리하지 않은 예외적인 특별한 상황(예컨대, 소

---

55) 별개로 철거 집행을 막기 위해서는 청구이의의 소 제기 및 집행정지 신청이 필요
하다.

56) 행사 당시(NOT 변론종결시) 시가로 지상물의 매매대금이 결정된다.

유권을 포기하되 파격적으로 싼 임료)은 유효

> **<참고> 토지임대차와 건물매수청구권행사에 관한 사안 매우 중요(★★★)**
> → 본 교재 제3장 제2절 마지막 <중요정리> [기재례 2-2-4] 참고

2. 임대차보증금반환청구

가. 청구원인(임차인)

> ①임대차계약의 체결[57] + ②임대차보증금의 지급 + ③임대차의 종료

나. 항변(임대인)

1) 공제대상 채권의 발생 사실

- 임대차 존속 중의 연체차임
- 임대차 종료 후의 목적물 인도시까지 차임상당의 부당이득
- 임대차목적물의 멸실·훼손에 따른 손해배상 등

> **<판례> 임대보증금의 당연 공제(2004다56554)**
> - 임대차계약상의 차임채권에 관하여 압류 및 추심명령이 있더라도 임대차 종료 후 목적물의 반환시 그 때까지 추심되지 않은 잔존 차임채권액이 임대보증금에서 당연히 공제되는 것인지 여부(적극)
> - 부동산임대차에 있어서 수수된 보증금은 차임채무, 목적물의 멸실·훼손 등으로 인한 손해배상채무 등 임대차에 따른 임차인의 모든 채무를 담보하는 것으로서 그 피담보채무 상당액은 임대차관계의 종료 후 목적물이 반환될 때에 특별한 사정이 없는 한 별도의 의사표시 없이 보증금에서 당연히 공제되는 것이므로, 임대보증금이 수수된 임대차계약에서 차임채권에 관하여 압류 및 추심명령이 있었다 하더라도, 당해 임대차계약이 종료되어 목적물이 반환될 때에는 그

---

57) 임대차계약의 체결사실에는 ①임차목적물, ②임료(보증금, 월 차임), ③임대기간이 반드시 구체적으로 기재되어야 한다.

때까지 추심되지 아니한 채 잔존하는 차임채권 상당액도 임대보증금에서 당연히 공제된다.

\<판례\> 임대인의 지위승계와 지위승계 전 연체차임등의 당연 공제(2016다218874)

1) 상가건물의 임차인이 상가건물 임대차보호법 제3조에서 정한 대항력을 취득한 다음 공유물 분할을 위한 경매절차에서 건물의 소유자가 변동된 경우 양수인이 임대인의 지위를 당연 승계하는지 여부(적극)
2) 이때 소유권이 이전되기 전에 이미 발생한 연체 차임이나 관리비 등 채권이 양수인에게 이전되는지 여부(소극)
3) 임차건물의 양수인이 건물 소유권을 취득한 후 임대차관계가 종료되어 임차인에게 임대차보증금을 반환해야 하는 경우, 임대인의 지위를 승계하기 전까지 발생한 연체차임이나 관리비 등이 임대차보증금에서 당연히 공제되는지 여부(적극)

- 상가건물 임대차보호법 제3조는 '대항력등'이라는 표제로 제1항에서 대항력의 요건을 정하고, 제2항에서 "임차건물의 양수인(그 밖에 임대할 권리를 승계한 자를 포함한다)은 임대인의 지위를 승계한 것으로 본다"고 정하고 있다. 이 조항은 임차인이 취득하는 대항력의 내용을 정한 것으로, 상가건물의 임차인이 제3자에 대한 대항력을 취득한 다음 임차건물의 양도 등으로 소유자가 변동된 경우에는 양수인 등 새로운 소유자(이하 '양수인'이라 한다)가 임대인의 지위를 당연히 승계한다는 의미이다. 소유권 변동의 원인이 매매 등 법률행위든 상속·경매 등 법률의 규정이든 상관없이 이 규정이 적용된다. 따라서 임대를 한 상가건물을 여러 사람이 공유하고 있다가 이를 분할하기 위한 경매절차에서 건물의 소유자가 바뀐 경우에도 양수인이 임대인의 지위를 승계한다.
- 위 조항에 따라 임차건물의 양수인이 임대인의 지위를 승계하면, 양수인은 임차인에게 임대보증금반환의무를 부담하고 임차인은 양수인에게 차임지급의무를 부담한다. 그러나 임차건물의 소유권이 이전되기 전에 이미 발생한 연체 차임이나 관리비 등은 별도의 채권양도 절차가 없는 한 원칙적으로 양수인에게 이전되지 않고 임대인만이 임차인에게 청구할 수 있다고 보아야 한다. 차임이나 관리비 등은 임차건물을 사용한 대가로서 임차인에게 임차건물을 사용하도록 할 당시의 소유자 등 처분권한 있는 자에게 귀속된다고 볼 수 있기 때

문이다.

- 임대차계약에서 임대차보증금은 임대차계약 종료 후 목적물을 임대인에게 명도할 때까지 발생하는, 임대차에 따른 임차인의 모든 채무를 담보한다. 따라서 이러한 채무는 임대차관계 종료 후 목적물이 반환될 때에 특별한 사정이 없는 한 별도의 의사표시 없이 보증금에서 당연히 공제된다(대법원 2005. 9. 28. 선고 2005다8323, 8330 판결 참고). 임차건물의 양수인이 건물 소유권을 취득한 후 임대차관계가 종료되어 임차인에게 임대차보증금을 반환해야 하는 경우에 임대인의 지위를 승계하기 전까지 발생한 연체차임이나 관리비 등이 있으면 이는 특별한 사정이 없는 한 임대차보증금에서 당연히 공제된다고 보아야 한다. 일반적으로 임차건물의 양도 시에 연체차임이나 관리비 등이 남아있더라도 나중에 임대차관계가 종료되는 경우 임대차보증금에서 이를 공제하겠다는 것이 당사자들의 의사나 거래관념에 부합하기 때문이다.

※ 상가건물의 임차인이 상가건물 임대차보호법 상 대항력을 취득한 후 차임과 관리비 등을 연체한 상태에서 건물 소유권의 변동으로 양수인이 임대인의 지위를 승계하였는데, 승계 이후에도 계속 차임을 지급하지 않자 계약을 해지하여 임대차계약관계가 종료된 사안에서 임대인의 지위 승계 전까지 발생한 종전 임대인에 대한 연체차임과 관리비 등이 양수인이 임차인에게 반환해야 할 임대차보증금에서 당연히 공제된다는 이유로 양수인의 임차인에 대한 임대차보증금 반환채무가 소멸하였다고 판단한 사례

2) 임차목적물반환채권과 동시이행

①임대차계약의 체결 + ②목적물의 인도 + ③임대차의 종료(기간만료, 해지)

<기재례> 건물임대차관계 종료(★)

1) 원고는 2기 차임연체(월차임 300만 원)를 이유로 별지 목록 기재 건물에 관한 임대차계약을 해지, 임대차목적물반환 및 점유사용이익 상당의 부당이득반환, 건물훼손 손해 4,000만 원 등을 청구하길 원함(보증금에서 공제)

2) 피고는 ①유익비상환청구에 의한 유치권, ②부속물매수청구에 의한 동시
이행, ③임차보증금반환(2억 원)과 동시이행 등 항변

청구취지

1. 피고는 원고로부터 160,000,000원에서 2012. 4. 21.부터 별지 목록 기재 건
물의 인도 완료일까지 월 3,000,000원의 비율에 의한 금액을 공제한 나머지
돈을 지급받음과 동시에 원고에게 위 건물을 인도하라.
2. 소송비용은 피고가 부담한다.
3. 제1항은 가집행할 수 있다.
라는 판결을 구합니다.

청구원인

1. 임대차계약 해지에 기한 건물인도 청구
   가. 원고는 2011. 7. 1. 피고와 별지 목록 기재 건물(이하 '이 사건 건물'이라
   합니다)을 임대하는 임대차계약(이하 '이 사건 임대차계약'이라 합니다)
   을 체결하면서 임대차보증금을 2억 원, 차임을 월 300만 원(매월 20일
   지급), 임대차기간을 2011. 7. 21.부터 2013. 7. 20.까지 2년으로 각 정하
   였고, 2011. 7. 10. 피고에게 이 사건 건물을 인도해 주었습니다. [①임
   대차계약(목적물, 보증금, 차임, 임대차기간)의 체결 + ②목적물의 인도]
   나. 그런데 피고는 원고에게 2012. 4. 21. 이후부터 차임을 지급하지 않았고,
   이에 원고가 같은 해 12. 1. 피고에게 2기 이상의 차임 연체를 이유로 이
   사건 임대차계약을 해지한다는 의사표시가 기재된 통고서를 발송하여, 그
   통고서가 같은 달 3. 피고에게 도달되었습니다. [③임대차의 종료(해지)]
   다. 따라서 원,피고 사이의 이 사건 건물에 대한 임대차계약은 2012. 12. 3.
   적법하게 해지되어 종료되었다고 할 것이므로, 특별한 사정이 없는 한
   피고는 원고에게 이 사건 건물을 인도할 의무가 있다고 할 것입니다.
2. 피고의 예상되는 항변 또는 주장에 대한 반박
   가. 유익비상환청구권에 기한 유치권 항변
   1) 피고는 이 사건 건물에 8,000만 원을 들여 증축공사를 하였고 화장실 개
   량공사등 내부개량 공사비로 2,000만 원이 소요되는 등 1억 원 상당의
   공사비를 들여 위 건물의 객관적 가치를 증대시키고 그 가치가 현존하고
   있으므로, 원고에게 위 비용 상당을 청구할 권리가 있고 위 비용을 받기
   전까지는 이 사건 건물의 인도를 거절한 유치권이 있다고 주장합니다.
   2) 그러나, 백보 양보하여 설령 피고가 지출한 위 공사비등이 유익비에
   해당한다고 가정하더라도, 피고는 이 사건 임대차계약을 체결할 당
   시 "임차인은 임대인의 승인 하에 증개축 또는 변조할 수 있으나 부

동산의 반환기일 전에 임차인의 부담으로 원상복구하기로 한다"고 약정을 하였는바, 이는 유익비상환청구권의 사전포기에 해당하므로 (95다12927), 피고의 위 주장은 이유가 없습니다.

나. 부속물매수청구권에 기한 동시이행 항변

1) 또한 피고는 원고의 동의를 얻어 이 사건 건물에 3,000만 원을 들여 수도 및 가스설비를 교체하였는바, 위 시설은 부속물에 해당하므로 매수청구권을 행사한다고 하면서 원고의 위 매매대금 지급의무와 피고의 건물인도의무는 동시이행관계에 있다고 주장합니다.

2) 그러나, 백보 양보하여 위 설비가 부속물에 해당한다고 가정하더라도, 이 사건 임대차계약은 임차인인 피고의 2기 차임연체의 채무불이행으로 해지되어 종료된 것이므로, 피고는 부속물매수청구권을 행사할 수 없는바, 결국 피고의 위 주장도 이유가 없습니다.

다. 임대보증금반환청구권에 기한 동시이행항변

1) 동시이행(항변)

나아가 피고는 원고로부터 임대차보증금 2억 원을 반환받을 때까지는 원고의 청구에 응할 수 없다는 취지의 동시이행의 항변을 하고 있습니다. 살피건대, 원고가 이 사건 임대차계약에 따라 2011. 7. 21. 피고로부터 임대차보증금 2억 원을 지급받은 사실, 앞서 설명 한 바와 같이 2012. 12. 3. 위 임대차계약이 종료된 사실이 있으므로, 원고 역시 피고에게 위 임대차보증금을 반환할 의무가 있고, 이는 피고의 이 사건 건물인도의무와 동시이행관계에 있으므로, 일단 피고의 위 항변은 이유 있어 보이기는 합니다.

2) 연체차임 및 차임상당의 부당이득금, 손해배상금 공제(재항변)[58]

가) 우선 피고는 원고에게 차임을 지급하지 않았던 2012. 4. 21.부터 임대차계약종료일인 2012. 12. 3.까지 월 300만 원의 비율에 의한 연체차임을 지급할 임대차계약상 의무가 있습니다.

나) 또한 피고는 그 후로도 이 사건 건물을 점유·사용함으로써 법률상 원인 없이 이득을 얻고 그로 인하여 원고에게 그 차임 상당의 손해를 입게 하였으며, 통상 부동산의 점유·사용으로 인한 이득액은 그 부동산의 차임 상당액이라 할 것인데 이 사건 임대차계약 종료 후의 차임 상당액도 월 300만 원일 것으로 추인되므로, 결국 피고는 원고에게 이 사건 건물을 점유·사용으로 인한 부당이득으로써 위 임대차계약종료 다음날부터 이 사건 건물의 인도일까지 위 차임상당 월 300만 원 비율에 의한 금원을 지급할 의무가 있습니다.

다) 나아가 피고는 임대차계약 기간 중 원고의 허락도 없이 이 사건 건물에 훼손을 가하여 그 보수비용이 4,000만 원 상당 소요될 것으로 보이는바, 피고는 원고에게 손해배상으로 위 금원을 지급할 의무도 있습니다.

3) 소결론

한편, "임대차보증금은 임대차 기간 또는 종료 후 목적물을 인도할 때까지 임대차와 관련하여 발생하는 차임, 부당이득, 손해배상 등 임차인의 모든 채무를 담보하는 것으로서, 그 피담보채무 상당액은 임대차관계의 종료 후 목적물이 반환될 때에 특별한 사정이 없는 한 별도의 의사표시 없이 보증금에서 당연히 공제되는 것이므로, 임대인은 임대차보증금에서 그 피담보채무를 공제한 나머지 금액만 임차인에게 반환할 의무가 있습니다(2005다8323 등)." 따라서 임대인인 원고는 임대보증금에서 위 연체차임 및 점유사용이익 상당의 부당이득금, 손해배상금을 각 공제한 잔액만을 반환할 의무가 있다고 할 것입니다.

4. 결론

그렇다면 피고는 원고로부터 1억 6,000만 원(임대차보증금 2억 원 - 원고의 손해배상금 4,000만 원)에서 차임을 연체하기 시작한 2012. 4. 21.부터 이 사건 건물의 인도 완료일까지 월차임 300만 원의 비율에 의한 금액(연체차임 또는 부당이득금)을 공제한 나머지 금원을 지급받음과 동시에 원고에게 이 사건 건물을 인도할 의무가 있다고 할 것입니다. 이상과 같은 이유로 원고는 청구취지와 같은 재판을 구하기 위하여 이 사건 소에 이르게 되었는바, 원고의 청구를 모두 인용하여 주시기 바랍니다.

---

58) 일반적으로 '판결문' 이유에서는 차임청구등이 위와 같이 원고(임대인)의 공제의 재항변으로 구성될 것이다. 다만, '소장'의 청구원인에서는 원고의 청구가 중심이 된다는 점을 고려할 때, 원고 소장에서는 구성의 편의상 임차목적물반환청구에 병합되는 금전청구(연체차임, 차임상당의 부당이득반환 등 청구)를 위 목적물반환청구와 분리 구성하여 그 청구원인 해당부분에서 위 요건사실을 기재하는 것도 충분히 가능하다(물론 청구취지도 분리 구성 가능).

〈기재례〉 공제방식을 취하지 않는 청구취지 및 청구원인

청구취지

1. 피고는 원고에게,
   가. 원고로부터 160,000,000원을 지급받음과 동시에 별지 목록 기재 건물을 인도하고,
   나. 2012. 4. 21.부터 위 가.항 기재 건물의 인도 완도일까지 월 3,000,000원의 비율로 계산한 돈을 지급하라.
2. (이하 생략)
라는 판결을 구합니다.

청구원인

1. 임대차계약 해지에 의한 건물인도 청구 - 제1청구원인
   가. 청구원인

제 *6*절 채권자취소청구 사건[59]

1. 사해행위취소 부분

가. 청구원인 - 채권자취소권의 성립요건 (민법 제406조)

> ① 피보전채권의 발생 + ② 채무자의 사해행위 존재(채무자의 무자력 등) + ③ 채무자의 사해의사(채무자의 악의 입증책임)

나. 항변등(수익자 또는 전득자)

1) 제척기간 도과(본안전 항변)
2) 수익자, 전득자의 선의
   - 수익자, 전득자의 악의 추정
3) 채무자의 자력회복
4) 피보전채권의 시효소멸
   - 학설 대립, 판례는 긍정
   - 사해행위취소소송의 상대방이 된 사해행위의 수익자는 사해행위취소 권을 행사하는 채권자의 채권이 소멸하게 되면 그와 같은 이익의 상실을 면할 수 있는 지위에 있으므로, 그 채권의 소멸에 의하여 직접 이익을 받는 자에 해당하는 것으로 보아야 한다(2007다54849 판결).

나. 피고의 예상되는 항변 또는 주장에 대한 반박
다. 소결론
2. 연체차임, 차임상당의 부당이득반환, 손해배상 등 청구 - 제2청구원인
3. 결론

59) 자세한 내용은 '유형별 청구취지 작성론' 중 채권자취소소송에 대한 해당 설명과 종합연습문제 및 그 답안과 해설을 참고하라.

<비교> **채권자대위소송에서 피고(제3채무자)는 피보전채권의 시효소멸 주장**
- 판례는 부정
- 채권의 소멸시효가 완성된 경우 이를 원용할 수 있는 자는 '시효이익을 직접 받는 자(채무자)'뿐인바, 채권자대위소송의 제3채무자는 이에 해당하지 않는다(2001다10151 판결).

2. 원상회복 부분

가. 원상회복 방법

1) 원물반환의 원칙
2) 가액배상의 예외

　① 원물반환이 불가능, ② 현저히 곤란, ③ 공평에 반하는 경우

나. 가액배상의 범위

1) 채권자의 피보전채권액
2) 사해행위의 목적물이 가지는 공동담보가액(변론종결일 당시 부동산가액 - (우선변제권 있는 근저당권의 실제 피담보채무액 + 우선변제권 있는 임차보증금채권액 등))
3) 수익자나 전득자가 취득한 이익[60]

　→ 위 1),2),3) 중 가장 적은 금액이 취소 및 가액배상 한도

---

[60] 엄밀히 따지면, 위와 같이 ①채권자의 피보전채권액, ②사해행위의 목적물이 가지는 공동담보가액, ③수익자나 전득자가 취득한 이익 중 적은 금액 한도로 가액배상을 해야 하지만, 일반적인 사례는 수익자와 전득자가 소유자인 경우로 ②와 ③이 일치하여 ①,②만 계산하면 족하다. 그러나 만일 수익자나 전득자가 근저당권자인 경우는 위 ①②③ 모두가 달라질 수 있다.

<기재례> 채권자취소청구 사건

청구취지

1. 피고와 소외 甲 사이에 별지 목록 기재 부동산에 관하여 2013. 7. 7. 체결된 매매계약을 100,000,000원의 한도 내에서 취소한다.
2. 피고는 원고에게 100,000,000원 및 이에 대한 이 판결 확정일 다음날부터 다 갚는 날까지 연 5%의 비율에 의한 돈을 지급하라.
3. 소송비용은 피고가 부담한다.

라는 판결을 구합니다.

청구원인

1. 채권자취소권의 성립
   가. 피보전채권의 존재(사안에 따라 피보전채권의 요건사실을 구체적으로 기재)
   나. 사해행위
   다. 사해의사
   라. 소결론
   　　따라서 피고와 소외 甲 사이에 이 사건 부동산에 관하여 체결된 2013. 7. 7.자 매매계약은 사해행위에 해당한다 할 것이므로, 특별한 사정이 없는 한 위 매매계약은 취소되어야 하고, 그에 따라 피고는 원고에게 원상회복을 할 의무가 있습니다. 다만, 그 취소의 범위 및 원상회복의 방법 등에 관하여는 아래 2.항에서 설명 드리도록 하겠습니다.
2. 원상회복의 방법 및 가액배상의 범위
   가. 원상회복의 방법
   나. 가액배상의 범위
   다. 소결론
   　　따라서 피고는 원고에게 1억 원 및 이에 대한 이 판결 확정일 다음날부터 다 갚는 날까지 연 5%의 비율에 의한 지연손해금을 지급할 의무가 있습니다.
3. 피고의 예상되는 항변 또는 주장에 대한 반박
   가. 본안전 항변
   나. 본안의 항변
4. 결론

제*7*절 채권자대위청구 사건[61]

1. 청구원인 - 채권자대위권의 성립요건 (민법 제404조)

> ① 피보전채권의 존재 및 변제기 도래(보전행위등 예외 有, 소송요건) + ② 보전의 필요성(채무자의 무자력, 특정채권등 예외 有, 소송요건) + ③ 채무자의 권리불행사(소송요건) + ④ 피대위권리의 존재(계쟁소송물, 본안판단요건, 청구권, 형성권 불문하나, 일신전속적권리, 압류를 불허하는 권리는 ×)[62]

<채권자대위청구의 구조>

> • 원고(채권자 A)
> • 피대위 채무자(채무자 甲, B에 대한 채권자, 피대위채권)
> • 피고(제3채무자 B)

2. 항변등

가. 본안전 항변 (위 ①,②,③ 불성립 주장) → 각 요건 흠결시 소 각하

나. 본안의 항변 (위 ④ 관련, 통지를 받기 전 소외 채무자에게 할 수 있던

---

61) 채권자대위청구는 채권자가 채무자의 권리를 대위 행사하는 것이므로, 독립사건 유형으로 분류되기 보다는 지금까지 배운 주된 유형별 다른 사건(채무자의 권리에 해당)에 부수하여 함께 문제되는 것이 일반적이라고 하겠다. 예컨대, ①금전채권의 보전을 위해 금전 또는 특정채권을 대위청구(일반형, 채무자 무자력 ○), ②특정채권(이전등기청구권 또는 말소등기청구권)의 보전을 위해 특정채권을 대위청구(채무자 무자력 ×), ③임차보증금채권의 양수금(추심·전부금)채권등의 보전을 위해 임대차목적물반환청구권을 대위청구(채무자의 무자력 요건 불요) 등의 사례가 있으니, 각 해당부분을 참고하라.

62) 기록형 문제 풀이 시 ①②③요건은 소송요건으로서 직권조사사항에 속하므로 간단히 기재하는 것으로 족하다. 원고가 적극적으로 주장·입증해야 할 요건사실은 ④이고, 실무에서도 주로 ④요건에 관한 판단이 주요한 쟁점이 된다. 따라서 채권자대위청구를 해야하는 문제가 출제된 경우 ①②③요건보다는 ④요건에 관한 사실을 비교적 자세히 기재해야한다. 답안작성 시 강약이 필요하다는 점을 주의하라(시간상 제약).

각종 항변) → 요건 흠결시 청구기각

<관련조문> 제405조(채권자대위권행사의 통지)

① 채권자가 전조 제1항의 규정에 의하여 보전행위 이외의 권리를 행사한 때에는 <u>채무자에게 통지</u>하여야 한다.

② 채무자가 <u>전항의 통지를 받은 후에는</u> 그 권리를 처분하여도 이로써 채권자에게 대항하지 못한다.

<중요정리> 채권자대위소송(★★★★★)

1. 채권자대위권의 요건 (실체법 및 절차법적 쟁점)

　가. 피보전채권의 존재 및 변제기 도래

　　1) 심리 결과 피보전채권이 인정되지 않는 경우

　　　→ 당사자적격 흠결로 소 각하(94다14339)

　　2) 피보전채권에 관한 패소판결이 이미 확정된 경우

　　　→ 보전의 필요성이 없어서 소 각하(2000다55171)[63]

　　3) 피보전채권에 관한 승소판결이 이미 확정된 경우

　　　→ 제3채무자는 피보전채권의 존부를 항쟁할 수 없음(2003다1250)

　　4) 피보전채권이 시효로 소멸한 경우 제3채무자가 이를 원용할 수 있는지

　　　→ 제3채무자는 원용 불가(2001다10151)[64]

---

63) 대법원 2002. 5. 10. 선고 2000다55171 판결; 채권자가 채권자대위권의 법리에 의하여 채무자에 대한 채권을 보전하기 위하여 채무자의 제3자에 대한 권리를 대위행사하기 위하여는 채무자에 대한 채권을 보전할 필요가 있어야 할 것이므로, 이 사건 청구를 인용하기 위하여는 우선 원고의 위 소외1에 대한 이 사건 토지에 대한 소유권이전등기청구권을 보전할 필요가 인정되어야 할 것이고, 그러한 보전의 필요가 인정되지 아니하는 경우에는 이 사건 소는 부적법하므로 법원으로서는 이를 각하하여야 할 것인바, 만일 위 종전 소송의 청구원인이 이 사건 피보전권리의 권원과 동일하다면 원고로서는 위 종전 확정판결의 기판력으로 말미암아 더 이상 위 소외1에 대하여 위 확정판결과 동일한 청구원인으로는 소유권이전등기청구를 할 수 없게 되었고, 가사 원고가 이 사건 피고에 대한 소송에서 승소하여 피고 명의의 소유권이전등기가 말소된다 하여도 원고가 위 소외1에 대하여 동일한 청구원인으로 다시 소유권이전등기절차의 이행을 구할 수 있는 것도 아니므로, 원고로서는 위 소외1의 피고에 대한 권리를 대위행사함으로써 위 소유권이전등기청구권을 보전할 필요가 없게 되었다고 할 것이어서 원고의 이 사건 소는 부적법한 것으로서 각하되어야 할 것이다.

64) 대법원 2004. 2. 12. 선고 2001다10151 판결; 채권자가 채권자대위권을 행사하여 제3채무자에 대하여 하는 청구에 있어서, 제3채무자는 채무자가 채권자에 대하여 가지는

나. 보전의 필요성

　　1) 원칙: 채무자의 무자력 필요

　　2) 예외: 채무자의 무자력 불요

　　　가) 특정채권의 보전을 위한 대위청구의 경우 → 예컨대, 등기청구권
　　　　(특정채권)에 의한 채무자의 등기청구권의 대위행사(90다6651)

　　　나) 임대차보증금반환채권을 양수한 채권자가 양수금 채무자인 임
　　　　대인을 대위하여 임차인을 상대로 하는 건물인도청구권을 대위
　　　　행사는 경우 → 임대차보증금반환채권을 양수한 채권자가 그 금
　　　　전채권의 이행을 구하기 위하여 임차인의 건물명도가 선이행되
　　　　어야 할 필요가 있어서 그 명도를 구하는 경우에는 그 채권의 보
　　　　전과 채무자인 임대인의 자력유무는 관계없는 일이므로, 무자력
　　　　을 요건으로 하지 않음(88다카4253)

다. 피대위권리의 존재

　　1) 심리 결과 인정되지 않는 경우

　　　→ 청구 기각 판결

　　2) 채무자의 제3채무자에 대한 패소판결이 이미 확정된 경우

　　　→ 채무자가 권리를 행사한 경우로 봄, 당사자적격 흠결로 소 각하
　　　　(92다32876)[65]

　　3) 제3채무자의 제소로 채무자 패소판결이 이미 확정된 경우

　　　→ 기판력으로 청구기각(80다2751)

라. 채무자의 권리 불행사

　　→ 채무자가 이미 제소하여 확정판결을 받은 경우는 승소판결·패소판
　　　결을 불문하고 당사자적격 흠결로 소 각하

항변으로 대항할 수 없고, 채권의 소멸시효가 완성된 경우 이를 원용할 수 있는 자는 원칙적으로는 시효이익을 직접 받는 자뿐이고, 채권자대위소송의 제3채무자는 이를 행사할 수 없다). [비교: 채권자취소소송에서 수익자나 전득자는 피보전채권이 시효로 소멸하였음을 주장할 수 있음(대법원 2007. 11. 29. 선고 2007. 11. 29. 선고 2007다54849 판결)].

　65) 대법원 1993. 3. 26. 선고 92다32876 판결; 채권자대위권은 채무자가 제3채무자에 대한 권리를 행사하지 아니하는 경우에 한하여 채권자가 자기의 채권을 보전하기 위하여 행사할 수 있는 것이기 때문에, 채권자가 대위권을 행사할 당시 이미 채무자가 그 권리를 재판상 행사하였을 때에는 설사 패소의 확정판결을 받았더라도 채권자는 채무자를 대위하여 채무자의 권리를 행사할 당사자적격이 없는 것이다.

2. 채권자대위소송에서 기판력, 재소금지, 중복제소금지 (절차법적 쟁점)

　가. 기판력

　　1) 채무자가 채권자대위소송의 제기 사실을 알면 채무자뿐 아니라 後 대위소송에도 기판력이 미침(93다52808)

　　2) 피보전채권이 인정되지 아니하여 각하판결을 받은 대위채권자는 제 3채무자가 제기한 반대소송에서 피보전채권을 주장할 수 없음(2000 다41349: 소송판결의 기판력에 관한 판례)[66]

　　3) 채권자가 채권자대위권을 행사하는 방법으로 제3채무자를 상대로 소송을 제기하였다가 피보전채권이 인정되지 않는다는 이유로 소각 하 판결을 받아 확정된 경우, 판결의 기판력이 채권자가 채무자를 상 대로 피보전채권의 이행을 구하는 소송에는 미치지 않음(2011다 108095)[67]

　나. 재소금지

　　1) 채무자가 채권자대위소송 제기 사실을 알면, 변론종결 후 소취하시 채무자에게 재소금지규정이 적용됨(79다1618)

---

66) 대법원 2001. 1. 16. 선고 2000다41349 판결; 갑이 을을 대위하여 병을 상대로 취 득시효 완성을 원인으로 한 소유권 이전등기 소송을 제기하였다가 을을 대위할 피보전채권 의 부존재를 이유로 소 각하 판결을 선고받고 확정된 후 병이 제기한 토지인도 소송에서 갑이 다시 위와 같은 권리가 있음을 항변사유로서 주장하는 것은 기판력에 저촉되어 허용 될 수 없다고 한 사례.

67) 대법원 2014. 1. 23. 선고 2011다108095 판결; 민사소송법 제218조 제3항은 '다른 사람을 위하여 원고나 피고가 된 사람에 대한 확정판결은 그 다른 사람에 대하여도 효력이 미친다'고 규정하고 있으므로, 채권자가 채권자대위권을 행사하는 방법으로 제3채무자를 상대로 소송을 제기하고 판결을 받은 경우 채권자가 채무자에 대하여 민법 제405조 제1항 에 의한 보존행위 이외의 권리행사의 통지, 또는 민사소송법 제84조에 의한 소송고지 혹은 비송사건절차법 제49조 제1항에 의한 법원에 의한 재판상 대위의 허가를 고지하는 방법 등 어떠한 사유로 인하였든 적어도 채권자대위권에 의한 소송이 제기된 사실을 채무자가 알았 을 때에는 그 판결의 효력이 채무자에게 미친다고 보아야 한다. 이때 채무자에게도 기판력 이 미친다는 의미는 채권자대위소송의 소송물인 피대위채권의 존부에 관하여 채무자에게 도 기판력이 인정된다는 것이고, 채권자대위소송의 소송요건인 피보전채권의 존부에 관하 여 당해 소송의 당사자가 아닌 채무자에게 기판력이 인정된다는 것은 아니다. 따라서 채권 자가 채권자대위권을 행사하는 방법으로 제3채무자를 상대로 소송을 제기하였다가 채무자 를 대위할 피보전채권이 인정되지 않는다는 이유로 소각하 판결을 받아 확정된 경우 그 판 결의 기판력이 채권자가 채무자를 상대로 피보전채권의 이행을 구하는 소송에 미치는 것은 아니다.

　　　2) 재소금지규정이 적용될 채무자는 자신의 소송상 이익을 보호하기
　　　　위하여 공동소송적 보조참가를 할 수 있음
　다. 중복제소금지
　　　1) 채무자의 知·不知를 불문하고 채권자대위소송과 채무자의 직접소송,
　　　　다른 채권자대위소송 사이에 모두 적용됨(91다41187, 80다2751)
　　　2) 중복제소금지는 전소가 부적법한 경우에도 적용됨(97다45532)
　　　3) 중복제소에서 전소, 후소의 판단은 소장 송달시를 기준으로 함
　　　4) 채무자의 직접 소송 중 채권자대위소송이 제기된 경우에는 중복제소
　　　　금지와 채무자의 권리불행사 요건 모두가 흠결된 것으로 볼 수 있음
3. 청구취지(판결문의 주문) 표시방법
　가. 원칙 – 피대위자인 채무자에게 이행할 것을 명함
　　　→ 기재례: 피고는 소외 김갑동(561027-1690211, 주소: 청주시 흥덕구
　　　　덕암로 103번길)에게 별지 목록 기재 부동산에 관하여 2011. 3. 31.
　　　　매매를 원인으로 한 소유권이전등기절차를 이행하라.
　나. 예외– 변제수령을 요하는 동산인도, 금전지급의 경우 채권자에게 직접
　　　이행 청구 可 / 말소등기청구도 채권자에게 이행 청구 可 But 이전등기
　　　청구권은 직접 이행 청구 不可
　　　→ 기재례: 피고는 원고에게 별지 목록 기재 동산을 인도하라.

<기재례> 채권자대위청구 사건

1. 피고는 소외 甲(561027-1690211, 주소: 청주시 흥덕구 덕암로 103번길)에
　게 별지 목록 기재 부동산에 관하여 2013. 3. 31. 매매를 원인으로 한 소유
　권이전등기절차를 이행하라.
2. 소송비용은 피고가 부담한다.
라는 판결을 구합니다.

청구원인
1. 채권자대위에 의한 소유권이전등기청구
　가. 원고는 소외 甲에 대하여 물품대금 1억 원 및 이에 대한 변제기 다음날
　　　인 2012. 4. 20.부터 다 갚는 날까지 연 6%의 비율에 의한 지연손해금
　　　청구채권을 가지고 있습니다(①피보전채권의 존재 및 변제기 도래).
　나. 그런데 소외 甲은 이 사건 부동산을 제외하고는 별다른 자력이 없는바

(무자력), 채권자인 원고로서는 위 채권을 보전할 필요가 있습니다(②보전의 필요성).

다. 한편, 소외 甲은 피고에 대하여 2013. 3. 31. 매매계약에 기한 소유권이전등기를 청구할 권리가 있습니다(③피대위권리의 존재, 사안에 따라 채무자 소외 甲의 소유권이전등기청구권의 요건사실을 구체적으로 기재).

라. 그럼에도 불구하고 소외 甲은 원고등 채권자들의 강제집행을 면탈하려고 위 청구권을 행사하지 않고 있습니다(④채무자의 권리불행사).

마. 이상과 같은 이유로 원고는 소외 甲의 피고에 대한 위 등기청구권을 대위행사 하는 것인바, 결국 피고는 소외 甲에게 이 사건 부동산에 관하여 2013. 3. 31. 매매를 원인으로 한 소유권이전등기절차를 이행할 의무가 있다고 할 것입니다.

2. 피고의 예상되는 항변 또는 주장에 대한 반박

　가. 본안전 항변(위 채권자대위권 요건사실 중 ①,②,④ 관련)
　　피보전채권의 시효소멸을 제3채무자가 이를 원용할 수 없음(2001다10151)

　나. 본안의 항변(위 채권자대위권 요건사실 중 ③ 관련)
　　채권자가 채권자대위권에 기하여 채무자의 권리를 행사하고 있다는 사실을 채무자에게 통지한 이후에는 채무자가 그 권리를 처분하여도 이로써 채권자에게 대항하지 못함(민법 405조 제2항)

3. 결론

제**8**절 양수금·전부금·추심금 청구 사건

1. 청구원인 (원고: 양수·집행 채권자 A)[68]

가. 양수금 청구(민법 제449조)

> ①피양수채권의 존재 + ②채권양도계약 + ③대항요건(통지 or 승낙)

<양수금청구의 구조>

- 원고(채권양수인 A)
- 당초의 채권자(채권양도인 甲, B에 대한 원래의 채권자, 피양수채권)
- 피고(채무자 B)

나. 전부금 청구(민사집행법 제229조 제1·4항, 제227조 제2항)

> ①피전부채권의 존재 + ②전부명령 + ③제3채무자에 대한 송달·확정
> (채무자에 대한 송달 포함 ○)

<전부금청구의 구조>

- 원고(압류/전부/집행 채권자 A)
- 채무자(피압류/전부/집행 채무자 甲, B에 대한 원래의 채권자, 피압류채권)
- 피고(제3채무자 B)

---

68) 양수금·전부금·추심금 채권자인 원고A의 甲에 대한 채권(소위 피보전채권, 집행채권)의 사실관계는 요건사실이 아니므로, 원칙적으로 소장에 기재할 필요가 없다(즉 그와 같은 원고의 채권이 부존재한다고 해서 원고의 위 양수금등 청구들이 기각되는 것도 아니다). 다만 실무상의 소장에서는 전제의 배경사실로 간략히 기재하는 것이 오히려 일반적이다.

다. 추심금 청구(민사집행법 제229조 제1·2·4항, 제227조 제2·3항, 제249조)

> ①피추심채권의 존재 + ②추심명령 + ③제3채무자에 대한 송달(채무
> 자에 대한 송달 포함 ×)

<추심청구의 구조>

> • 원고(압류/추심/집행 채권자 A)
> • 채무자(피압류/추심/집행 채무자 甲, B에 대한 원래의 채권자, 피압류
>   채권)
> • 피고(제3채무자 B)

<설명>
전부명령과 추심명령의 차이(★)
1. B에 대한 채권의 귀속
   - 전부명령은 실체법상 채권의 귀속자체를 이전시키므로(채권양
     도의 효과), 원고A가 채권자이고, 원래의 채권자였던 甲의 권
     리는 소멸됨
   - 추심명령은 소송법상 관리권만 추심채권자에게 부여하므로(당
     사자적격의 이전), 원고A가 소구권을 보유할 뿐, 원래의 채권
     자였던 甲의 권리는 소멸되지 않음
2. 명령의 효력발생 요건 및 그 시기
   - 전부명령은 '확정'되어야 효력이 발생하나(채무자에 대한 송달 필
     요), 추심명령은 확정될 필요가 없음(채무자에 대한 송달 불요)
   - 다만, 전부명령의 효력은 전부명령이 확정된 때가 아니라, 전부
     명령이 제3채무자에게 송달된 때로 소급하여 발생(민사집행법
     제231조)

<참고> 금전채권에 기초한 강제집행의 절차

1. 실무상 강제집행까지 순서: ①보전처분(가압류, 가처분 등) → ②본안소
   송(집행권원의 확보) → ③강제집행(본 압류로의 전이, 채권회수)
2. 강제집행의 순서: ⓐ압류(부동산 경매개시결정 / 채권 압류결정) → ⓑ현금화
   (부동산 매각결정 / 채권 전부·추심명령) → ⓒ배당절차(매각대금 / 집행공탁금)
※ 채권에 대한 강제집행(압류전부·추심명령)에 대하여 압류채무자(제3채
   무자)가 불응할 경우 → 전부금·추심금 청구 소송(제3채무자를 피고로
   삼아 1.항, 2.항 절차를 새롭게 시작)

2. 항변 (피고: 채무자, 제3채무자 B)

가. 채권양도(전부·추심) 前 양도인(압류채무자)에 대하여 생긴 사유(★)

나. 이의를 보류하지 않은 승낙(원고의 재항변)

다. 양수인의 악의 또는 중과실(피고의 재재항변)

<관련조문> 민법 제451조(승낙, 통지의 효과)

① 채무자가 이의를 보류하지 아니하고 전조의 승낙을 한 때에는 양도인에게 대항할 수 있는 사유로써 양수인에게 대항하지 못한다. 그러나 채무자가 채무를 소멸하게 하기 위하여 양도인에게 급여한 것이 있으면 이를 회수할 수 있고 양도인에 대하여 부담한 채무가 있으면 그 성립되지 아니함을 주장할 수 있다.

② 양도인이 양도통지만을 한 때에는 채무자는 <u>그 통지를 받은 때까지 양도인에 대하여 생긴 사유</u>로써 양수인에게 대항할 수 있다.

<참고1> 전부금 또는 추심금 청구에서 제3채무자(피고B)가 압류채무자(甲)에 대한 채권으로 압류채권자(원고A)에게 '상계항변'을 할 수 있는지 여부(★★★)

- 관련조문: 민법 제498조(지급금지채권을 수동채권으로 하는 상계의 금지) 지급을 금지하는 명령을 받은 제3채무자는 <u>그 후에 취득한 채권에 의한 상계로 그 명령을 신청한 채권자에게 대항하지 못한다.</u>
- 자동채권: 제3채무자가 압류채무자에 대해 가지는 채권
- 수동채권: 피압류채권(지급금지명령 받은 채권), 압류채무자가 제3채무자에 대해 가지는 채권
- 상계가 허용되는 경우
  ① 압류명령[69] 송달 전 압류채무자에 대하여 이미 상계적상에 있던 자동채권 (민법 위 조문해석)
  ② 압류명령 송달 후 압류채무자에 대하여 상계적상이 생긴 자동채권 중, <u>위 제3채무자의 자동채권의 변제기가 압류채무자의 수동채권(피압류채권)의 변제기와 동시에 또는 그보다 먼저 변제기에 도달하는 경우</u>(변제기 선도래說)

---

[69] 주의할 점은, 통상 채권압류·전부 또는 추심명령(채권에 대한 강제집행)이 있기 전 그 사전조치로 채권가압류결정(채권에 대한 보전처분)이 있는 것이 일반적인데 위 가압류 역시 지급을 금지하는 명령이므로, 이와 같은 경우는 '압류명령의 송달'이 아닌 '채권가압류결정의 송달을 기준'으로 판단해야 한다.

③ 압류명령 송달 후 압류채무자에 대하여 비로소 발생한 채권 중, 압류채무자의 수동채권(피압류채권)과 동시이행관계에 있는 채권(자동채권의 발생한 기초가 되는 원인은 수동채권이 압류되기 전에 이미 성립하여 존재하고 있었으므로, 압류 후 취득한 채권이 아님)[70]

<참고2> 양수금 청구에서 채무자(피고B)가 채권양도인(甲)에 대한 채권으로 양수채권자(원고A)에게 '상계항변'을 할 수 있는지 여부(★)

- 관련조문: 민법 제451조 제2항, 채권양도 대항력(통지) 발생 전 양도인에 대하여 생긴 사유로 항변할 수 있음
- 자동채권: 채무자가 채권양도인에 대해 가지는 채권
- 수동채권: 피양도채권, 채권양도인이 채무자에 대해 가지는 채권
- 상계가 허용되는 경우
  ① 채권양도 통지 수령 전 채권양도인에 대하여 이미 상계적상에 있던 자동채권 (민법 위 조문해석)
  ② 채권양도 통지 수령 후 채권양도인에 대하여 상계적상이 생긴 자동채권 중, 위 채무자의 자동채권의 변제기가 채권양도인의 수동채권(피양도채권)의 변제기와 동시에 또는 그보다 먼저 변제기에 도달하는 경우(제한說)
  ③ 채권양도 통지 수령 후 채권양도인에 대하여 비로소 발생한 채권 중, 채권양도인의 수동채권(피양도채권)과 동시이행관계에 있는 채권(자동채권의 발생한 기초가 되는 원인은 수동채권이 채권양도 전에 이미 성립하여 존재하고 있었으므로, 양도 후 생긴 사유가 아님)

<참고3> 구조의 유사성에 주목!

채권자대위, 양수금, 채권가압류, 채권압류(전부·추심명령), 전부금, 추심금 등 각 청구

<기재례> 양수금 청구, 임대차목적물반환청구의 대위청구

1) A는 甲에 대하여 물품대금채권 1억 원 보유, 변제 독촉 중
2) 한편 甲은 2011. 3. 1. B소유의 서울 용산구 이태원동 22-2 지하 장미상

---

70) 예컨대, 수급인의 채권자에 의해 공사대금채권이 압류된 경우, 그 채무자인 수급인(제3채무자)은 도급인(압류채무자)에 대한 하자보수에 갈음한 손해배상채권이 압류 이후 발생하였다고 하더라도 상계를 주장할 수 있다(공사대금채권과 하자보수채권은 동시이행관계임).

가 마열 8호 점포 60㎡을 임대보증금 6,000만 원, 임대차기간 2년을 정하는 임대차계약을 체결, 계약 당일 위 보증금 지급하고 위 점포를 인도받음

3) 甲은 A의 변제 독촉에 부득이 2013. 1. 17. B에 대한 임대차보증금반환채권을 A에게 양도, 같은 달 20. B가 위 채권양도 통지 수령함

4) 그런데, 임차인 甲과 임대인 B는 2013. 2. 28. 위 임대차기간을 연장키로 합의

5) A는 B에게 임대보증금의 지급을 구하자, B는 기간연장 합의로 A가 여전히 점포를 점유 중이라는 이유로 보증금 반환을 거부

청구취지

1. 피고 B는 피고 甲으로부터 서울 용산구 이태원동 22-2 지하 장미상가 마열 8호 점포 60㎡를 인도받음과 동시에 원고에게 60,000,000원을 지급하라.

2. 피고 甲은 피고 B에게 위 제1항 기재 점포(건물)를 인도하라.

3. 소송비용은 피고들이 부담한다.

4. 제1항, 제2항은 가집행할 수 있다.

라는 판결을 구합니다.

청구원인

1. 피고 B에 대한 청구

   가. 양수금 청구

   1) 피양도채권의 존재피고 甲의 乙에 대한 임대차보증금반환채권 존재에 관한 요건사실 기재(임대차계약 체결, 보증금 지급, 임대차계약의 종료)

   2) 채권양도계약

   3) 채권양도의 통지 및 도달

   4) 소결론

   나. 피고 B의 예상되는 항변 또는 주장에 대한 반박

   1) 기간연장 합의 주장채권양도 통지 수령 후 사유로 채권양수인인 원고에게 대항할 수 없음(민법 제451조 제2항)

   2) 임차인 피고 甲의 점포반환과 동시이행 주장일응 타당함

2. 피고 甲에 대한 청구

   가. 채권자대위에 의한 임대목적물반환 청구

   1) 채권자대위권 성립요건

   가) 피보전채권의 존재 및 변제기 도래: 위 양수금채권

   나) 보전의 필요성: 양수한 보증금반환채권의 이행을 구하기 위해서는 임차인의 건물명도가 선이행되어야 할 필요가 있고, 양수금

채권자가 그 명도를 구하는 경우에는 그 채권의 보전과 채무자인 임대인의 자력유무는 아무런 관계없음, 무자력의 예외(88다카4253)

　다) 피대위권리의 존재: 아래의 별도 항에서 구체적으로 기재

　라) 채무자의 권리 불행사

2) 임대차목적물반환 청구

　임대차계약 종료를 원인으로 한 임대차목적물반환 청구 요건사실(피대위권리, 채무자의 피고에 대한 권리)

나. 피고 甲의 예상되는 항변 또는 주장에 대한 반박

3. 결론

저자 약력

• 김태현
서울대학교 법과대학 졸업
고려대학교 법학전문대학원 졸업(법학석사)
충북대학교 법학전문대학원 졸업(법학박사)
법무법인 화우 등 변호사
현 충북대학교 법학전문대학원 교수

• 조성욱
연세대학교 법과대학 졸업
제35기 사법연수원 수료
현 법률사무소 信 대표변호사
현 충북대학교 법학전문대학원 겸임교수

<개정판>
로스쿨 민사법 기록형

초판발행   2019. 3. 15
개정판인쇄 2020. 3. 5
개정판발행 2020. 3. 20

저   자 김태현·조성욱
발행인 황 인 욱
발행처 도서출판 **오 래**
　　　　　서울특별시 마포구 토정로 222 406호
　　　　　전화: 02-797-8786,8787; 070-4109-9966
　　　　　Fax: 02-797-9911
　　　　　신고: 제2016-000355호

ISBN 979-11-5829-056-6 93360

http://www.orebook.com
email orebook@naver.com

정가 20,000원

파본은 바꿔드립니다. 이 책의 무단복제행위를 금합니다.